संतोष भदौरिया

जन्म : 1 अगस्त 1965, बिवांर, हमीरपुर, उ.प्र.।

शिक्षा : आठवीं तक की आरम्भिक शिक्षा गाँव में. स्नातक, इलाहाबाद विश्वविद्यालय, इलाहाबाद। एम.ए., एम.फिल. और पीएच-डी. की उपाधि जवाहरलाल नेहरू विश्वविद्यालय, नई दिल्ली।

प्रकाशित कृतियाँ : *अंग्रेजी राज और प्रतिबन्धित हिन्दी पत्रिकाएँ, शब्द-प्रतिबन्ध, बुंदेलखंड का स्वाधीनता आन्दोलन और पत्र-पत्रिकाएँ, हिन्दी की लम्बी कविता का कद, अंग्रेजी राज, अभिव्यक्ति और बुंदेलखंड की पत्रकारिता, हिन्दी भाषा : परम्परा और प्रयोग।*

संपादन : *केदारनाथ अग्रवाल : कविता का लोक-आलोक, केदारनाथ अग्रवाल : गद्य की पगडण्डियाँ, काव्य पुस्तिकाएँ* (केदारनाथ अग्रवाल) *: मैं बैठा हूँ केन किनारे, यहीं क्षण भर, मैंने उसको जब-जब देखा, मैं अनबजा घंटा हूँ, रेत मैं हूँ, उजले धुले दिन।*

फेलोशिप : वरिष्ठ फेलोशिप, संस्कृति मंत्रालय भारत सरकार, प्रथम स्वाधीनता फेलोशिप, संस्कृति विभाग, मध्य प्रदेश।

सम्मान : मध्य प्रदेश हिन्दी साहित्य सम्मलेन का आलोचना विधा के लिए *वागीश्वरी पुरस्कार*, हिन्दी पत्रकारिता में उल्लेखनीय कार्य के लिए *राव बहादुर बुंदेला सम्मान*, *प्रथम ब्रह्मस्वरूप शर्मा सम्मान।*

देश की प्रतिष्ठित साहित्यिक पत्रिकाओं एवं समाचार-पत्रों में साहित्य, संस्कृति, पत्रकारिता और पर्यावरण के सवालों पर शोधपरक लेख, समीक्षाएँ और साक्षात्कार प्रकाशित, फिलहाल औपनिवेशिकता, प्रतिबन्ध और प्रतिरोध के प्रश्नों पर शोध एवं लेखन जारी।

सम्प्रति : प्रोफेसर, हिन्दी एवं आधुनिक भारतीय भाषा विभाग, इलाहाबाद विश्वविद्यालय, प्रयागराज, उ.प्र.।

ई-मेल : santoshbhadauria.au@gmail.com

अंग्रेजी राज और हिन्दी
की
प्रतिबन्धित पत्रकारिता

सन्तोष भदौरिया

लोकभारती पेपरबैक्स

प्रथम पेपरबैक संस्करण : जनवरी 2025
द्वितीय पेपरबैक संस्करण : जुलाई 2025

लोकभारती पेपरबैक्स : उत्कृष्ट साहित्य के लोकप्रिय संस्करण

लोकभारती प्रकाशन
पहली मंजिल, दरबारी बिल्डिंग, महात्मा गांधी मार्ग
प्रयागराज-211 001

वेबसाइट: www.lokbhartiprakashan.com
ईमेल : info@lokbhartiprakashan.com

शाखाएँ : 1-बी, नेताजी सुभाष मार्ग, दरियागंज
नई दिल्ली-110 002
अशोक राजपथ, साइंस कॉलेज के सामने
पटना-800 006
1, अनमोल सोराबजी संतुक लेन, मरीन लाइंस
मुम्बई-400002

सुपर माधव ग्राफिक
प्रयागराज द्वारा मुद्रित

मूल्य : ₹ 350

ANGREJI RAJ AUR HINDI KI
PRATIBANDHIT PATRAKARITA
by Prof. Santosh Bhadauria

ISBN : 978-93-48229-35-9

अम्मा-बप्पा
के
लिए

अनुक्रम

जरूरी बात

भूमंडलीकरण और चरम उपभोक्तावाद के दौर में जब हमारी स्मृतियाँ धूमिल हो रही हैं और नवउपनिवेशवाद की चपेट में फँसकर हम आर्थिक और सांस्कृतिक पराधीनता की ओर बढ़ रहे हैं, तब हमारे लिए राष्ट्रीय स्वाधीनता आन्दोलन का पुनःस्मरण आवश्यक है क्योंकि वहाँ से प्रेरणा लेकर हम भारत का नवनिर्माण करने की दिशा में अग्रसर हो सकते हैं। समकालीन हिन्दी पत्रकारिता का बहुलांश व्यवसायोन्मुख होकर अपने महत्त्वपूर्ण कार्यभार से दूर हो रहा है। आज पत्रकारिता 'मिशन' नहीं व्यवसाय है और दृश्य-श्रव्य माध्यम केवल शहरी मध्यवर्ग को केन्द्र में रखकर जो चित्र प्रस्तुत कर रहा है, वह सामाजिक दृष्टि से किसी भी रूप में हितकर और प्रीतिकर नहीं है।

हिन्दी पत्रकारिता के उद्‌भव, विकास और इतिहास पर पुस्तकों का अभाव नहीं है, किन्तु इससे अलग सन्तोष भदौरिया ने अपनी पुस्तक 'अंग्रेजी राज और हिन्दी की प्रतिबन्धित पत्रकारिता' में एक साथ भारतीय पत्रकारिता और विशेषतः हिन्दी पत्रकारिता के इतिहास को प्रस्तुत करते हुए प्रतिबन्धित पत्र-पत्रिकाओं पर प्रमुख रूप से विचार किया है। कम्पनी के शासनकाल से लेकर ब्रिटिश शासनकाल तक समय-समय पर जो प्रेस अधिनियम पारित किए गए थे, उसके ब्योरों के साथ प्रतिबन्धित पत्र-पत्रिकाओं की विषय-सामग्री और हिन्दी के तत्कालीन महत्त्वपूर्ण पत्रकारों की भाषा-प्रीति तथा भाषा-संस्कार की चिन्ताएँ भी हमारे सामने रखी हैं। 'अंग्रेजी राज और हिन्दी की प्रतिबन्धित पत्रकारिता' हिन्दी पत्रकारिता का इतिहास भर नहीं है। यह हिन्दी पत्रकारिता को समग्रता में यथासम्भव देखने का एक आवश्यक प्रयत्न है।

स्वाधीनता आन्दोलन ने पत्रकारिता को गति और दिशा दी तथा पत्रकारिता ने भी स्वाधीनता आन्दोलन में अपना महत्त्वपूर्ण योगदान दिया। राष्ट्रीय स्वाधीनता आन्दोलन और हिन्दी पत्रकारिता की पारस्परिक सम्बद्धता पर क्षेत्रीय स्तर से लेकर राष्ट्रीय स्तर तक महत्त्वपूर्ण कार्य की अब भी आवश्यकता है। पाँच अध्यायों—संघर्ष और बन्धन, जेल-जब्ती-जुर्माना, देश-दुनिया, पग-पग प्रतिवाद और कहन-विस्तार में विभाजित यह पुस्तक राष्ट्रीय चेतना के विकास के साथ हिन्दी पत्रकारिता का विकास प्रस्तुत करती है। यह पुस्तक हिन्दी पत्रकारिता की संघर्ष-गाथा है। एक सुसंगत इतिहास-बोध और इतिहास-दृष्टि के बगैर हिन्दी पत्रकारिता पर लिखी गई कोई भी पुस्तक उस पूरे दौर का मुकम्मल चित्र प्रस्तुत नहीं कर सकती। आरम्भ से ही प्रेस की स्वतन्त्रता बाधित की गई थी। भारत में स्वतन्त्र पत्रकारिता की नींव एक अंग्रेज—जोन्स आगस्टक हिक्की ने रखी थी और उन्होंने कम्पनी के भ्रष्टाचार पर प्रहार किया था।

हिन्दी पत्र-पत्रिकाओं ने सामाजिक, राष्ट्रीय चेतना का विकास कर, सत्य, न्याय, संघर्ष और प्रतिरोध के पक्ष में खड़े होकर स्वाधीनता आन्दोलन को आगे बढ़ाया। उसने ब्रिटिश शासकों को चुनौतियाँ दीं और स्वाधीनता संघर्ष में भाग लेने के लिए लोगों को प्रेरित किया। पत्र-पत्रिकाओं को इसका खामियाजा भी भुगतना पड़ा। लेखक और सम्पादक जेल भी गए, उन्हें जुर्माना देना पड़ा और कई पत्रिकाएँ जब्त कर ली गईं।

ज़्यादातर प्रतिबन्धित पत्रिकाएँ बीसवीं सदी के तीसरे और चौथे दशक की हैं। 1857 में उर्दू पत्र 'पयामे आज़ादी' के प्रकाशक और मुद्रक को ही फाँसी नहीं दी गई थी, अपितु इस पत्र के पाठकों को भी मौत के घाट उतार दिया गया था।

1885 में कांग्रेस की स्थापना से लेकर 1920-21 के असहयोग आन्दोलन तक स्वाधीनता आन्दोलन का रूप-स्वरूप भिन्न था। उन्नीसवीं सदी के अन्तिम दशकों में 'हिन्दी प्रदीप' सरकारी नीतियों का विरोधी था और 'सारसुधानिधि' में

सरकार के प्रेस-सम्बन्धी कानून का विरोध किया गया था। सरकार प्रेस-नियमों और अधिनियमों के तहत पत्र-पत्रिकाओं पर अंकुश लगा रही थी। बीसवीं सदी के तीसरे दशक में असहयोग आन्दोलन के साथ स्वाधीनता आन्दोलन ने एक नई गति प्राप्त की। इसी समय हिन्दी पत्र-पत्रिकाओं ने स्वाधीनता आन्दोलन से अपने को पूरी तरह जोड़ लिया। गोरखपुर से प्रकाशित पत्र 'स्वदेश' से प्रकाशन के पूर्व ही पाँच सौ रुपये की जमानत माँगी गई थी। 'स्वदेश' का मूल सिद्धान्त था "वह हृदय नहीं है, पत्थर है, जिसमें स्वदेश का प्यार नहीं।"

संतोष भदौरिया ने 'अंग्रेजी राज और हिन्दी की प्रतिबन्धित पत्रकारिता' में 'बुन्देलखंड केसरी' से लेकर 'बलिदान' तक का उदाहरण सामने रखा है। सामान्यतया दैनिक, साप्ताहिक, पाक्षिक और मासिक पत्रिकाएँ प्रतिबन्धित हुईं, जिनमें मासिक पत्रिकाओं की संख्या सर्वाधिक थी। प्रतिबन्धित पत्रिकाओं की संख्या बहुतायत में थी और लेखक ने लिखा है "इन पत्रिकाओं के अंकों के प्रतिबन्धन की विस्तृत जानकारी अभिलेखागारों में सुरक्षित सरकार के गोपनीय दस्तावेजों, रिपोर्टों से प्राप्त होती है।" लेखक की मान्यता है कि "भारतीय राष्ट्रीयता के विकास और उसको दिशा देने का कार्य हिन्दी की प्रतिबन्धित पत्र-पत्रिकाओं ने बखूबी किया।" भारतीय राष्ट्रीयता के विकास के साथ प्रतिबन्धित पत्र-पत्रिकाओं का अध्ययन अधिक अर्थपूर्ण है। इन पत्र-पत्रिकाओं ने 'देश-दुनिया' की सच्ची खबर अपने पाठकों को दी, उनकी सामाजिक-राजनीतिक चेतना विकसित की और लाखों पाठकों के मानस का निर्माण किया। पत्र-पत्रिकाओं ने विश्व की महत्त्वपूर्ण घटनाओं को लगातार प्रकाशित किया, जन-जागरण का सन्देश दिया, वित्तीय समाचार पर सर्वेक्षणात्मक रिपोर्ट प्रकाशित किए, सामन्ती समाज-व्यवस्था की आलोचना की, गाँवों की दशा सामने रखी, स्त्रियों की आर्थिक गुलामी और दशा को प्रस्तुत कर सुधारवादी दृष्टिकोण अपनाया और दूसरी ओर उन्होंने क्रान्ति-मार्ग का भी आह्वान किया। ब्रिटिश शासकों के लिए ये एक प्रकार की चुनौतियाँ थीं।

भारतीय प्रेस पर समय-समय पर लगे प्रतिबन्धों की चर्चा करते हुए लेखक ने विलियम बैंटिक और मेटकाफ़ की उचित प्रशंसा की है। उसने 1921 में हिन्दी पत्र-पत्रिकाओं पर सरकारी दमन- का विशेष प्रहार भी देखा है। तत्कालीन हिन्दी पत्रकारिता साम्प्रदायिकता के विरुद्ध थी, भारत-विभाजन के विरुद्ध थी, वह जमींदारों और ब्रिटिश शासकों के विरुद्ध थी। क्रान्तिकारिता हिन्दी पत्रकारिता की मुख्य विशेषता थी। हिन्दी के समर्थ और समर्पित पत्रकार भाषा के प्रति विशेष जागरूक थे। हिन्दी पत्रकारिता पर विचार करते समय भाषा-पक्ष पर विशेष ध्यान नहीं दिया जाता है। लेखक ने 'अंग्रेजी राज और हिन्दी की प्रतिबन्धित पत्रकारिता' में भाषा पक्ष पर गम्भीरतापूर्वक विचार किया है, उसका यह कथन सही है कि "हिन्दी की शुद्धता और उत्थान के प्रश्न हिन्दी भाषी समाज के उत्थान का प्रश्न था, उन्होंने भाषा के सवाल को अपेक्षित गुरुता दी।"

—रविभूषण

अपनी बात

पत्रकारिता युगबोध का सर्वाधिक सबल माध्यम है। दुनिया की गतिविधि, देश के उत्थान-पतन तथा अंचल-विशेष की ज्वलन्त समस्याएँ पत्र-पत्रिकाओं से ही सुस्पष्ट होती हैं। पत्रकारिता का उद्‌भव और विकास भारतीय जनजीवन के उत्कर्ष और अपकर्ष का इतिहास है। समाज, साहित्य, धर्म और राजनीति में जिस प्रकार के परिवर्तन होते हैं, उन्हें विविधकालिक पत्रकारिता दिग्दर्शित करती है। इतिहास साक्षी है कि जब भी सामाजिक शोषण और दमन की प्रक्रिया बलवती हुई है, उसी के अनुरूप उसका जमकर विरोध हुआ और पत्रिकाओं का तेवर आक्रामक हुआ है, साथ ही भारतीय जनमानस में अपने अधिकार और स्वत्व की भावना प्रबल हुई है। परतन्त्र भारत की हिन्दी पत्रकारिता इसी अधिकार और स्वत्व की प्राप्ति हेतु किए गए संघर्षों का परिणाम है।

भारतीय स्वाधीनता आन्दोलन और हिन्दी पत्रकारिता अपने विकास क्रम में परस्पर सम्बद्ध रहे हैं। वस्तुत: हिन्दी पत्रकारिता इसी आन्दोलन की अनिवार्य परिणति है। इसी के समानान्तर इसका विकास हुआ। पराधीन भारत का असली चेहरा उस समय की पत्र-पत्रिकाओं में प्रकाशित सम्पादकीय, लेखों, सामयिक प्रतिक्रियाओं और टिप्पणियों के माध्यम से उजागर हुआ है। इन्होंने भारतीय स्वाधीनता आन्दोलन और उससे जुड़ी जनता की आकांक्षाओं को वाणी दी। तत्कालीन प्रतिबन्धित पत्र-पत्रिकाओं के विविध अंकों को देखने से उनके व्यापक सरोकारों का पता चलता है। यह तथ्य है कि अंग्रेजी राज अपने विरोध में उठनेवाली आवाज़ को सहन नहीं कर सकता था। प्रतिबन्धित पत्र-पत्रिकाओं में मनुष्य विरोधी ताकतों का तीव्र विरोध है। ये किसी कल्पनालोक का निर्माण नहीं करतीं, बल्कि हमें सामाजिक चिन्ता की चेतना से जोड़ती हैं, इनमें परतन्त्र

भारत का अनलिखा इतिहास बन्द है। प्रशासनिक दमन के विरुद्ध संघर्ष का जो साहस पग-पग प्रतिवाद के रूप में स्वाधीनता आन्दोलन के दौर की पत्रकारिता ने दिखाया, वह आने वाले समय में पत्रकारिता जगत के लिए आदर्श बना।

जेल-जब्ती-जुर्माना का वरण कर सम्पादकों, प्रकाशकों और पत्रकारों ने कष्ट उठाए किन्तु कभी परिस्थितियों के सामने झुके नहीं, कहीं किसी प्रकार का समझौता नहीं किया। साथ ही साम्राज्यवादी शासन की उन खामियों को भारतीय जनता के सामने उजागर किया जिनके कारण साम्राज्यवाद के अधीन रहनेवाले देश का आर्थिक, सामाजिक एवं सांस्कृतिक विकास अवरुद्ध होता है। सत्ता एवं प्रेस का यह संघर्ष ऐतिहासिक तथ्य है। आज़ादी के लिए संघर्षरत भारत के इस ऐतिहासिक दौर में अनेक ऐसे विश्वसनीय उदाहरण दिये जा सकते हैं जिनमें सत्ता-पक्ष ने समाचार-पत्रों के मुँह बन्द करने के अनथक प्रयास किए। विरोध, दमन एवं नियन्त्रण के दुश्चक्र से निकलकर अपने कहन-विस्तार के माध्यम से पराधीन भारत में प्रतिबन्धित पत्रिकाओं ने राष्ट्रीय एवं सामाजिक नवनिर्माण की दिशा में महत्त्वपूर्ण भूमिका निभाई।

प्रस्तुत पुस्तक इसी कठिन भूमिका का विश्लेषण है। इसे प्रामाणिक आधार देने के लिए सन्दर्भ-ग्रन्थों का यथास्थान उल्लेख किया गया है ताकि पाठक स्वयं उन सन्दर्भों से परिचित हो सकें।

मेरे कई मित्र एवं संस्थाएँ पुस्तक के निर्माण में अनेक प्रकार से सहायक रहे हैं, उन्हें इस पुस्तक के प्रकाशन से जितनी खुशी होगी, शायद आभार प्रदर्शन से नहीं। मुझे विश्वास है कि साहित्य, इतिहास और पत्रकारिता में रुचि रखनेवालों खासकर पत्रकारिता के छात्रों के लिए यह पुस्तक उपयोगी सिद्ध होगी।

पुस्तक का प्रथम पेपरबैक संस्करण आपके समक्ष लाने हेतु मैं लोकभारती, इलाहाबाद के संरक्षक श्री रमेश ग्रोवर जी एवं राजकमल प्रकाशन समूह का हृदय से आभारी हूँ, जिनकी उत्सुकता एवं तत्परता से यह संभव हुआ। आपकी पाठकीय प्रतिक्रियाओं एवं सुझावों का स्वागत है।

1 जनवरी 2025 **—संतोष भदौरिया**

इलाहाबाद

द्वितीय संस्करण के बारे में

पुस्तक के प्रथम पेपरबैक संस्करण का विगत छह माह में समाप्त होना, आपकी पाठकीय अभिरुचि एवं गहन संलग्नता का प्रमाण है। इस बात की मुझे हार्दिक प्रसन्नता है और मैं सुधी पाठकों का हृदय से धन्यवाद ज्ञापित करता हूँ। पुस्तक के इस द्वितीय संस्करण में वर्तनी सम्बन्धी सुधार एवं कुछ आवश्यक संशोधन किए गए हैं।

यह पुस्तक पुनः आपके हाथों में आ रही है। आपकी सम्मति मुझे प्रेरित एवं उजस्र्वित करेगी।

1 जुलाई 2025 — **संतोष भदौरिया**
इलाहाबाद

संघर्ष और बन्धन

भारत में राष्ट्रवाद का उद्भव एवं विकास अंग्रेजी उपनिवेशवाद की लम्बी प्रक्रिया से जुड़ी हुई व्यक्तिपरक एवं वस्तुपरक शक्तियों की आपसी क्रिया-प्रतिक्रिया, उभरती हुई पूँजीवादी शक्तियों तथा इनके फलस्वरूप विघटित होती हुई सामन्तवादी व्यवस्था का परिणाम था। भारत में ब्रिटिश उपनिवेशवाद के दो विरोधाभासी परिणाम सामने आए। एक विनाशकारी था तो दूसरा पुनरुद्धारक सिद्ध हुआ। इसका विनाशकारी पक्ष आर्थिक शोषण से सम्बन्धित था, जिसने भारतीय कृषि एवं उद्योग-व्यवस्था को बर्बाद किया तथा भारत के आर्थिक साधनों का ब्रिटिश साम्राज्यवादी हितों के लिए प्रयोग किया। इसका पुनरुद्धारक पक्ष था—राजनीतिक एवं प्रशासकीय एकीकरण, आवागमन के आधुनिक साधन, आधुनिक शिक्षा का प्रसार, समाचार-पत्रों का विकास आदि। भारत में राष्ट्रीय चेतना का प्रस्फुटन इन्हीं दोनों तत्त्वों का मिला-जुला रूप था।

भारतीय स्वाधीनता आन्दोलन का उद्देश्य उसके प्रेरणा-स्रोत तथा ऐतिहासिक औचित्य, औपनिवेशिक प्रक्रिया और भारतीय अर्थव्यवस्था तथा समाज पर उसके प्रतिकूल प्रभाव को रोकना था। ब्रिटिश साम्राज्य के आर्थिक शोषण तथा इसके परिणामस्वरूप भारत के पिछड़ेपन ने विकास की प्रक्रिया में जो विरोधाभास उत्पन्न किए, भारतीय स्वाधीनता आन्दोलन इस संघर्ष की प्रत्यक्ष अभिव्यक्ति के रूप में उभरा।

भारत का स्वाधीनता आन्दोलन विकास के अनेक चरणों से गुजरा। जैसे ही क्रमशः यह एक चरण से दूसरे चरण की तरफ बढ़ा, इसका सामाजिक आधार व्यापक होता गया। इसके उद्देश्य अधिकाधिक स्पष्ट होते गए और इसने अनेक रूपों में अभिव्यक्ति पाई। विभिन्न राष्ट्रीय एवं अन्तरराष्ट्रीय शक्तियों के विकास के फलस्वरूप भारत के अधिकाधिक लोगों में राष्ट्रीय चेतना का प्रसार हुआ और वे राष्ट्रीय आन्दोलन के अन्तर्गत आते गए।

विभिन्न नए वर्गों ने, जो नए अर्थतन्त्र के फलस्वरूप पैदा हुए, अपने युग की आर्थिक, सामाजिक और राजनीतिक स्थिति के विरुद्ध अपने अखिल भारतीय संगठन बनाए और आन्दोलन किए, जिससे स्वतन्त्रता आन्दोलन और अधिक विकसित होता गया और उसमें अधिकाधिक शक्ति का संचार हुआ।

19वीं शताब्दी का उत्तरार्ध राष्ट्रवादी चेतना के प्रसार और एक संगठित स्वतन्त्रता आन्दोलन के उद्भव एवं विकास का साक्षी है। विकास के इस चरण में भारतीय राष्ट्रवाद का आधार अत्यन्त संकीर्ण था। कुछेक भारतीय बुद्धिजीवियों ने, जिन्होंने अंग्रेजी शिक्षा-संस्थाओं में शिक्षा प्राप्त की एवं पाश्चात्य संस्कृति के लोकतान्त्रिक और राष्ट्रवादी विचारों को आत्मसात किया था, राजनीतिक शिक्षा का प्रसार और देश में राजनीतिक कार्यकलाप आरम्भ करने के लिए राजनीतिक संगठनों की स्थापना की। लैंडहोल्डर्स सोसाइटी (1938), बंगाल ब्रिटिश इंडियन सोसाइटी (1883), ब्रिटिश इंडियन सोसाइटी (1851), मद्रास नेटिव्स एसोसिएशन (1852) आदि संस्थाओं की स्थापना हुई। राजनीतिक संगठनों की इस प्रक्रिया की चरम सीमा 1885 में भारतीय राष्ट्रीय कांग्रेस की स्थापना के रूप में सामने आई।

भारतीय राष्ट्रीय कांग्रेस ने राष्ट्रीय शिकायतों और रोष को एक वैधानिक स्वरूप प्रदान किया। युवा शिक्षित-वर्ग को अपनी शिकायतें प्रस्तुत करने के लिए एक राष्ट्रीय मंच मिला। भारतीय बुद्धिजीवियों को एक ऐसे संगठन की आवश्यकता थी, जो भारत के आर्थिक और राजनीतिक विकास के लिए लड़ सके। कांग्रेस की स्थापना से संगठित रूप से भारत की स्वतन्त्रता के लिए संघर्ष शुरू हो गया।

भारतीय राष्ट्रीय कांग्रेस की स्थापना के साथ ही स्वतन्त्रता आन्दोलन का पहला चरण आरम्भ होता है जिसकी अवधि मोटे तौर पर सन 1905 ई. तक रही। इस दौर में स्वतन्त्रता आन्दोलन का नेतृत्व उदारवादी बुद्धिजीवियों ने किया जिनमें दादाभाई नौरोजी, गोपाल कृष्ण गोखले, गोविन्द रानाडे, सुरेन्द्रनाथ बनर्जी, लालमोहन घोष, फिरोजशाह मेहता, मदनमोहन मालवीय आदि प्रमुख थे। इन्हीं की चिन्तन-पद्धति और कार्यशैली से स्वतन्त्रता आन्दोलन के कार्यक्रम और स्वरूप का निर्माण हुआ। राजनीतिक दृष्टिकोण से इन प्रारम्भिक राष्ट्रवादियों का कार्य साम्राज्यवाद का आर्थिक विवेचन करना था। उदारवादियों के नेतृत्व में भारतीय राष्ट्रीय कांग्रेस ने मुख्यत: शिक्षित वर्ग एवं व्यापारी वर्ग की माँगों को सामने रखा, साथ ही प्रतिनिधि संस्थाओं की स्थापना और नागरिक स्वतन्त्रता जैसे सवाल भी उठाए।

स्वतन्त्रता आन्दोलन के इस चरण में संघर्ष के जो तरीके अपनाए गए उन पर भी उदारवादी घोषणाओं का स्पष्ट प्रभाव था। क्रमश: व्यवस्थित राजनीतिक प्रगति तथा संविधानवाद इनकी कार्यप्रणाली के मूल मन्त्र बन गए।

स्वाधीनता आन्दोलन के इस दौर में भारतीय उदारवादी नेताओं ने ब्रिटिश साम्राज्यवाद के वास्तविक स्वरूप का पर्दाफाश करने में दिशा-निर्देशक का कार्य किया। उन्होंने सारे आर्थिक प्रश्नों को भारत की राजनीतिक पराधीनता के साथ जोड़ दिया और भारतीय वास्तविकता के सर्वाधिक महत्त्वपूर्ण राजनीतिक-आर्थिक पहलुओं को सफलतापूर्वक उजागर किया। कतिपय असफलताओं के बावजूद इस दौर के राष्ट्रवादियों ने स्वतन्त्रता आन्दोलन की एक ऐसी नींव रखी जिस पर उसका अगला विकास सम्भव हुआ।

स्वाधीनता आन्दोलन के प्रथम दौर की एक अन्य विशेषता इसके सामाजिक आधार की संकीर्णता रही। इसका प्रभाव शहरी क्षेत्र के शिक्षित और हिन्दू भारतीयों तक सीमित रहा। सौदागर, जमींदार एवं कृषक वर्ग इससे अभी नहीं जुड़ सका। कुछ पारसी एवं मुसलमान भी आन्दोलन के साथ जुड़े, परन्तु उनकी संख्या नगण्य थी।

स्वाधीनता आन्दोलन ने अपने दूसरे चरण (1905-1917) में पूर्ण राष्ट्रीय स्वरूप प्राप्त किया। इसने समाज के विभिन्न समुदायों एवं सामाजिक वर्गों में पहुँच कायम की। स्वतन्त्रता आन्दोलन के इस चरण में उदारवादियों की अपेक्षा उग्रवादी नेताओं ने प्रमुखता प्राप्त की। उदारवादियों की विचारधारा एवं कार्य-पद्धति से राष्ट्रवादियों का विकास खत्म होने लगा। भारतीय राष्ट्रीय कांग्रेस के अन्तर्गत एक नए जीवन-दर्शन, नए राजनीतिक समीकरणों और संघर्ष के नए तरीकों के आधार पर एक नई विचारधारा का उदय हुआ, जिसे उग्रराष्ट्रवाद की संज्ञा प्रदान की गई। तिलक, अरविन्द घोष, विपिनचन्द्र पाल और लाला लाजपत राय इस दल के प्रमुख नेता थे। इनकी माँग थी—ब्रिटिश शासन की तुरन्त समाप्ति। साथ ही बंगाल के उग्रवादी नेताओं का भी औपनिवेशिक शासन में बिलकुल विश्वास नहीं था। अपनी कार्य-पद्धति में वे राजनीतिक प्रचार और संघर्ष तथा रचनात्मक गतिविधियों को महत्त्वपूर्ण मानते थे। व्यावहारिक स्तर पर उनके कार्यक्रम थे—विदेशी वस्तुओं का बहिष्कार, सरकारी नौकरियों का बहिष्कार, शिक्षा की देशी संस्थाएँ स्थापित करना, ब्रिटिश सरकार से सभी सम्बन्ध तोड़ना, सार्वजनिक विरोध को ब्रिटिश अदालतों के बजाय पंचायतों द्वारा सुलझाना तथा स्वदेशी प्रचार आदि।

स्वतन्त्रता आन्दोलन के इस दौर में राजनीतिक उद्देश्यों की प्राप्ति के लिए हिंसा का प्रयोग किया गया। आन्दोलन में राजनीतिक डकैतियों एवं राजनीतिक हत्याओं को शामिल किया गया। उन्होंने आयरलैंड के आतंकवादियों और रूस के निषेधवादियों के पदचिह्नों पर चलना और उन अधिकारियों की हत्या करना बेहतर समझा जो अपने भारत-विरोधी रवैये तथा अपने दमनकारी कार्यों के कारण बदनाम हो गए थे। इनकी योजनाएँ, भर्ती, प्रशिक्षण और कार्यवाही गुप्त होती थीं। महाराष्ट्र, मद्रास एवं बंगाल इनकी गतिविधियों के प्रमुख केन्द्र थे। इन्होंने स्वतन्त्रता के इतिहास में एक नया अध्याय जोड़ा। अपने खतरनाक कामों, साहसिक योजनाओं, नपी-तुली क्रियाओं और मृत्यु के प्रति निस्संगता के कारण उन्होंने राष्ट्र की स्मृति में एक स्थायी जगह बना ली।

स्वतन्त्रता आन्दोलन के इतिहास में उग्र राष्ट्रवाद ने महत्त्वपूर्ण भूमिका निभाई। इसने आन्दोलन के उद्देश्य को और स्पष्टता प्रदान की और जनता में आत्मविश्वास और आत्मनिर्भरता पैदा की। आन्दोलन में निम्न-मध्यवर्गीय लोगों, छात्रों, युवकों को शामिल करके इसके लिए एक नया सामाजिक आधार तैयार किया गया। राजनीतिक संगठन के नए तरीकों और राजनीतिक संघर्ष की नई विधियों का सूत्रपात हुआ। बीसवीं सदी के पहले दशक में मजदूर-वर्ग में राजनीतिक चेतना का प्रसार हुआ। राजनीतिक दृष्टिकोण से सचेत भारतीय उद्योगपतियों ने भी स्वतन्त्रता आन्दोलन में भाग लिया, किन्तु अभी भी बहुसंख्यक मजदूर एवं किसान राष्ट्रवादी राजनीति से बाहर थे। इसके साथ ही उग्र राष्ट्रवादियों ने आन्दोलन को पुनर्जीवित करने के लिए इसे हिन्दू-दर्शन पर आधारित करने की कोशिश की जिससे कुछ सीमा तक आन्दोलन ने रहस्यवादी रूप धारण किया। परिणामस्वरूप उसका सामाजिक आधार कमजोर हुआ। किन्तु इस चरण में स्वतन्त्रता आन्दोलन ने जुझारू और चुनौतीपूर्ण रूप धारण किया।

सन 1914 और 1919 के बीच का समय भारतीय स्वतन्त्रता आन्दोलन के लिए ठहराव का दौर था। इस समय राजनीतिक गहमागहमी थोड़ी कम रही। उग्रवादी नेताओं की गिरफ्तारियों और निर्वासन के फलस्वरूप राजनीतिक गतिविधियाँ धीमी रहीं। कांग्रेस का नियन्त्रण संविधानवाद और अंग्रेजों के प्रति श्रद्धा रखनेवाले उदारवादी नेताओं के हाथ में था। 1914 के प्रथम विश्वयुद्ध के परिणामस्वरूप भारतीय स्वतन्त्रता आन्दोलन अन्तरराष्ट्रीय और विश्व-राजनीति से जुड़ गया। बहुत-सी ऐसी शक्तियों की नींव भी इसी काल में

रखी गई जिन्होंने युद्धोपरान्त महत्त्वपूर्ण भूमिका निभाई। सन 1917 की रूस की क्रान्ति का भारतीय स्वतन्त्रता आन्दोलन पर व्यापक प्रभाव पड़ा। इसका सबसे महत्त्वपूर्ण प्रभाव था—भारत में वामपन्थ का उदय, जिसने युद्धोपरान्त स्वतन्त्रता आन्दोलन को एक जनाधार देने, कांग्रेस के कार्यक्रमों को एक समाजवादी दिशा देने तथा मजदूर-वर्ग एवं किसानों के राष्ट्रीय और वर्ग-हितों को उभारने के दृष्टिकोण से महत्त्वपूर्ण कार्य किया। वामपन्थ के प्रभाव एवं प्रसार के परिणामस्वरूप किसानों में राजनीतिक चेतना का प्रसार हुआ और मजदूर-वर्ग ने स्वयं को संगठित करना आरम्भ कर दिया।

प्रथम विश्वयुद्ध के समय और उसके बाद भारतीय जनता में असन्तोष फैला। आर्थिक शोषण ने किसान, शहरी मध्यवर्ग, मजदूर एवं पूँजीपति सभी की आर्थिक तकलीफें बढ़ा दीं। इसी दौरान भारतीय स्वतन्त्रता आन्दोलन में महात्मा गाँधी का पदार्पण हुआ। महात्मा गाँधी ने जनसाधारण और जन-आन्दोलन की महत्त्वपूर्ण भूमिका को समझा तथा संघर्ष का ऐसा कार्यक्रम बनाया जिससे जनसाधारण स्वतन्त्रता आन्दोलन के प्रति जागरूक हो तथा मजदूर, किसान, पूँजीपति, व्यापारी, विद्यार्थी, वकील तथा निम्न जातियाँ आदि सभी तरह के लोग आन्दोलन में भाग ले सकें। अपनी विचारधारा की सीमाओं, खामियों तथा मजबूरियों के बावजूद गाँधी ने पहली बार स्वतन्त्रता आन्दोलन को जनसाधारण का बहुवर्गीय आधार प्रदान किया। गाँधी जी ने अपने सत्याग्रह का प्रथम प्रयोग चम्पारण में (1918) किया, जिसमें सफलता मिली। गुजरात के खेड़ा नामक स्थान पर भी सरकार को राजस्व-वसूली में रोक लगाकर किसानों से समझौता करने के लिए विवश होना पड़ा। सन 1919 में अखिल भारतीय स्तर पर रौलेट बिल के विरुद्ध सत्याग्रह किया गया। गाँधी जी ने इसी दमनकारी कानून की अवज्ञा करने के संकल्पस्वरूप सफलतापूर्वक सत्याग्रह शुरू किया। अप्रैल, 1919 को आम हड़ताल का आह्वान हुआ, जो पूर्णत: सफल रही। 13 अप्रैल, 1919 को जलियाँवाला बाग हत्याकांड हुआ जिसने आन्दोलन को और गति प्रदान की। इसी दौरान गाँधी जी और दूसरे कांग्रेसी नेताओं ने मिलकर खिलाफत आन्दोलन चलाया जिससे मुसलमान जनता स्वतन्त्रता आन्दोलन के करीब आई।

खिलाफत आन्दोलन और पंजाब की घटनाओं ने प्रथम असहयोग आन्दोलन के लिए पृष्ठभूमि का कार्य किया। सितम्बर, 1920 में कलकत्ता कांग्रेस में असहयोग का प्रस्ताव स्वीकार किया गया, जिसे दिसम्बर, 1920 के कांग्रेस के आम अधिवेशन में सर्वसम्मति से अनुमोदित किया गया।

कांग्रेस के पुराने लक्ष्य 'साम्राज्य के अन्तर्गत स्वशासन' के स्थान पर नया लक्ष्य निर्धारित हुआ—'शान्तिपूर्ण और वैधानिक तरीकों से स्वराज्य की स्थापना'। अगस्त, 1920 से प्रथम असहयोग आन्दोलन प्रारम्भ हुआ। भारतीय जनता को असहयोग आन्दोलन के तीन कार्यक्रमों—विधानसभाओं का बहिष्कार, अदालतों का बहिष्कार और विदेशी कपड़ों का बहिष्कार से अवगत कराया गया। सी. के. दास, मोतीलाल नेहरू, पटेल बन्धुओं, राजेन्द्र प्रसाद, राजगोपालाचारी ने इसमें सक्रिय भूमिका निभाई। स्वतन्त्रता आन्दोलन सिर्फ बहिष्कार तक सीमित नहीं रहा, बल्कि रचनात्मक कार्यों का सिलसिला भी आरम्भ किया गया। जामिया मिलिया इस्लामिया, काशी, गुजरात एवं बिहार में विद्यापीठ जैसी राष्ट्रीय शिक्षण-संस्थाओं की स्थापना की गई। हथकरघा महत्त्वपूर्ण हो गया। हिन्दू-मुस्लिम एकता के नए चरण का सूत्रपात हुआ। संयुक्त राजनीतिक कार्यक्रम तैयार किए गए।

अंग्रेजी शासन ने दमन की नीति अपनाई। भारतीय राष्ट्रीय कांग्रेस और खिलाफती स्वयंसेवकों के संगठनों को गैरकानूनी घोषित किया गया। जनसभाओं एवं जुलूसों पर प्रतिबन्ध लगा दिया गया। प्रमुख नेताओं को गिरफ्तार कर लिया गया। केवल गाँधी जेल से बाहर रहे। अहमदाबाद के कांग्रेस अधिवेशन में निजी एवं सामूहिक दोनों तरह की नागरिक अवज्ञा की स्वीकृति प्रदान की गई। नागरिक अवज्ञा आन्दोलन की पुन: शुरुआत के पूर्व ही चौरी-चौरा की उत्तेजनाजनक घटना घटित हुई। गाँधी जी ने इस हिंसक घटना पर क्षोभ व्यक्त किया और नागरिक अवज्ञा आन्दोलन को स्थगित कर दिया गया। चरखे का प्रचार, नशाबन्दी, राष्ट्रीय शिक्षण-संस्थाओं की स्थापना आदि रचनात्मक कार्यक्रम अपनाए गए।

नागरिक अवज्ञा आन्दोलन को वापस लेने से भारतीय नेताओं में निराशा छा गई। बारदोली के फैसले के बाद स्वतन्त्रता आन्दोलन का ह्रास हुआ। मुस्लिम लीग एवं कांग्रेस का सहयोग समाप्त हुआ तथा हिन्दू-मुस्लिम एकता को धक्का पहुँचा, तथापि यह नि:सन्देह कहा जा सकता है कि असहयोग आन्दोलन ने स्वतन्त्रता आन्दोलन को जनाधार प्रदान किया। सत्याग्रह, हड़ताल, बहिष्कार, धरना आदि तरीकों को अपनाकर छूआछूत, देहातियों, गरीबों, स्त्रियों के सामाजिक और शैक्षणिक पिछड़ेपन जैसी सामाजिक और आर्थिक समस्याओं की तरफ ध्यान आकर्षित करके, चरखे और खादी को स्वतन्त्रता आन्दोलन का एक भाग बनाकर तथा इन सबको साम्राज्य-विरोधी संघर्ष के साथ जोड़कर एक नए चरण का सूत्रपात किया गया।

बारदोली के निर्णय से स्वतन्त्रता आन्दोलन में एक ठहराव आया। पाँच वर्षों तक आन्दोलन में निष्क्रियता छाई रही। चित्तरंजन दास एवं मोतीलाल नेहरू ने गाँधी जी की नीतियों को अव्यावहारिक मानते हुए आन्दोलन को एक नवीन एवं निर्णायक मोड़ देने की कोशिश की। कांग्रेस के अन्दर से ही चुनाव लड़ने और संसदीय स्तर पर नई विधानसभाओं में संघर्ष चलाने के लिए नई 'स्वराज पार्टी' का गठन किया गया। ब्रिटिश साम्राज्यवाद के अन्तर्गत 'डॉमिनिअन स्टेटस' प्राप्त करना स्वराज्य पार्टी का लक्ष्य था। स्वराज्यवादियों को निजी सम्पत्ति, वर्ग-समन्वय और पूँजी एवं श्रम के हितों के तादात्म्य स्थापित करने में विश्वास था। पार्टी ने विधानसभाओं को अपने राजनीतिक क्रियाकलापों का केन्द्र बनाया। 1925 में 'स्वराज्य पार्टी' अपनी शक्ति की पराकाष्ठा पर पहुँची।

राजनीतिक निष्क्रियता और निराशा के वातावरण में साम्प्रदायिकता ने सिर उठाना शुरू किया। असहयोग आन्दोलन के समय की हिन्दू-मुस्लिम एकता अब नहीं रही। संयुक्त महासभा (1917) ने अपनी सक्रियता दिखाई। 1924 में अनेक शहरों में दंगे हुए। अगले दो वर्षों में साम्प्रदायिकता का और प्रसार हुआ।

असहयोग आन्दोलन के परवर्ती काल में समाजवादी एवं साम्यवादी दलों का तथा मजदूर-वर्ग के अपने स्वतन्त्र आर्थिक और राजनीतिक वर्ग-संगठनों का उदय एवं विकास हुआ। स्वतन्त्रता आन्दोलन के इतिहास में ये अधिकाधिक महत्त्वपूर्ण साबित हुए। स्वतन्त्र विचारधारा और गाँधी जी के रचनात्मक कार्यों एवं 'स्वराज्य पार्टी' से असन्तुष्ट लोगों ने समाजवादी जीवन-दर्शन का अध्ययन एवं अनुसरण किया। बाद के वर्षों में मूलभूत सुधार के इच्छुक नौजवानों में समाजवादी विचार फैलने लगे। अनेक मजदूर एवं किसान संगठन स्थापित हुए। इन्होंने मजदूरों और किसानों की आर्थिक और राजनीतिक माँगों का समर्थन किया। स्वतन्त्रता-प्राप्ति के लिए उन्हें मजदूरों और किसानों के संघर्ष का सीधा तरीका पसन्द था। विभिन्न कम्युनिस्ट दलों को मिलाकर भारत की कम्युनिस्ट पार्टी (1925) की स्थापना की गई। मजदूर एवं किसान पार्टियों ने मजदूर-संघ बनाए और कई हड़तालों का संचालन किया।

1927 में स्वतन्त्रता आन्दोलन का एक नया आधार पैदा हुआ। साइमन कमीशन की नियुक्ति हुई जिसका उद्देश्य इस बात की समीक्षा करना था कि भारत और अधिक सुधार एवं संसदीय लोकतन्त्र के विस्तार-योग्य हुआ

है अथवा नहीं। आयोग के सभी सदस्य अभारतीय थे। अत: राजनीतिक दलों एवं पार्टियों का असन्तोष बढ़ा। भारतीय राष्ट्रीय कांग्रेस द्वारा आयोग के बहिष्कार के फैसले से भारतीय स्वतन्त्रता आन्दोलन के विभिन्न तत्त्वों में एक नई स्फूर्ति आई। ऐसी एकता कायम हुई जो समान राजनीतिक कार्यक्रम अथवा सामाजिक समानता न होकर केवल साम्राज्यवादी नीति के विरुद्ध सामूहिक विरोध तक ही सीमित थी। 1927 के मद्रास अधिवेशन में आन्दोलन ने एक नया मोड़ लिया। कांग्रेस ने पहली बार पूर्ण स्वराज्य को अपना लक्ष्य घोषित किया। घटनाओं के इस तरह के विकास ने औपनिवेशिक राज्य की आलोचना के उस विचार को और तीव्र किया जिसका आरम्भ वामोन्मुख युवकों के प्रतिनिधि, जवाहरलाल नेहरू और सुभाषचन्द्र बोस ने किया था। 1928 के कलकत्ता अधिवेशन ने नेहरू रिपोर्ट को स्वीकृति प्रदान की जिसमें स्वायत्तशासी डॉमिनिअन पर आधारित संविधान की बात की गई थी। दिसम्बर, 1929 के लाहौर अधिवेशन ने निश्चय ही कांग्रेस को पूर्ण स्वराज्य की माँग के लिए इस तरह प्रतिबद्ध कर दिया कि वह उस प्रश्न पर कोई समझौता न कर सके। कांग्रेसी विधायकों से माँग की गई कि वे विधानसभाओं की सदस्यता त्याग दें, चुनाव का बहिष्कार करें, कांग्रेस के रचनात्मक कार्यों में भागीदारी बढ़ाएँ, साथ ही गाँधी जी को यह अधिकार दिया गया कि वे अपना नागरिक अवज्ञा आन्दोलन आरम्भ करें।

सन 1930 और 1940 के बीच में स्वतन्त्रता आन्दोलन ने कई अर्थों में प्रगति की। 30 जनवरी, 1930 को गाँधी जी ने अपनी ग्यारहसूत्री माँगों का प्रस्ताव रखा, जिन्हें न मानने पर आन्दोलन शुरू करने की बात कही गई। साबरमती में कांग्रेस कमेटी ने महात्मा गाँधी एवं उनके सहयोगियों को नागरिक अवज्ञा आन्दोलन के नेतृत्व और संचालन का सारा अधिकार सौंप दिया। मार्च, 1930 को अपने चुने हुए 78 अनुयायियों के साथ गाँधी जी ने ऐतिहासिक दांडी-यात्रा शुरू की तथा सरकार के नमक कानून का उल्लंघन कर नागरिक अवज्ञा आन्दोलन शुरू किया, जिसमें औरतों ने अपेक्षाकृत अधिक हिस्सा लिया। गाँधी गिरफ्तार कर लिये गए। कई अध्यादेश जारी हुए। कांग्रेस और उसकी शाखाओं को अवैध घोषित कर दिया गया। कई अखबारों एवं छापाखानों से जमानतें माँगी गईं। मार्च, 1931 में गाँधी-इर्विन समझौता हुआ, जिसमें सरकार की दमनकारी कार्यवाही रोकने और हिंसक कार्यों के लिए जिम्मेदार लोगों के अतिरिक्त देश के राजनीतिक बन्दियों को रिहा करने का फैसला किया गया। गाँधी जी गोलमेज सम्मेलन में भाग लेने के लिए

तैयार हो गए। कराची अधिवेशन में इस समझौते को स्वीकृति दे दी गई।

कराची कांग्रेस अधिवेशन ने स्वतन्त्रता आन्दोलन के विकास में एक महत्त्वपूर्ण अध्याय जोड़ा। इसमें मौलिक अधिकारों और आर्थिक नीति पर प्रस्ताव पास हुआ, जिसने भविष्य के लोकतन्त्र में कांग्रेस के राजनीतिक, आर्थिक और सामाजिक कार्यक्रमों का रूप प्रस्तुत किया। गाँधी जी ने गोलमेज सम्मेलन में सक्रिय भाग लिया, किन्तु साम्प्रदायिक निर्वाचन इकाइयों पर विचार-विभेद होने के कारण गाँधी खाली हाथ वापस आ गए। नागरिक अवज्ञा आन्दोलन को पुनः शुरू करने का निर्णय लिया गया। गाँधी गिरफ्तार कर लिये गए, सरकार का दमनकारी चक्र शुरू हो गया। 1933 में गाँधी जी ने जेल में ही हरिजनों के उद्धार हेतु अनशन शुरू कर दिया। महात्मा गाँधी रिहा कर दिये गए। उनकी राय पर नागरिक अवज्ञा आन्दोलन स्थगित कर दिया गया।

नागरिक अवज्ञा आन्दोलन भारतीय स्वतन्त्रता आन्दोलन के इतिहास में दूसरा सार्वजनिक संघर्ष था जिसका जनाधार असहयोग आन्दोलन से अधिक व्यापक था। इससे भारतीय जनता की बढ़ती हुई राजनीतिक चेतना का सबूत मिलता है। आम जनता के साथ किसानों की भी सक्रिय भागीदारी रही। पहली बार उनके अपने राजनीतिक एवं आर्थिक संगठन बने। सविनय अवज्ञा आन्दोलन से लेकर द्वितीय विश्वयुद्ध तक का दौर स्वतन्त्रता आन्दोलन में चिन्तन का दौर रहा। साम्राज्यवाद का विरोध और अन्ततः स्वतन्त्रता-प्राप्ति के आदर्श जहाँ सर्वस्वीकृत थे, वहीं कांग्रेस के कार्यक्रम और कार्यविधि को समान रूप से स्वीकार करना मुश्किल था अर्थात चिन्तन का समान ध्रुवीकरण सम्भव नहीं हुआ। कांग्रेस के भीतर नई वामपन्थी प्रवृत्ति का उदय हुआ। 1936 में नेहरू कांग्रेस के अध्यक्ष चुने गए। 1936 के लखनऊ अधिवेशन में जवाहरलाल नेहरू ने समाजवाद को कांग्रेस के उद्देश्य के रूप में रेखांकित किया। राष्ट्रीय स्वतन्त्रता को समर्थन देनेवाली सभी शक्तियों के संयुक्त मोर्चे के कार्यक्रम के लिए प्रतिनिधियों का आह्वान किया गया। मजदूर-संघों एवं किसान-संगठनों की कांग्रेस के साथ सम्बद्धता पर जोर दिया गया, जिससे स्वतन्त्रता आन्दोलन में व्यापकता आए। आचार्य नरेन्द्र देव एवं जयप्रकाश नारायण के संयुक्त प्रयास से कांग्रेस के अन्दर 'कांग्रेस सोशलिस्ट पार्टी' की स्थापना हुई। यह पार्टी वर्ग के आधार पर किसानों एवं मजदूरों के संगठन के पक्ष में थी, जिन्हें उन्होंने राष्ट्रीय आन्दोलन की अभिप्रेरक शक्ति बनाना चाहा।

भारतीय राष्ट्रीय कांग्रेस की चुनावों में विजय और प्रान्तों में कांग्रेसी मन्त्रिमंडल बनने के साथ ट्रेड यूनियन गतिविधियों की एक नई लहर उमड़ी। 1937-38 में आम हड़तालों का सिलसिला शुरू हुआ। ट्रेड यूनियन आन्दोलन काफी तेजी से फैला। अनेक यूनियनों की स्थापना हुई। हड़तालों के माध्यम से मजदूर-वर्ग की चेतना और जागरूकता का स्पष्ट रूप सामने आया। इससे स्वतन्त्रता आन्दोलन के भीतर मजदूर-आन्दोलन की राजनीतिक भूमिका और उसके प्रभाव को महसूस किया जाने लगा।

स्वतन्त्रता आन्दोलन के इसी दौर में किसान आन्दोलन में गाँधीवादी कांग्रेस, समाजवाद और साम्यवाद का प्रसार हुआ। किसान आन्दोलन में तेजी आई। अधिकाधिक किसानों में राष्ट्रीय और वर्ग-चेतना का उदय और विकास हुआ। उन्होंने अपने संगठन बनाए, कार्यक्रम निर्धारित किए। 1936 में अखिल भारतीय किसान सभा की स्थापना हुई जो जमींदारी-उन्मूलन, लगान की छूट, जबरन मजदूरी की प्रथा की समाप्ति, काश्तकार की भूमि दिलाना और कृषि-सम्बन्धों में आमूल परिवर्तन की समर्थक थी। सभा ने जागरूक किसानों को संगठित किया और भारत में समाजवादी राज्य का लक्ष्य सामने रखा।

1939 में द्वितीय विश्वयुद्ध की शुरुआत हो गई। भारतीय राष्ट्रीय कांग्रेस ने ब्रिटिश सरकार से युद्ध का उद्देश्य स्पष्ट करने के लिए कहा। वाइसराय का जवाब असन्तोषजनक रहा। फलस्वरूप कांग्रेस-मन्त्रिमंडलों ने त्यागपत्र दे दिये। 1941 तक युद्ध अपनी चरम सीमा तक पहुँच गया। जापान के खतरे ने ब्रिटिश सरकार को भारतीय जनता का पूरा और सक्रिय सहयोग पाने के लिए विवश किया। ब्रिटिश सरकार ने युद्धकालीन मन्त्रिमंडल के सदस्य स्टेफोर्ड क्रिप्स को एक प्रस्ताव के साथ भेजा कि युद्ध के बाद भारत को औपनिवेशक दर्जा दे दिया जाए। युद्ध खत्म होने पर संवैधानिक सभा का गठन होगा। युद्ध के दौरान किसी प्रकार का संवैधानिक परिवर्तन करने से इनकार किया गया। इस प्रस्ताव को सभी राजनीतिक दलों ने अस्वीकृत कर दिया।

क्रिप्स मिशन की असफलता ने देश में आक्रोश और विषाद का वातावरण पैदा किया, जिससे उबरने के लिए जुलाई, 1942 में भारतीय राष्ट्रीय कांग्रेस की कार्यसमिति की बैठक बुलाई गई। राष्ट्रीय माँग का व्यापक मसौदा तैयार किया गया, जिसे अगस्त, 1942 में बम्बई में अखिल भारतीय कांग्रेस समिति ने अनुमोदित कर दिया। इसे 'भारत छोड़ो' प्रस्ताव के रूप में स्वीकार

किया गया। गाँधी ज़ी तुरन्त गिरफ्तार कर लिये गए। नेताओं की गिरफ्तारी से जनता नेतृत्वविहीन हो गई। शहरों-कस्बों में हड़तालें हुईं, प्रदर्शन किए गए, जुलूस निकले। विद्रोह का नेतृत्व छात्रों, मज़दूरों एवं किसानों ने किया। साम्राज्यवाद के विरुद्ध भारत के आक्रोश और स्वतन्त्र होने के संकल्प को प्रभावशाली और सुनिश्चित ढंग से व्यक्त किया गया। 1942 का विद्रोह वस्तुत: भारतीय स्वतन्त्रता आन्दोलन के उत्कर्ष का परिचायक था। अप्रैल, 1945 में युद्ध समाप्त हुआ। उसके पश्चात भारत सरकार विधेयक-1935 के ढाँचे के अन्तर्गत कुछ संवैधानिक सुधार लाने की घोषणा की गई। राजनीतिक नेताओं की एक बैठक शिमला में बुलाई गई। शिमला-प्रस्ताव में अनेक असन्तोषजनक बातें शामिल थीं, जिससे वह विवाद के बीच ही समाप्त हो गया।

भारत की बदली परिस्थितियों में अंग्रेजी शासन का अब ज़्यादा दिन तक चलना असम्भव था। 1942 का विद्रोह, आज़ाद हिन्द फौज का मुकदमा, अकाल एवं आर्थिक संकट, नेताओं का बढ़ता असन्तोष, पुलिस और शासनतन्त्र के राष्ट्रवादी झुकाव आदि ने यह सिद्ध कर दिया कि अंग्रेजी सरकार को जल्द ही गतिरोध समाप्त करना होगा। फरवरी, 1946 में बम्बई में भारतीय नौसेना-नाविकों की हड़ताल शुरू हुई और अगले दिन ब्रिटेन के प्रधानमन्त्री ने कैबिनेट मिशन भेजने की घोषणा की।

कैबिनेट मिशन मार्च, 1946 को भारत पहुँचा। विभिन्न दलों और संगठनों के प्रतिनिधियों के बीच लम्बे और विस्तृत विचार-विमर्श के बाद मिशन ने अपनी योजना घोषित की, जिसे सभी ने स्वीकार किया। सितम्बर, 1946 में जवाहरलाल नेहरू के नेतृत्व में अन्तरिम सरकार का गठन किया गया। मुस्लिम लीग भी शामिल हुई, किन्तु उसने संविधान सभा में शामिल होने से इनकार कर दिया। ब्रिटिश संसद ने भारत स्वतन्त्रता अधिनियम पारित किया, जिसमें 15 अगस्त, 1947 को भारत और पाकिस्तान नाम के दो राज्य स्थापित करने की व्यवस्था थी। ब्रिटिश सरकार ने सत्ता का हस्तान्तरण दो संवैधानिक सभाओं को दिया जो अपना-अपना संविधान बनाने के लिए स्वतन्त्र एवं सार्वभौम थीं। देशी रियासतों से ब्रिटिश सर्वोच्चता को समाप्त कर दिया गया। 15 अगस्त, 1947 को भारत एक स्वतन्त्र और सार्वभौम देश के रूप में उभरा और इस तरह स्वतन्त्रता आन्दोलन ने अपना राजनीतिक लक्ष्य पूर्ण किया।

समग्र रूप से स्वतन्त्रता आन्दोलन की रणनीति एक-सी रही। केवल उसके एक पक्ष में ही अन्तर आया। प्रारम्भिक उदारवादी नेताओं ने आन्दोलन को शान्तिपूर्ण और अहिंसक ढंग से चलाने का महत्त्वपूर्ण फैसला किया था। उनका उद्‌देश्य राजनीतिक चेतना और उन्नति को समन्वित करके व्यवस्था पर आधारित करना था। जहाँ तक स्वतन्त्रता आन्दोलन में आम जनता की हिस्सेदारी का सवाल है, प्रारम्भिक उदारवादियों ने उन्हें किसी तरह की कोई भूमिका नहीं दी। राजनीतिक गतिविधियाँ शिक्षित वर्ग तक सीमित रहीं। उनकी गतिविधियाँ प्रचार और प्रार्थना-पत्रों तक सीमित रहीं, जबकि उग्रवादियों का जनशक्ति तथा भारतीय लोगों का साम्राज्यवाद के विरुद्ध लम्बे समय तक चलनेवाले राजनीतिक संघर्ष को सहन करने की योग्यता में अटूट विश्वास था।

महात्मा गाँधी का जनता पर अपना विश्वास था। उनकी राजनीति का आधार जनता का जुझारूपन और आत्म-बलिदान था। स्वतन्त्रता आन्दोलन को गाँधी जी की यह अभूतपूर्व देन रही। स्वतन्त्रता आन्दोलन का सामाजिक आधार अपने आरम्भिक दौर में सीमित था, जो निरन्तर बढ़ता ही रहा। विभिन्न भाषाओं के समाचार-पत्रों ने इसमें महत्त्वपूर्ण भूमिका निभाई। सभी प्रारम्भिक राष्ट्रीय नेताओं का किसी-न-किसी समाचार-पत्र से सम्बन्ध था। उग्रवादियों का सामाजिक आधार अपेक्षाकृत अधिक व्यापक था और ये शहरों में रहनेवाले निम्न-मध्य वर्ग में राजनीतिक चेतना का संचार करने में सफल रहे। किसानों और मजदूरों का राजनीति में प्रवेश गाँधी-युग में ही सम्भव हुआ। अत: सामाजिक आधार में अन्तर होते हुए भी आन्दोलन की प्रकृति में अन्तर नहीं था।

आधुनिक जन-जीवन और साहित्य में पत्रकारिता का विशिष्ट स्थान है। पत्रकारिता ही एक ऐसा माध्यम है जो हमारे जीवन की विविधताओं, नित्य नूतनताओं और दैनिक घटनावलियों-प्रसंगावलियों को शीघ्र प्रस्तुत करने की असीम क्षमता रखता है। पत्रकारिता का उद्‌देश्य जीवन के विविध पहलुओं पर एक स्वस्थ जनमानस का निर्माण करना है। बीसवीं शताब्दी का जीवन जितना घटना-बहुल और वैचित्र्य विरोधमूलक है, उसे सही रूप में प्रस्तुत, पुन:प्रस्तुत और समाहित करने के लिए पत्रकारिता एक अमोघ अस्त्र भी है और जीवन्त माध्यम भी। वस्तुत: पत्रकारिता ही वह माध्यम है जिसके अन्तर्गत हम विश्व-जीवन से संयुक्त होते हैं। आज के सामाजिक, आर्थिक, राजनीतिक व्यस्तता-प्रधान जीवन में समाचार-पत्र हमारे जीवन का अभिन्न अंग बन गया है। पत्रकारिता आधुनिकता की एक विशिष्ट उपलब्धि है।

पत्रकारिता मूलत: एक सम-सामयिक इतिहास है जो शीघ्रतापूर्वक लिखा जाता है। अपने समय का लिखा गया इतिहास ही पत्रकारिता का महत्तम सन्दर्भ है। दैनिक जीवन में घटित राजनीतिक, सांस्कृतिक एवं आर्थिक घटनाओं का रहस्योद्घाटन ही पत्रकारिता का जीवन है। प्रत्येक साहित्यकार प्रथमत: पत्रकार होने के बाद ही साहित्यकार है। साहित्य की विविध विधाओं का उद्भव एवं विकास पत्रिकाओं के परिप्रेक्ष्य में ही हुआ है। पत्रकारिता एवं साहित्य में परस्पर घनिष्ठ सम्बन्ध होते हुए भी दोनों में शैलीगत अलगाव है। पत्रकार की शैली प्राय: वर्णनात्मक होती है, जबकि साहित्यकार अलंकृत शैली का प्रयोग करता है। साहित्य में चरम स्थिति अन्त में आती है जबकि पत्रकारिता में यह प्रारम्भ में ही देखी जा सकती है। तात्कालिक यथार्थ ही पत्रकारिता के केन्द्र में है, किन्तु साहित्यकार की प्रवृत्ति बाह्य से सूक्ष्म की ओर होती है। पत्रकारिता सामान्य अर्थ में विश्व क्षितिज पर घटित होनेवाली घटनाओं का तथ्यात्मक और यथार्थपरक प्रस्तुतीकरण है। पत्रकारिता व्यक्ति, समाज, सामाजिक सन्दर्भों और बहुविध परिवेश की कहानी है। जिस प्रकार कहानी किसी मानवीय संवेग, किसी क्षण-विशेष की पकड़ और घटना-प्रसंगों की कलात्मक—कल्पनाप्रवण प्रस्तुति है, उसी प्रकार पत्रकारिता भी प्रस्तुति तो है परन्तु वह तथ्यपरक अधिक है, साहित्य की अपेक्षा इसमें कलात्मकता बहुत कम है। साहित्य में कल्पना प्रमुख स्थान रखती हैं जबकि पत्रकारिता में यथार्थ की प्रतिबोधक स्थितियाँ ही प्रधान होती हैं। पत्रकारिता में कल्पना का प्रयोग शैली तक ही सीमित होता है।

पत्रकारिता समाज की सम्पूर्ण गतिविधियों का दर्पण है। समाज में व्याप्त अन्धविश्वासों, रूढ़ियों तथा कुरीतियों के प्रति पत्रकारिता संघर्ष छेड़ती है तथा समाज से उन बुराइयों को खत्म करने के लिए प्रयत्नशील रहती है। पत्रकारिता वह माध्यम है जिसके द्वारा हम अपने मस्तिष्क में उस दुनिया के बारे में समस्त सूचनाएँ संकलित करते हैं, जिन्हें हम स्वत: कभी नहीं जान सकते।[1] आधुनिक जीवन पर्याप्त जटिल एवं संकुल है। मानवीय सम्बन्धों की जटिलता एवं उसमें आनेवाले परिवर्तनों को निरूपित करने की सूक्ष्मता पत्रकारिता में निहित है। जीवन के प्रति सतर्कता बनाए रखने में पत्रकारिता मदद करती है। पत्रकारिता का समाज-रचना के कार्य में महत्त्वपूर्ण योगदान है। स्वस्थ पत्रकारिता का लक्ष्य नीर-क्षीरवत विवेचन है। पत्रकारिता आक्रोश, विद्रोह एवं आलोचना के माध्यमों को स्वीकार करती है, साथ ही स्वस्थ सामाजिक मूल्यों की नियामक भी है। आधुनिक युग में मनुष्य की व्यस्तता

ने उसे अपने ही आसपास से अपरिचित बना दिया है। पत्रकारिता मनुष्य को उसके आसपास घटित महत्त्वपूर्ण घटनाओं से अवगत कराती है। वह मनुष्य को उसके परिवेश से जोड़ती हुई अन्तरराष्ट्रीय घटनाचक्र से भी जोड़ देती है।

पत्रकारिता का क्षेत्र अत्यन्त व्यापक है। उसमें विविधता भी निहित है। जीवन के प्रत्येक पहलू में उसकी घुसपैठ है। पत्रकारिता निष्पक्ष विश्लेषण व निर्भीक आलोचना से समाज में व्याप्त दोषों के निवारण के लिए जनमत जागृत करने के साथ-साथ उसका निदान भी खोजती है। पत्रकारिता सम्प्रेषण का सामाजिक माध्यम है। यह जनता को सचेत करती है, शिक्षित करती है एवं उसे सुरुचिपूर्ण मनोरंजन भी प्रदान करती है। वह जनसामान्य की भावनाओं को अभिव्यक्ति देती है। समाज का प्रत्येक पहलू एवं राष्ट्र की चिन्ता पत्रकारिता के माध्यम से अभिव्यक्त होती है। यह सन्देश-प्रेषण का एक सशक्त माध्यम है, जो सामाजिक जागरूकता का कार्य करती है। पत्रकारिता मानवीय गुणों के विकास में सहायक है। यह समाज और शासन के बीच सुदृढ़ कड़ी की भूमिका निभाती है।

पत्रकारिता वर्तमान जीवन का आधार है। वह सभी वर्ग के लोगों की आवश्यकताओं की पूर्ति, व्यक्तित्व-निर्माण और भविष्य-निर्माण का कार्य करती है।

भारत में पत्रकारिता का उद्‌भव अंग्रेजों के समय हुआ। पत्रकारिता के उद्‌भव में अंग्रेजों का योगदान अपरोक्ष ही रहा। अंग्रेजों का दमनपूर्ण निषेध पत्रकारिता के उद्‌भव के लिए वरदान सिद्ध हुआ। इस निषेध के प्रेरणास्वरूप ही भारत की पत्रकारिता ने विविध भाषाओं में अपना स्वरूप ग्रहण किया। अत: भारत में पत्रकारिता का उद्‌भव तथा योजनाबद्ध एवं व्यापक विकास अंग्रेजों के भारत-आगमन और मुद्रण-कला के विकास का परिणाम है। वस्तुत: मुद्रण-कला के प्रसार के द्वारा सम्प्रेषण को विस्तार मिला और विदेशी स्वभाव के आधार पर पत्र-पत्रिकाओं का प्रकाशन आरम्भ हुआ। इस प्रकार पत्रकारिता का विकास वैज्ञानिक विकास के साथ जुड़ा हुआ है।

वैज्ञानिक प्रविधि के विकास के कारण आज पत्र-पत्रिकाओं का स्तर एवं स्वरूप बहुत आकर्षक है, परन्तु पत्रकारिता का प्रारम्भिक रूप इससे सर्वथा भिन्न था। मुद्रण-कला का उदय भारत में 16वीं शती में हुआ। यद्यपि वह आरम्भिक चरण था तथा इसका महत्त्व मात्र ऐतिहासिक है, परन्तु इससे भावी प्रगति की सम्भावनाएँ लक्षित होने लगीं। मुद्रण-कला के विकास और अंग्रेजी के प्रचार के कारण आधुनिक पत्रकारिता के उदय के संकेत मिलने लगे;

परन्तु इसका यह अर्थ नहीं है कि भारत में समाचार-पत्रों के सन्दर्भ में इसके पूर्व कोई प्रयास नहीं हुए थे। मुद्रण-कला के विकास के पूर्व अन्य देशों की भाँति भारत में भी पत्रकारिता का हस्तलिखित रूप विद्यमान था। प्राचीन काल में समाचार-पत्र जैसी कोई चीज नहीं थी। कभी-कभी कुछ ऐसी राजकीय घोषणाएँ होत्ती थीं जिन्हें डुग्गी पीटकर जनता के सामने पहुँचा दिया जाता था। नगर में घूमकर मुनादीवाले अर्थात डोंडीगर के अलावा ऐसी उद्घोषणाएँ भी की जाती थीं जो प्राय: भावगीतों में और समाचार-पत्रकों के रूप में होती थीं। इसके अलावा प्रचारात्मक पत्रक भी तैयार किए जाते थे जिनमें किसी लड़ाई, संकटकालीन स्थिति, चमत्कारपूर्ण घटना अथवा राज्यारोहण समारोह का वर्णन होता था। कई राजकीय घोषणाओं को शिलाखंडों, स्तम्भों अथवा मन्दिरों पर उत्कीर्ण करवा दिया जाता था।[2] अशोक के शिलालेख इसी कोटि की घोषणाएँ हैं।

मुगल साम्राज्य की स्थापना के साथ ही भारत में समाचार-साधनों के क्षेत्र में नए युग का आरम्भ हुआ। मुगलों की संचार-व्यवस्था में सूचनाधिकारियों की महत्त्वपूर्ण भूमिका थी। संवाद-लेखकों को वाकयानवीस कहा जाता था। ये वाकयानवीस विशेष घटनाओं के समाचार संगृहीत कर हस्तलिखित पत्र निकालने वालों के पास भेजते थे। बहादुरशाह जफर के समय हस्तलिखित 'सिराज उल अखबार' निकलता था। अमीर-उमरा भी हस्तलिखित अखबार निकालते थे जिनको अखबारनवीस कहा जाता था।

ईस्ट इंडिया कम्पनी ने 18वीं शताब्दी के प्रथम चरण में मुगलकालीन संवाद-लेखकों की सहायता से कार्य किया। भारत में प्रथम प्रेस पुर्तगालियों द्वारा गोवा में स्थापित किया गया। कालान्तर में अंग्रेजों ने मुम्बई, मद्रास, कलकत्ता में छापेखाने स्थापित किए, किन्तु तब तक कोई समाचार-पत्र प्रकाशित नहीं होता था। कम्पनी के प्रबन्धक ब्रिटेन में पत्रकारिता के प्रभावों से अवगत थे। अत: वे प्रेस की आज़ादी के भय से समाचार-पत्रों से बचने का प्रयास करते थे। 1780 में पहला पत्र अंग्रेजी भाषा में प्रकाशित हुआ। इसका नाम 'बंगाल गजट एंड कैलकटा एडवर्टाइजर' था। कलकत्ता से प्रकाशित इस पत्र के सम्पादक जोन्स आगस्टक हिक्की थे। देश में सबसे पहला समाचार-पत्र अंग्रजों द्वारा अंग्रेजी भाषा में और उनकी अपनी आर्थिक प्रतिद्वन्द्विता के कारण निकला। पंडित अम्बिकाप्रसाद वाजपेयी इस सम्बन्ध में लिखते हैं— उस समय कम्पनी के सिवा भारत के व्यापार से मालामाल होने के लिए बहुत-से अंग्रेज स्वतन्त्र रूप से व्यापार करने बंगाल आए थे।

इन्होंने देखा कि कम्पनी के कर्मचारी अपना स्वतन्त्र व्यापार चलाते हैं और अन्य लोगों के व्यापार में बाधा डालते हैं। इस बाधा का निवारण करने के दो उपाय थे। एक तो इस देश में शिक्षा का प्रसार करके लोकमत को जागृत करना, और दूसरा—सभी स्वतन्त्र अंग्रेज व्यापारियों का ऐसा संगठन बनाना, जिससे अन्याय यदि पूर्ण रूप से बन्द न हो जाए तो कम अवश्य ही हो जाए। पहला उपाय समय व श्रम-साध्य था, इसलिए दूसरे उपाय की ओर अधिक ध्यान दिया गया।[3] हिक्की की स्वतन्त्र पत्रकारिता की बुनियाद उन्हें भी भारी पड़ी। उन्होंने भारत में कार्यरत अंग्रेजों और कम्पनी के भ्रष्टाचार पर प्रहार किया। इसके परिणामस्वरूप उन पर मुकदमा चला। उन्हें कारावास की सजा मिली। हिक्की ने जेल में रहकर गजट का सम्पादन जारी रखा, फलत: उनका पत्र बन्द करवा दिया गया।

भारत में हिन्दी पत्रकारिता की जन्मभूमि होने का श्रेय बंगाल प्रदेश को जाता है। भारतीय भाषाओं में पत्रकारिता के उदय का क्रम 1818 ई. से प्रारम्भ हुआ। भारतीय भाषाओं का प्रथम नियतकालीन बँगला पत्र 'दिग्दर्शन' 1818 ई. में बंगाल में छपा। इसके संस्थापक जे. सी. मार्शमैन थे। पहले यह पत्र साप्ताहिक रूप से 'समाचार दर्पण' नाम से छपा, बाद में यह सप्ताह में दो बार छपने लगा और बँगला व अंग्रेजी दो भाषाओं का प्रयोग होने लगा। इसके समानान्तर ही भारतीय समाज-सुधारकों ने पत्रकारिता के क्षेत्र में प्रवेश किया जिनमें राजा राममोहन राय उल्लेखनीय हैं। अविकसित साधनों तथा लोकरुचि एवं जन-सहयोग के अभाव में पत्र-प्रकाशन की कल्पना करना ही दुष्कर कार्य है। पत्र-प्रकाशन की पूर्व-निश्चित परम्परा भी नहीं थी और इस मार्ग पर चलने का सीधा अर्थ था खतरों, यातनाओं और दमन का आलिंगन करना, क्योंकि ब्रिटेन की सरकार इस मामले में अनुदार ही रही। इन परिस्थितियों में राजा राममोहन राय के प्रयास और उनकी पत्रकारिता-प्रतिभा एवं सूझबूझ और संघर्ष-क्षमता का ही यह परिणाम था कि पत्रकारिता अपनी सही और सार्थक दिशा की तलाश कर सकी।

भारतीयों की हीन मनोवृत्ति के विरुद्ध उनमें सांस्कृतिक जागरण और आस्था का भाव भरने के लिए प्रयासरत राजा राममोहन राय अनेक भाषाओं के ज्ञाता थे। विभिन्न भाषाओं के साहित्य के अध्येता राजा राममोहन राय ने उदार एवं सुधारवादी विचारों का पोषण किया। इसके लिए पत्रकारिता को उन्होंने माध्यम के रूप में स्वीकार किया। 'मिरातुल अखबार' में पत्र-प्रकाशन की अपनी दृष्टि व्यक्त करते हुए राजा राममोहन राय लिखते हैं, ''मेरा

उद्देश्य मात्र इतना ही है कि जनता के सामने ऐसे बौद्धिक निबन्ध उपस्थित करूँ जो उनके अनुभव को बढ़ाएँ और सामाजिक प्रगति में सहायक हों। मैं अपनी शक्तिभर शासकों की, उनकी प्रजा की परिस्थितियों का सही परिचय देना चाहता हूँ और प्रजा को उनके शासकों द्वारा स्थापित विधि-व्यवस्था से परिचित कराना चाहता हूँ ताकि शासक जनता को अधिक-से-अधिक सुविधा देने का अवसर पा सकें और जनता उन उपायों से अवगत हो सके जिनके द्वारा शासकों से सुरक्षा पाई जा सके और उचित माँगें पूरी कराई जा सकें।''[4] राय की इस दृष्टि में उनकी सम्पूर्ण पत्रकारिता का मूल स्वर स्पष्ट हो जाता है। तत्कालीन राजनीतिक आवश्यकता को महसूस करते हुए सामाजिक एवं आर्थिक दृष्टि से जनता को उन्नत करने के लिए उन्होंने पत्रकारिता के क्षेत्र में प्रवेश किया।

राजा राममोहन राय के प्रयास से 1816 ई. में 'बंगाल गजट', 1820 में 'मिरातुल' और 1821 में 'संवाद कौमुदी' अखबार निकले। 'बंगाल गजट' भारतीय भाषा में भारत का प्रथम समाचार-पत्र था तथा इसके सम्पादक गंगाधर भट्टाचार्य थे। 'बंगाल गजट' एवं 'संवाद कौमुदी' बँगला भाषा में थे जबकि 'मिरातुल अखबार' फारसी में प्रकाशित होता था। 1821 ई. में ब्रह्मसमाज की पत्रिका 'ब्रह्मनिकल' मैगजीन का प्रकाशन शुरू हुआ। वह बँगला और अंग्रेजी भाषा में प्रकाशित होती थी। इसका मुख्य उद्देश्य 'समाचार दर्पण' में हिन्दू धर्म पर जो अनुचित प्रहार होता था, उसका जवाब देना था। 1829 में राय ने अंग्रेजी में 'बंगाल हेराल्ड' का भी प्रकाशन शुरू किया जिसके सम्पादक मांटगोमरी मार्टिन थे। 1829 में ही नीलरतन हालदार के सम्पादकत्व में बँगला, फारसी और हिन्दी भाषा में 'बंगदूत' का प्रकाशन प्रारम्भ हुआ। उन्होंने अपने पत्रों के माध्यम से समाज में व्याप्त अन्धविश्वासों और कुरीतियों पर प्रहार किए, जिसकी प्रतिक्रियास्वरूप 'समाचार चन्द्रिका', 'जान बुल' एवं 'एशियाटिक जर्नल' जैसे पत्रों का प्रकाशन प्रारम्भ हुआ। जितने प्रकाशन राजा राममोहन राय ने शुरू किए, उन सबमें महत्त्वपूर्ण सामाजिक, धार्मिक, राजनीतिक हितों का समर्थन रहता था। प्रेस को सामाजिक उद्देश्य से प्रतिबद्ध राजा राममोहन राय ने ही बनाया। धर्मयुद्ध की जो परम्परा उन्होंने डाली थी, वह स्वतन्त्रता आन्दोलन के समय बहुत शक्तिशाली हो गई।[5]

वस्तुतः हिन्दी पत्रकारिता का उदय संघर्षपूर्ण स्थिति में हुआ। हिन्दी के पहले अदने-से पत्रकार ने ही हिन्दुस्तानियों को पहले सम्पादकीय में

हिन्दुस्तानियों के हितों के लिए ('उदन्त मार्तंड' प्रवेशांक) पत्र के प्रकाशन की घोषणा सुनाई थी। हिन्दी पत्रकारिता ने अपने तेवर का पैनापन बाद में प्राप्त किया, क्योंकि पत्रकारिता के प्रारम्भिक स्वर शताब्दियों से सुप्त भारतीय जनता को जगाने में लगे। हिन्दी पत्रकारिता की प्रेरक परिस्थितियाँ सामाजिक, राजनीतिक, आर्थिक, सांस्कृतिक हर क्षेत्र से जुड़ी हैं। हिन्दी पत्रकारिता के पूर्व बँगला में पत्रकारिता का विकास हो चुका था, जिसका प्रभाव हिन्दी पत्रकारिता पर पड़ा। हिन्दी के आरम्भिक पत्रों में भारतेन्दु-युग तक समाज-सुधार की प्रवृत्ति हिन्दी पत्रकारिता में सभी प्रवृत्तियों से अधिक प्रबल रही। हिन्दी पत्रकारिता के विकास में स्वदेशी भावना अपनी भाषा एवं संस्कृति के प्रति आकर्षण भी एक कारण रहा है। पंडित जुगलकिशोर शुक्ल को बँगला, अंग्रेजी और फारसी भाषा-भाषियों को अपनी भाषा में समाचार पढ़ते देख हिन्दी-भाषियों को अपनी भाषा में पत्र देने की प्रेरणा मिली तो भारतेन्दु ने विदेशी व्यामोह में फँसे भारतीयों को भारतीय संस्कृति एवं भारतीय वस्तुओं के प्रति आकर्षण पैदा करने के लिए पत्रकारिता का प्रयोग किया। देश को आज़ादी दिलाने की तमन्ना हिन्दी पत्रकारिता के मूल में थी। प्रारम्भ से ही पत्रकारिता के द्वारा विदेशी शासकों के प्रति आक्रोश प्रकट होने लगा था, जिसके परिणामस्वरूप हिन्दी पत्रकारिता को शुरू से ही विरोध का सामना करंना पड़ा। पत्रकारों के सामने चुनौतियाँ आईं, जिनका उन्होंने साहस से सामना किया।

भारतीय जनता की निर्धनता, अंग्रेजों की आर्थिक लूट, जमींदारों के अत्याचार, देशी उद्योग-धन्धों की समाप्ति के कारण भी पत्रकारों को प्रेरणा मिली। हिन्दी पत्रकारिता के आधार-स्तम्भ राजा राममोहन राय स्वतः सांस्कृतिक चेतना के पक्षधर थे। इस प्रकार हिन्दी पत्रकारिता के मूल में युगीन परिस्थितियाँ ही प्रभावशाली रही। पाश्चात्य ज्ञान-विज्ञान तथा जन-चेतना की प्रवृत्ति ही प्रेरणा का केन्द्र रही है। साम्राज्यवादी अभिशाप से देश का उद्धार करने में पत्रकारिता कितनी उपयुक्त और समर्थ थी, इसका अन्दाजा इतने से ही लगाया जा सकता है कि प्रत्येक स्वदेशी नेता का अपना एक पत्र था जिसकी शक्ति से अंग्रेजी सरकार आतंकित रहती थी। स्वाभाविक रूप से नाना प्रतिबन्धों और अंकुशों द्वारा उनकी प्रभावी वाणी को कुंठित करने के लिए अंग्रेजी सत्ता क्षुद्र आचरण द्वारा अपनी नीति का अनचाहे प्रकाशन करती रहती थीं।

हिन्दी भाषा के प्रथम दैनिक समाचार-पत्र के रूप में राजा शिवप्रसाद सितारे-हिन्द के 'बनारस अखबार' (1845 ई.) का उल्लेख किया जा सकता है। राधाकृष्ण दास ने हिन्दी भाषा के सामयिक पत्रों के इतिहास में इसे हिन्दी का पहला अखबार माना। कालान्तर में बालमुकुन्द गुप्त ने भी 'बनारस अखबार' को हिन्दी के प्रथम समाचार-पत्र के रूप में स्वीकार किया। 1931 के 'विशाल भारत' के एक अंक में 'मॉडर्न रिव्यू' और 'प्रवासी' के उपसम्पादक श्री बृजेन्द्रनाथ बन्द्योपाध्याय ने हिन्दी समाचार-पत्रों की आरम्भिक कथा में अपने नवीनतम शोध के आधार पर 'उदन्त मार्तंड' को हिन्दी का प्रथम पत्र सिद्ध किया। आज सभी विद्वान इस बात से सहमत हैं कि 30 मई, 1826 को कलकत्ता के प्लू हरोला, 37—आमडातला गली से प्रति मंगलवार को जुगलकिशोर शुक्ल के सम्पादन में निकला साप्ताहिक पत्र 'उदन्त मार्तंड' हिन्दी का पहला पत्र है। बाद में रामचन्द्र शुक्ल, अम्बिकाप्रसाद वाजपेयी, डॉ. रामरतन भटनागर ने भी इस मत को स्वीकार किया। 17 जून, 1826 को 'समाचार चन्द्रिका' बँगला साप्ताहिक में प्रकाशित इस कथन से भी यह स्पष्ट है कि ''इस समय तक हिन्दी में पत्र का प्रकाशन प्रारम्भ हो गया था। अंग्रेजी और बँगला पत्रों के बाद कुछ दिनों तक उर्दू में भी पत्र प्रकाशित हुए और अब नागरी भाषा में 'उदन्त मार्तंड' प्रकाशित हुआ, जिससे हमें बड़ी प्रसन्नता है।''[6]

हिन्दी मासिक पत्रिका 'आजकल' में दिसम्बर, 1984 के अंक में डॉ. जे. एच. आनन्द ने इस समस्या पर नया प्रकाश डालने का प्रयास किया है। डॉ.आनन्द ने श्रीरामपुर मिशन केन्द्र द्वारा 1818 ई. में प्रकाशित पत्र 'दिग्दर्शन' का उल्लेख किया है। इसके सम्पादक क्लार्क मार्शमैन थे। इसके हिन्दी, बँगला और अंग्रेजी संस्करण प्रकाशित होते थे। इसके अतिरिक्त उन्होंने कलकत्ता की तरह अन्य मिशनरी संस्था द्वारा प्रकाशित 'गास्पल मैगजीन' (1820) का उल्लेख किया है, जो कि हिन्दी, बँगला और अंग्रेजी में प्रकाशित होती थी। वस्तुत: 'दिग्दर्शन' श्रीरामपुर के मिशनरियों की धार्मिक पत्रिका थी। इसके हिन्दी संस्करण का जो उल्लेख डॉ. आनन्द ने किया है, उसकी पुष्टि के लिए उन्होंने प्रमाण भी प्रस्तुत नहीं किया है, क्योंकि स्वयं उन्हीं के शब्दों में 'दिग्दर्शन' के बँगला संस्करण उपलब्ध हैं, पर अब तक हिन्दी संस्करण की एक भी प्रति उपलब्ध नहीं हो सकी है।''[7] अत: 'दिग्दर्शन' का प्रश्न सन्दिग्ध है। 'गास्पल मैगजीन' की प्रति डॉ. आनन्द ने प्रस्तुत की है, पर यह भी एक मिशनरी द्विभाषीय पत्रिका है।

'हिन्दी पत्रकारिता : विविध आयाम' पुस्तक में 'हिन्दी का पहला पत्र कौन-सा था' शीर्षक लेख में 'दिग्दर्शन' तथा 'दरबार रोजनामचा' का उल्लेख करते हुए इन्हें हिन्दी का पहला पत्र मानने की सम्भावना व्यक्त की गई है। इन लेखों के अन्त में सम्पादक डॉ. वेदप्रताप वैदिक ने टिप्पणी करते हुए लिखा है कि उक्त दोनों लेखों 'दिग्दर्शन' और 'दरबार रोजनामचा' में से पहला हमें पं. बनारसीदास चतुर्वेदी के अथक प्रयत्नों से प्राप्त हुआ है। इसके लेखक लगभग 90 वर्षीय डॉ. महादेव साहा को मैंने कई पत्र और तार भेजे, फिर भी हिन्दी 'दिग्दर्शन' का सचित्र प्रमाण हमें प्राप्त नहीं हो सका। इसो प्रकार 'दरबार रोजनामचा' की प्रति हमने राष्ट्रीय अभिलेखागार में ढुँढ़वाई तथा बूँदी में कई लोगों को लिखा, लेकिन वांछित प्रमाण नहीं मिल सके।[8] हिन्दी के प्रथम समाचार-पत्र की समस्या का विश्लेषण करते हुए डॉ. ईश्वर प्रसाद तिवारी ने लिखा है—'दिग्दर्शन' हिन्दी पत्रकारिता का आदि-संस्थापक न होकर हिन्दी पत्रकारिता की दिशा में बढ़ने का आरम्भिक प्रयास-मात्र है क्योंकि 'उदन्त मार्तंड' की तरह न तो इसके प्रकाशन के लिए अनुमति ली गई थी और न ही इसे पत्र का रूप दिया गया था। यह तो स्कूली विद्यार्थियों के पढ़ने के लिए एक टेक्स्ट बुक मासिक सीरीज के रूप में निकलता था। 'उदन्त मार्तंड' की तरह यह हिन्दुस्तानियों के हित हेतु न निकलकर विद्यार्थियों के हित हेतु निकला था। इसलिए हिन्दी पत्रकारिता का आदि-मार्तंड होने का गौरव 'दिग्दर्शन' को न प्राप्त होकर 'उदन्त मार्तंड' (30 मई, 1826) को ही प्राप्त है। यदि 'दिग्दर्शन' को कुछ प्राप्त है तो हिन्दी पत्रकारिता की ओर दिशा-दर्शन कराने का गौरव।[9] अत: हिन्दी जन-चेतना के संवाहक 'उदन्त मार्तंड' की स्थिति प्रथम पत्र के रूप में यथावत है।

'उदन्त मार्तंड' का प्रकाशन हिन्दी पत्रकारिता की विकास-यात्रा का महत्त्वपूर्ण बिन्दु है। हिन्दुस्तानियों के हित हेतु तथा परावलम्ब से मुक्ति दिलाकर स्वतन्त्र दृष्टि के निर्माण के उद्देश्य को लेकर प्रकाशित इस पत्र के आदर्श वाक्य थे—

''दिनकर प्रगटत दिनहि महँ, यह प्रकाश अन्याय।
ऐसो रवि उग्यो महि, जेहि-तेहि सुख को धाम।
उत कमलनि विकसित करत, बढ़त चाव चित वाम।
लेत नाम या पत्र को, होत हर्ष अस काम।''

समाचार एवं सूचनाओं की दृष्टि से यह पत्र अपने समय का महत्त्वपूर्ण साप्ताहिक पत्र हो गया था, किन्तु आर्थिक कठिनाइयों के कारण इसे शीघ्र

ही बन्द कर देना पड़ा। पं. जुगलकिशोर शुक्ल ने लिखा, "शूद्र अर्थात निम्न श्रेणी के लोग तो शिक्षित ही नहीं थे और वे दूसरों की सेवा में ही अपना जीवन व्यतीत करते थे, कायस्थ केवल उर्दू और फारसी पढ़ते-लिखते थे, वैश्य केवल व्यापार करते थे और ज्ञान-विज्ञान के अध्ययन या विद्या-लाभ की दृष्टि से ब्राह्मणों का पतन हो गया था। अस्तु, समाज के विभिन्न वर्गों की ऐसी परिस्थिति में समाचार-पत्र कौन पढ़ता।"[10] इसी सन्दर्भ में पं. अम्बिका प्रसाद वाजपेयी लिखते हैं, "सरकार 'जामे जहाँनुमा' नाम के फारसी पत्र और 'समाचार दर्पण' नाम के बँगला-पत्र को आर्थिक सहायता देती थी। इसी भरोसे जुगलकिशोर जी ने भी 'उदन्त मार्तंड' निकाल दिया था, परन्तु वह न मिली और किसी धनी-मानी से सहायता मिलने की आशा न रही, जब तक यह मार्तंड अस्ताचल को चला गया"[11] यथा-

आज दिवस लौ उग चुक्यो मार्तंड उदन्त।
अस्ताचल को जात है दिनकर दिन अब अन्त।

'उदन्त मार्तंड' का प्रधान उद्देश्य हिन्दी भाषा-भाषियों में विविध विषयों सम्बन्धी ज्ञान का प्रचार करना अर्थात दूसरे शब्दों में शिक्षाप्रद था।[12] अल्पकाल में ही अपनी भाषा के स्तर और कुशल सम्पादन के कारण तथा संघर्ष एवं आदर्शवादिता के ऊँचे प्रतिमानों को कायम करते हुए 'उदन्त मार्तंड' ने हिन्दी पत्रकारिता में एक महती परम्परा की शुरुआत की। भाषा एवं विचारों की दृष्टि से 'उदन्त मार्तंड' सुसम्पादित पत्र था। अम्बिका प्रसाद वाजपेयी की दृष्टि के अनुसार—जहाँ तक 'उदन्त मार्तंड' की भाषा का प्रश्न है, वह उस समय लिखी जानेवाली किसी भाषा से हीन नहीं है। उसके सम्पादक बहुभाषज्ञ थे, यह उनका बड़ा भारी गुण था। यद्यपि उनका 'उदन्त मार्तंड' डेढ़ वर्ष ही निकला, तथापि प्रूफ की भूलें जो प्रेसों में बराबर होती रहती हैं, उनका ध्यान रखकर हमें यह निःसंकोच कहना पड़ता है कि 'उदन्त मार्तंड' हिन्दी का पहला समाचार-पत्र होने पर भी भाषा और विचारों की दृष्टि से सुसम्पादित पत्र था।[13]

'उदन्त मार्तंड' के बाद कलकत्ता से ही द्वितीय उल्लेखनीय पत्र राजा राममोहन राय द्वारा सम्पादित 'हिन्दू हेराल्ड' था जो बँगला, फारसी, अंग्रेजी व हिन्दी में निकला जो 'बंगदूत' नाम से जाना जाता है। यह पत्र 10 मई, 1829 को प्रकाशित हुआ। यह साप्ताहिक पत्र था। सम्पादक नीलरतन हालदार थे। 'बंगदूत' अल्पकालीन पत्र था किन्तु इसकी प्रकाशन की अवधि 'उदन्त मार्तंड' से अधिक रही। अम्बिका प्रसाद वाजपेयी ने 'बंगदूत' के

बारे में लिखा है कि 30 जुलाई को राजा राममोहन राय इससे अलग हो गए और अन्य हिन्दुओं ने भी नाता तोड़ लिया। इसलिए 'बंगदूत' की यात्रा तो 30 जुलाई को ही समाप्त हो गई। 'बंगदूत' की ग्यारह-बारह संरचनाएँ ही निकलीं।[14] 'बंगदूत' के बन्द होने के बाद लगभग पन्द्रह वर्षों तक हिन्दी का कोई पत्र नहीं निकला।

हिन्दी पत्रकारिता में सन 1845 में 'बनारस अखबार' को हिन्दी प्रदेश से निकलनेवाले प्रथम दैनिक पत्र का गौरव प्राप्त हुआ। मराठी-भाषी पत्रकार पं. गोविन्द रघुनाथ थत्ते के सम्पादन में प्रकाशित इस साप्ताहिक के संचालक श्री शिवप्रसाद 'सितारे हिन्द' थे। इसकी भाषा उर्दू एवं फारसी के शब्दों से इतनी बोझिल थी कि उर्दू के बड़े-बड़े पंडितों एवं हिमायतियों के सिर भी चकरा जाएँ। इस अख़बार में अंग्रेजी सरकार की चाटुकारिता (और वह भी घटिया किस्म की) करने के अलावा राजा साहब ने हमेशा उर्दू का झंडा ऊँचा उठाए रखा।[15] राजा शिवप्रसाद सरकारी मुलम्मा थे।[16] पं. अम्बिकाप्रसाद वाजपेयी ने 'बनारस अखबार' की भाषा की चर्चा करते हुए लिखा है—'बनारस अखबार' की निकम्मी भाषा का उत्तरदायित्व यदि किसी पुरुष पर है तो वह राजा शिवप्रसाद है।[17] अंग्रेज सरकार यह चाहती थी कि हिन्दी का विकास न हो। फिर भी 'बनारस अखबार' ने अनेक पत्रकारों को पत्रकारिता की ओर उन्मुख किया।

'बनारस अखब़ार' के उपरान्त यों तो 11 जून, 1846 से प्रकाशित 'इंडियन सन' (मार्तंड) की चर्चा होती है परन्तु जो प्रसिद्ध हिन्दी पत्र निकला, वह 'मालवा अखबार' है। 'मालवा अखबार' हिन्दी प्रदेश का दूसरा अखबार है। यह 1 जनवरी, 1846 से पंडित प्रेमनारायण के सम्पादकत्व में इन्दौर से निकलता था। इसके अलावा 'ज्ञानदीपक' (1846), 'जगदीप भास्कर' (कलकत्ता 1849), 'सामदंड मार्तंड' (कलकत्ता 1850), 'फूलों का हार' (1850), 'बुद्धिप्रकाश' (आगरा 1852), 'मजहरुल सरूर' (1852), 'ग्वालियर गजट' (1853) आदि पत्र भी इसी दौरान निकले। 'जगदीप भास्कर' पत्र बँगला-हिन्दी दोनों में निकलता था। 'सामदंड मार्तंड' पं. जुगलकिशोर शुक्ल का दूसरा साप्ताहिक पत्र था। 'फूलों का हार' मिर्जापुर से प्रकाशित होनेवाला बालकोपयोगी पत्र था। 'बुद्धिप्रकाश' लाला सदासुखलाल के सम्पादन में आगरा से प्रकाशित होता था। आचार्य रामचन्द्र शुक्ल ने उसकी भाषा की प्रशंसा करते हुए लिखा है, "बुद्धिप्रकाश की भाषा उस समय को देखते हुए बहुत अच्छी होती थी।"[18] 'मज़हरुल सरूर' भरतपुर

दरबार की ओर से हिन्दी और उर्दू दोनों में प्रकाशित होता था। 'ग्वालियर गजट' के सम्पादक मुन्शी लक्ष्मणदास थे, जिसमें रियासत की सरकारी और बेसरकारी खबरों के अलावा उर्दू और हिन्दी के अखबारों से भी दो-चार खबरें ले ली जाती थीं।[19]

तारामोहन मित्र के सम्पादन में सन 1850 में 'सुधाकर' पत्र काशी से प्रकाशित हुआ। यह बँगला और हिन्दी दो भाषाओं में प्रकाशित होता था।[20] भाषा एवं सम्पादन की दृष्टि से यह उस युग का उल्लेखनीय पत्र था जिसने अनेक पत्र एवं पत्रकारों के लिए मार्गदर्शन का काम किया। 1853 से यह हिन्दी में भी निकलने लगा। इस पत्र में ज्ञान एवं मनोरंजन की पर्याप्त सामग्री होती थी।

हिन्दी-बँगला भाषा में प्रकाशित 'समाचार सुधा वर्षण' पत्र को हिन्दी के प्रथम दैनिक समाचार-पत्र के रूप में मान्यता प्राप्त है। कलकत्ता से 1854 में प्रकाशित इस पत्र के सम्पादक श्री श्यामसुन्दर सेन एवं मालिक महेन्द्रनाथ थे। 'समाचार सुधा वर्षण' में देश-विदेश के रोचक समाचार, जिनमें युद्ध-विवरण, स्त्री-अपहरण, पारम्परिक मानापमान तथा शासन-विरोधी विद्रोह की खबरें भी शामिल हैं, अपनी ओर से नमक-मिर्च मिलाकर छापे जाते थे। इस पत्र ने अंग्रेजों के अनैतिक और अहम्मन्य आचरण पर चोट करने में कभी कोताही नहीं की। 'समाचार सुधा वर्षण' अपने नाम को चरितार्थ करते हुए नए-नए समाचारों की वर्षा करने के साथ-साथ आजकल के पत्रों की भाँति ब्रिटिश नीति-निर्माताओं को राजकीय समस्याओं पर बड़ी संजीदगी से प्रोत्साहन, परामर्श और चेतावनी देता चलता था। अपनी निर्भीकता और प्रगतिशीलता के कारण उसे अंग्रेज सरकार का कोपभाजन भी बनना पड़ा।[21] कृष्णबिहारी मिश्र के अनुसार युगीन प्रश्नों के प्रति सचेत रहते हुए भी इस पत्र की यह बहुत बड़ी दुर्बलता थी कि उस युग की वैचारिक क्रान्ति का वह साथ नहीं दे पाता था—'समाचार सुधा वर्षण' ने प्रतिगामियों का साथ दिया था।[22] उपलब्ध सामग्री के आधार पर हम निश्चित रूप से नहीं कह सकते कि यह पत्र कब तक चला। हिन्दी समाचार-पत्र में इसके प्रकाशन का समय जून, 1854 लिखा है। 'ताप्ती' के कथनानुसार यह पत्र 1873 तक चला अर्थात 19 वर्षों तक जीवित रहा। ऐडम्स रेगुलेशनों का प्रभाव इस पर भी पड़ा। फिर भी 16 वर्षों तक इसका जारी रहना असन्दिग्ध है।[23]

भारतीय पत्रकारिता की कहानी भारतीय राष्ट्रीयता के विकास की कहानी है। दोनों की विकास-भूमियाँ एक-दूसरे की सहायक रही हैं। यदि पत्रकारिता

को राष्ट्रीयता ने प्रवहन दिया तो पत्रकारिता ने भी राष्ट्रीयता के विकास की अनुकूल भूमि तैयार की।[24] सन 1857 की क्रान्ति से भारतीय प्रेस दो भागों में स्पष्टता से विभाजित हो गया था।[25] इस दौर का प्रमुख पत्र 'पयामे आज़ादी' था। नाम के अनुरूप ही यह पत्र आज़ादी का सन्देश लेकर आया। इसका प्रकाशन अज़ीमुल्ला खाँ के सम्पादन में 8 फरवरी,1857 को दिल्ली से शुरू हुआ। बहादुरशाह जफर के पुत्र बेदार बख्त इसके प्रकाशक-मुद्रक थे। 'पयामे आज़ादी' कोई नियतकालिक पत्र नहीं था। वह कभी रोज़, कभी हफ़्ते में दो बार और कभी एक ही बार निकलता था। पहले वह उर्दू में निकला, फिर हिन्दी भी उसके साथ जुड़ गई। हिन्दी-उर्दू के इस पत्र ने यद्यपि ज़्यादा लम्बी उम्र नहीं पाई, तथापि वह जितने दिन जिया, दहकते शोले की तरह जिया। उसने दिल्ली की जनता में स्वातन्त्र्य प्रेम की आग फूँक दी। उसके लेखों में रक्त को खौला देनेवाली गर्मी और मुर्दों में जान डाल देनेवाली शक्ति थी।

स्वतन्त्रता संग्राम के विफल होते ही 'पयामे आज़ादी' पर कुठाराघात हुआ। बेदार बख्त को फाँसी की सजा दी गई और कहा जाता है कि जिन लोगों के घर में 'पयामे आज़ादी' की प्रतियाँ पाई गईं, उन्हें भी मौत के घाट उतार दिया गया।[26] 'पयामे आज़ादी' के संस्थापकों में महान् सेनानी नाना साहब धोंडु पन्त थे।[27]

'पयामे आज़ादी' के पश्चात धर्मप्रकाश, सूरज प्रकाश, सर्वोपकारक, जगलाभ चिन्तक, प्रजाहित, ज्ञान प्रकाश, ज्ञानप्रदायिनी पत्रिका, वृत्तान्त विलास, रत्नप्रकाश आदि पत्र निकले। 'धर्मप्रकाश' मासिक पत्र था। अम्बिका प्रसाद वाजपेयी ने लिखा है कि 'इसे उसी प्रकार के पत्रों में स्थान मिलना चाहिए जो विशेष धर्म, सम्प्रदाय या जाति से सम्बन्ध रखते हों।' 'सूरज प्रकाश' आगरा से छनेयीलाल के सम्पादन में निकला। अजमेर से सोहनलाल के सम्पादन में जगलाभ चिन्तक, इटावा से 'प्रजाहित' (मासिक), सिकन्दरा से 'ज्ञानदीप' प्रकाशित हुए। इसके पश्चात 'लोकमित्र' (1863, मासिक), 'भारत खंडामृत' (आगरा, 1864), 'तत्त्वबोधिनी पत्रिका' (साप्ताहिक, बरेली, 1865), 'ज्ञान प्रदायिनी पत्रिका' (मासिक, लाहौर, 1866) आदि पत्र प्रकाशित हुए।

हिन्दी पत्रकारिता के इतिहास में भारतेन्दु हरिश्चन्द्र का उदय एक क्रान्तिकारी घटना है। उन्होंने हिन्दी पत्रकारिता को नई दिशा प्रदान की। भारतेन्दु के समय नवीन राजनीतिक, सामाजिक चेतना का उदय हो चुका

था। युगीन पत्रिकाओं में साहित्यिकता भी मिलती है। 1900 ई. में 'सरस्वती' पत्रिका के माध्यम से जिस साहित्यिक पत्रकारिता की सशक्त धारा प्रवाहित हुई, उसकी पृष्ठभूमि इस युग की पत्र-पत्रिकाओं ने तैयार की। 15 अगस्त, 1868 में काशी से 'कविवचन सुधा' का प्रकाशन कर भारतेन्दु ने पत्रकारिता के क्षेत्र में नया मार्ग प्रशस्त किया। प्राचीन साहित्यिक ग्रन्थों के प्रकाशन से लेकर हिन्दी काव्य-परम्परा का पाठकों को रसास्वादन करानेवाली यह पत्रिका शीघ्र ही मासिक से पाक्षिक और फिर साप्ताहिक होती चली गई। इसके साथ पत्रिका का स्वरूप भी परिवर्तित हुआ। यह एक ऐसी सर्वांगीण पत्रिका थी जिसने पत्रकारिता के स्वरूप को हिन्दी पाठकों के समक्ष प्रस्तुत किया। मरसिया नाम से छपे एक लेख के कारण इसकी सरकारी सहायता बन्द कर दी गई। कालान्तर में यह पत्रिका चिन्तामणि राव घटफकले के हाथों चली गई। व्यास रामशंकर शर्मा इसके अवैतनिक सम्पादक रहे। डॉ. रामविलास शर्मा ने लिखा है— 'कविवचन सुधा' का प्रकाशन आरम्भ करके भारतेन्दु ने वास्तव में एक युग का सूत्रपात किया। यह पत्रिका जनता का पक्ष लेनेवाली, जनता के हितों के लिए संघर्ष करनेवाली, राजनीति के पीछे चलनेवाली इकाई नहीं, वरन उसे मशाल दिखानेवाली सचाई है। 'कविवचन सुधा' और 'हरिश्चन्द्र मैगजीन' जनता का सशक्त स्वर बन गईं। सरकार का उन्हें कोपभाजन होना पड़ा, लेकिन देश-सेवा का बीड़ा उठाकर उन्होंने इतिहास में अपना नाम अमर कर लिया।[28]

15 अक्टूबर, 1873 को भारतेन्दु ने 'हरिश्चन्द्र मैगजीन' का प्रकाशन किया। जून, 1874 में आठ अंकों के प्रकाशन के बाद यह पत्रिका 'हरिश्चन्द्र चन्द्रिका' हो गई। 1880 में उदयपुर के मोहनलाल विष्णुलाल पंड्या को यह पत्रिका भारतेन्दु ने दे दी और यह 'हरिश्चन्द्र चन्द्रिका' और 'मोहन चन्द्रिका' नाम से काशी से निकलने लगी। 1881 में 'विद्यार्थी' नामक पत्र भी इसमें शामिल हो गया। सम्पादक दामोदर शास्त्री थे। इसी काल में इसका प्रकाशन बन्द हो गया। 1884 में भारतेन्दु ने 'नवोदिता हरिश्चन्द्र चन्द्रिका' नाम से इसे पुन: प्रकाशित किया। किन्तु उनके असामयिक निधन से सिर्फ दो अंक निकल सके। 'हरिश्चन्द्र चन्द्रिका' की भाषा के बारे में आचार्य रामचन्द्र शुक्ल ने लिखा—हिन्दी गद्य का ठीक परिष्कृत रूप पहले-पहल इसी चन्द्रिका से प्रकट हुआ। भारतेन्दु ने नई सुधरी हुई हिन्दी का उदय इसी समय से माना है। उन्होंने 'कालचक्र' नाम की अपनी पुस्तक में नोट किया है कि हिन्दी नई चाल में ढली, सन 1873।[29] 'हरिश्चन्द्र चन्द्रिका' राष्ट्रीय

भावनाओं से ओत-प्रोत पत्रिका थी। हास्य और व्यंग्यपूर्ण शैली में इस पत्रिका के सम्पादकीय लेखों ने तत्कालीन शासन-व्यवस्था की विसंगतियों पर करारे व्यंग्य किए। डॉ. रामविलास शर्मा के अनुसार—साहित्य और पत्रकारिता के माध्यम से भारतेन्दु ने राष्ट्रीय सम्मान की भावना जागृत की, साहित्यिक रुचि का संवर्धन किया और हिन्दी भाषा को देश के सामाजिक तथा सांस्कृतिक जीवन में ऊँचा स्थान दिलाने के लिए महत्त्वपूर्ण कार्य किया।[30]

'बालाबोधिनी' भारतेन्दु हरिश्चन्द्र की तीसरी पत्रिका थी जिसका प्रकाशन जनवरी, 1874 में शुरू हुआ। महिलोपयोगी सामग्री एवं जागरण की दृष्टि से 'बालाबोधिनी' युग की महत्त्वपूर्ण पत्रिका थी। भारतेन्दु ने अपने समय में अनेक हिन्दी पत्र-पत्रिकाओं के प्रकाशन में महत्त्वपूर्ण योगदान दिया। इस युग के अधिकांश लेखक-पत्रकारों ने भारतेन्दु की पत्रिकाओं के माध्यम से ही लिखना शुरू किया था।

सितम्बर, 1877 को प्रयाग से बालकृष्ण भट्ट ने 'हिन्दी प्रदीप' नामक मासिक पत्र निकाला जो कि उनकी सम्पादकीय प्रतिभा का अनुपम उदाहरण है। साहित्यिक पत्रिका के रूप में शुरू होनेवाला यह पत्र शीघ्र ही राजनीतिक साहित्यिक पत्रिका के रूप में परिवर्तित हो गया। लगभग 35 वर्ष तक निरन्तर प्रकाशित इस पत्र ने अंग्रेज सरकार की नीतियों का खुलेआम विरोध किया।[31] इसका स्तर राष्ट्रीय, निर्भीकता एवं तेजस्विता का था। सरकार ने इस पत्र की कथित भड़कानेवाली उग्र विचारधारा को रोकने का भरसक प्रयास किया। अन्ततः 1910 में पं.माधव शुक्ल की एक कविता 'जरा सोचो तो यारों यह बम क्या है' के प्रकाशन पर इसे सरकारी कोप का भाजन बनना पड़ा और इसका प्रकाशन बन्द हो गया। यह साहित्य, राष्ट्रीयता, हिन्दी-प्रचार तथा समाज-सुधार का एक आश्चर्यजनक पक्षधर था। वह शायद हिन्दी का पहला सेकुलर राष्ट्रीय पत्र था।

मई, 1878 में कलकत्ता से 'भारत मित्र' नामक पत्र प्रकाशित हुआ। इसके प्रथम सम्पादक लाहौर के पंडित हरमुकुन्द शास्त्री थे। यह पत्र काफी दिनों तक निकला जो कि राजनीतिक, साहित्यिक, धार्मिक व सामाजिक आन्दोलनों का खुला ब्योरा छापता था। हिन्दी-प्रचार के लिए इसने आन्दोलन प्रारम्भ किया। 1896 में इसके आकार में वृद्धि की गई। 1897 में कुछ काल तक यह दैनिक पत्र के रूप में भी प्रकाशित हुआ।

साप्ताहिक 'सार सुधानिधि' का प्रकाशन 1879 में कलकत्ता से पं. दुर्गाप्रसाद मिश्र द्वारा आरम्भ किया गया। प्रारम्भ से ही आर्थिक संकट का

सामना करनेवाला यह पत्र अपने समय के तेजस्वी पत्रों में से एक था। गम्भीर संस्कृतनिष्ठ भाषा में प्रकाशित इसके लेखों में स्वाधीनता का प्रबल स्वर निहित रहता था। 'सार सुधानिधि' ने अखबारों का गला घोटनेवाले सरकारी कानून का कड़ा विरोध किया था और उसके समर्थक ब्रिटिश-परस्त बाबू तोताराम वर्मा तथा उनके पत्र 'भारतबन्धु' की खूब खबर ली थी।[32] इस पत्र में एक भी ऐसा शब्द नहीं छपता था जिसमें प्रखर राष्ट्रीयता का स्वर न हो। कदाचित यही कारण है कि भारतेन्दु हरिश्चन्द्र का यह अत्यन्त प्रिय पत्र था।[33]

'सज्जन कीर्ति सुधाकर' देशी राज्यों से निकलनेवाला पहला हिन्दी पत्र था क्योंकि राज्यों के सभी पत्र उर्दू या हिन्दी में निकलते थे जिनमें उर्दू का ही प्रथम स्थान था। मेवाड़ी राजा सज्जन सिंह के नाम पर यह पत्र निकला था। इसका प्रकाशन 1879 में आगरा के पं. वंशीधर वाजपेयी के सम्पादन में हुआ।

पं. दुर्गाप्रसाद मिश्र ने अगस्त, 1880 को 'उचित वक्ता' पत्र को जन्म दिया। अम्बिका प्रसाद वाजपेयी के शब्दों में यह उनका अपना पत्र था। प्राय: दो वर्षों में इन्हें लिखने-पढ़ने और पत्र सम्पादन करने का अच्छा अनुभव हो गया था, इसलिए 'उचित वक्ता' बहुत तेजस्वी पत्र हुआ। इसमें लिखने-पढ़ने में कोई मिश्र जी का हाथ पकड़नेवाला नहीं था, इसलिए ये पूर्ण स्वतन्त्रता से लिखते थे।[34] 'उचित वक्ता' और 'भारत जीवन' के बीच जुलाई, 1881 में मिर्ज़ापुर से 'आनन्द कादम्बिनी' पत्र निकला जिसके सम्पादक पं. बदरीनारायण चौधरी 'प्रेमघन' थे। यह एक साप्ताहिक पत्र था और हिन्दी का पहला आलोचना-प्रधान पत्र था। इसके बाद 1883 में प्रतापनारायण मिश्र ने कानपुर से 'ब्राह्मण' पत्र निकाला जो उस समय का सबसे तेजस्वी पत्र था। आर्थिक कठिनाइयों से जूझते हुए 'ब्राह्मण' ने कभी समझौता नहीं किया। डॉ. रामविलास शर्मा के शब्दों में—'सम्पादक के व्यक्तित्त्व की छाप जैसी 'ब्राह्मण' पत्र पर थी, वैसी और किसी पर नहीं।' उसकी नस-नस में जो शरारत और विद्रोह भरा हुआ था, वह उसकी एक-एक लाइन से प्रकट होता था। हास्य के साथ स्वाधीनता-चेतना फैलाने में यह पत्र सबसे आगे था।[35] 1883 में ही अम्बिकादत्त व्यास ने 'पीयूष प्रवाह' नामक पत्रिका का प्रकाशन प्रारम्भ किया। मार्च, 1884 में काशी से बाबू रामकृष्ण वर्मा ने 'भारत जीवन' नामक पत्र का प्रकाशन प्रारम्भ किया। यह पत्र बीस वर्षों तक प्रकाशित हुआ, किन्तु स्वाधीनता से पूर्व इसने कभी साहस से नहीं लिखा।

1885 में कालाकाँकर से हिन्दी दैनिक 'हिन्दोस्तान' का प्रकाशन राजा रामपाल सिंह द्वारा शुरू किया गया। हिन्दी-क्षेत्र से प्रकाशित यह पहला हिन्दी

दैनिक पत्र था। पं. मदनमोहन मालवीय इसके सम्पादक थे। वरिष्ठ पत्रकारों का सहयोग पाकर इस पत्र ने पत्रकारिता-जगत में नए प्रतिमान स्थापित किए तथा भारतीय राष्ट्रीय आन्दोलन को गतिशील बनाया। हिन्दी भाषा एवं देवनागरी लिपि का इसने प्रबल समर्थन किया तथा निर्भीक सम्पादकीय चेतना से अपनी महत्त्वपूर्ण पहचान कायम की।

'शुभचिन्तक' पत्र का प्रकाशन 1887 में पं. रामगुलाम अवस्थी के सम्पादन में शुरू हुआ। यह साप्ताहिक पत्र था। हिन्दी 'बंगवासी' 1890 में कलकत्ता से पं. अमृतलाल चक्रवर्ती के सम्पादन में निकला। इस पत्र का अपना ऐतिहासिक महत्त्व है। यह एकदम नए ढंग का अखबार था। यह पत्रकारिता का आरम्भिक विद्यालय था।[36] हिन्दी 'बंग भारती' के बाद जनवरी, 1893 को बाबू देवकीनन्दन खत्री ने 'साहित्य सुधानिधि' का प्रकाशन किया। 'नागरी प्रचारिणी पत्रिका' का प्रकाशन 1896 में काशी नागरी प्रचारिणी सभा द्वारा शुरू किया गया। यह त्रैमासिक पत्रिका थी। इसका सम्पादन बाबू श्यामसुन्दर दास, महामहोपाध्याय सुधाकर द्विवेदी, कालीदास और राधाकृष्णदास ने किया। 1907 में यह मासिक पत्रिका हो गई। 1920 में यह फिर त्रैमासिक रूप में प्रकाशित होने लगी। इसमें भाषा, साहित्य, अनुसन्धान और समालोचना सम्बन्धी लेख रहते थे।

1900 का वर्ष हिन्दी पत्रकारिता के लिए काफी महत्त्वपूर्ण है। इसी वर्ष में प्रकाशित पत्रिका 'सरस्वती' युगान्तकारी सिद्ध हुई। इसे बंगाली बाबू चिन्तामणि घोष ने प्रकाशित किया था तथा नागरी प्रचारिणी सभा का अनुमोदन प्राप्त किया। 1903 में इसके सम्पादन का भार आचार्य महावीरप्रसाद द्विवेदी ने सँभाला। इसका मुख्य उद्देश्य हिन्दी रसिकों के मनोरंजन के साथ भाषा के सरस्वती-भंडार की अंगपुष्टि, वृद्धि और पूर्ति करना था। अनेक क्षेत्रों से सम्बन्धित सामग्री इसमें प्रकाशित होती थी। 19वीं शताब्दी में हिन्दी पत्रकारिता का उद्‌भव एवं विकास अनेक विषम परिस्थितियों में हुआ। इसके बावजूद अनेक रुकावटों से टक्कर लेती हुई हिन्दी-पत्रकारिता क्रमशः अपने विकास के मार्ग पर अग्रसर रही।

'सरस्वती' के प्रकाशन के बाद हिन्दी पत्रकारिता-जगत में अच्छी शुरुआत हुई। कला एवं शिल्प की दृष्टि से 1900 से 1947 का दौर उल्लेखनीय है। इसी दौर में पुराने संस्कारों के प्रति विद्रोह और नवीन संस्कारों का बीजारोपण हुआ। 1925 के बाद हिन्दी पत्रकारिता ने तेजी से प्रगति की। साहित्यिक एवं राजनीतिक पत्र-पत्रिकाओं ने अपना अलग-अलग स्वरूप प्राप्त किया।

1907 में उत्तर प्रदेश से जनजागृति वाले साप्ताहिक पत्र 'अभ्युदय' का प्रकाशन आरम्भ हुआ। इसका प्रकाशन पं. मदनमोहन मालवीय ने शुरू किया। प्रसिद्ध नेता डॉ. बालकृष्ण शिवराम मुंजे ने 1907 में ही नागपुर से 'हिन्द केसरी' का सम्पादन शुरू किया। इसमें तिलक के पत्र 'केसरी' का अनुवाद होता था। इसके सम्पादक पं. माधवराव सप्रे थे। 'हिन्द केसरी' के बाद कलकत्ता से 1907 में अम्बिका प्रसाद वाजपेयी ने 'नृसिंह' व बाबू सुन्दरलाल ने 1909 में 'कर्मयोगी' पाक्षिक पत्र निकाला।

'प्रताप' कानपुर से प्रकाशित एक तेजस्वी साप्ताहिक पत्र था। 1910 में गणेश शंकर विद्यार्थी के प्रयास से इसका प्रकाशन शुरू हुआ। हिन्दी पत्रकारिता में इस पत्र का प्रकाशन युगान्तकारी कदम था। जन-आन्दोलन एवं 'प्रताप' पर्याय बन गए। निष्पक्ष समाचारों एवं टिप्पणी के कारण सम्पादक को अनेक परेशानियों का सामना भी करना पड़ा। 1916 में कलकत्ता से बाबू मूलचन्द अग्रवाल ने 'विश्वमित्र' पत्र का प्रकाशन आरम्भ किया। इसने नवीनता और मौलिकता से परिपूर्ण वाणिज्यिक, सामाजिक एवं राजनीतिक प्रश्नों पर स्वतन्त्र रूप से लेख प्रकाशित करना आरम्भ किया। सितम्बर, 1920 को शिवप्रसाद गुप्त द्वारा बनारस से दैनिक 'आज' का प्रकाशन आरम्भ हुआ। 'आज' के प्रथम सम्पादक बाबू श्रीप्रकाश थे तथा इनके साथ पं. बाबूराव विष्णु पराड़कर भी थे। कुछ दिनों बाद पराड़कर सम्पादक हो गए। 'माधुरी' जैसी साप्ताहिक पत्रिका के बाद नवम्बर, 1922 में सामाजिक सुधारों से सम्बन्धित पत्रिका 'चाँद' का प्रकाशन शुरू हुआ। यह मासिक पत्रिका थी। कुछ राजनीतिक सामग्री भी प्रकाशित होती थी। इसके मारवाड़ी और फाँसी अंक ज़ब्त कर लिये गए।

13 अगस्त, 1923 को कलकत्ता से साप्ताहिक पत्र 'मतवाला' का प्रकाशन आरम्भ हुआ। यह पत्र मुन्शी नवजादिकलाल, पं. सूर्यकान्त त्रिपाठी निराला, बाबू शिवपूजन सहाय और महादेव प्रसाद सेठ के प्रयत्न से शुरू हुआ। यह हिन्दी का हास्य-व्यंग्य-विनोद-प्रधान पत्र था। इसकी प्रकृति पूर्ण स्वच्छन्द एवं सटीक थी। यह युग-चेतना के प्रति सजग पत्र था। इसकी साहित्यिक दृष्टि काफी प्रगतिशील थी। अपने युग के अत्यन्त तेजस्वी पत्र 'हिन्दू पंच' का प्रकाशन 1926 में बाबू रामलाल वर्मा द्वारा शुरू किया गया। इसके सम्पादक मुन्शी नवजादिकलाल थे। नवम्बर, 1920 में पं. रामगोविन्द त्रिवेदी के सम्पादकत्व में निकला पत्र 'सेनापति' वीर-भाव का पत्र था। 'सेनापति' अपने युग का अप्रतिम हिन्दी पत्र था।

हिन्दी जनता की माँग के अनुरूप 1928 में रामानन्द चट्टोपाध्याय ने 'विशाल भारत' नामक पत्र का प्रकाशन शुरू किया। लगभग इसी दौरान यशपाल ने 'विप्लव' नामक साहित्यिक पत्रिका का श्रीगणेश किया। 1930 के लगभग उपन्यासकार प्रेमचन्द ने काशी से 'हंस' नामक एक क्रान्तिकारी पत्र का प्रकाशन आरम्भ किया। इस पत्र ने साहित्य को एक नई दिशा प्रदान की। इस प्रकार इस युग में मनोबौद्धिक वर्ग ने स्वतन्त्रता-प्राप्ति और समाज-सुधार हेतु पत्रकारिता का आश्रय लिया और अनेक पत्र-पत्रिकाएँ प्रकाशित कर हिन्दी-पत्रकारिता को एक नई दिशा एवं दृष्टि प्रदान की।

स्वतन्त्रता-प्राप्ति के पश्चात हिन्दी-पत्रकारिता के क्रमिक विकास का उत्कर्ष-काल आया। स्वतन्त्रता-प्राप्ति के बाद औद्योगिक विकास के साथ मुद्रण-कला का भी स्वाभाविक विकास हुआ। पत्रों के सुगठन एवं रूप-विन्यास में सुन्दरता आई। स्वतन्त्र चेतना, नई चेतना का चारों तरफ विकास हुआ। नवीन चेतना के फलस्वरूप जागृति, स्वातन्त्र्यबोध, जीवनदायी मूल्य और नए आदर्श बिकसित हुए। पत्रकारिता की बाधाएँ समाप्त हुईं और उसका निर्बाध विकास सम्भव हो सका। पत्रकारिता जीवन के बृहत्तर मूल्यों के विकास, प्रसार और स्थापना की हेतु बनी। सामाजिक, राजनीतिक, साहित्यिक जगत की प्रतिच्छवि पत्रकारिता में दिखाई पड़ी।

हिन्दी-पत्रकारिता युग-बोध का सर्वाधिक सबल माध्यम है। विश्व की गतिविधि, स्वराष्ट्र के उत्थान-पतन तथा क्षेत्र-विशेष की ज्वलन्त समस्याएँ पत्र-पत्रिकाओं से ही सुस्पष्ट होती हैं। पत्रकारिता का उद्‌भव व विकास भारतीय जनजीवन के उत्कर्ष और अपकर्ष का इतिहास है। धर्म, राजनीति, समाज और साहित्य में जिस प्रकार के परिवर्तन होते हैं, उन्हें विविधकालिक पत्र-पत्रिकाएँ दिग्दर्शित करती हैं। इतिहास गवाह है कि जब-जब सामाजिक शोषण और दमन की प्रक्रिया बलवती हुई है, उसी के अनुरूप उसका जमकर विरोध हुआ है। प्रतिबन्ध की प्रक्रिया जितनी अधिक तेज हुई, उसी हिसाब से हिन्दी-साहित्य में आक्रामकता बढ़ी। साथ ही भारतीय जनता में अपने अधिकार एवं सत्त्व की भावना प्रबल हुई। भारतीय स्वाधीनता आन्दोलन जनता द्वारा इसी अधिकार और सत्त्व की प्राप्ति हेतु किए गए संघर्षों का परिणाम है।

स्वाधीनता आन्दोलन और हिन्दी-पत्रकारिता अपने उद्‌भव-काल से ही परस्पर सम्बद्ध रहे हैं। वस्तुत: हिन्दी-पत्रकारिता भारतीय नवजागरण और स्वाधीनता आन्दोलन की एक अनिवार्य परिणति है। स्वाधीनता आन्दोलन के

समानान्तर हिन्दी-पत्रकारिता का विकास हुआ। ब्रिटिश शासन का असली चरित्र उस समय की पत्र-पत्रिकाओं में प्रकाशित लेखों, सामयिक प्रतिक्रियाओं और टिप्पणियों के माध्यम से उजागर होता है। हिन्दी पत्रिकाओं ने राष्ट्रीय आन्दोलन तथा उससे जुड़ी जनता की आकांक्षाओं को वाणी दी। फलस्वरूप अंग्रेज सरकार ने क्रान्तिकारी पुस्तकों के साथ-साथ पत्रिकाओं को भी जब्त कर लिया। सर्वप्रथम बंगाल के वन्देमातरम्, युगान्तर, फारवर्ड ब्लाक जैसे पत्रों को जब्त किया गया। साथ ही अनेक पत्रिकाओं के सम्पादकों और प्रकाशकों से ज़मानतें माँगी गईं। प्रथम विश्वयुद्ध के पश्चात जब स्वाधीनता आन्दोलन ने जोर पकड़ा तो हिन्दी पत्रिकाओं ने क्रान्तिकारी लेखों, कविताओं और कहानियों के माध्यम से आग उगलनी शुरू की। स्वाधीनता आन्दोलन में महत्त्वपूर्ण भूमिका निभानेवाली पत्रिकाओं में प्रताप, मर्यादा, प्रभा, हंस, चाँद, सैनिक, क्रान्ति, विप्लव आदि विशेष उल्लेखनीय हैं। वस्तुत: जब कोई लेखन व्यवस्था के खिलाफ जाता है तो उसे प्रतिबन्धन का शिकार होना पड़ता है। ब्रिटिश सरकार ने भी हिन्दी की अनेक पत्रिकाओं को जब्त कर लिया।

हिन्दी की प्रतिबन्धित पत्रिकाओं के अंकों को देखने से प्रतिबन्धन के कारणों का पता चलता है। प्रतिबन्धन के कारणों की पड़ताल के लिए अधिक गइराई में जाने की आवश्यकता नहीं है। पत्रिकाओं के प्रतिबन्धन का कारण आज जितना स्पष्ट है, उतना उस समय भी था। कोई भी साम्राज्यवादी सरकार विरोध में उठनेवाली आवाज को सहन नहीं कर पाती। पत्रिकाओं के प्रतिबन्धन का कारण है यह है कि ये ब्रिटिश साम्राज्यवाद की नींव को हिला रही थीं। यही कारण कि पत्रिकाओं के प्रत्येक अंक पर सरकार की निगाह चौकस रहती थी। स्वाधीनता आन्दोलन के दौरान प्रतिबन्धित पत्र-पत्रिकाओं का महत्त्व इस बात में है कि उनमें अंग्रेजी राज का तीव्र विरोध है। ये पत्रिकाएँ किसी कल्पनालोक का निर्माण नहीं करतीं, बल्कि हमें स्वाधीनता आन्दोलन की चेतना से जोड़ती हैं। इनमें भारतीय स्वाधीनता आन्दोलन का अलिखित इतिहास बन्द है। हिन्दी पत्रकारिता के विकास में प्रतिबन्धित पत्रिकाओं का महत्त्वपूर्ण योगदान रहा है।

पत्रकारिता के प्रारम्भ और विकास के साथ ही प्रेस की स्वतन्त्रता की अवधारणा पर विचार भी किसी-न-किसी प्रकार प्रारम्भ हो गया था। भारत में पत्रकारिता के जन्म के साथ ही उसका दमन भी शुरू हो गया था। प्रशासनिक दमन के विरुद्ध संघर्ष का जो साहस तत्कालीन पत्रिकाओं ने दिखाया, वह

आनेवाले काल में पत्रकारिता-जगत के लिए आदर्श बन गया। संघर्ष के इस मार्ग पर अनेक पत्रों और पत्रकारों ने कष्ट उठाए किन्तु कभी भी परिस्थितियों के समक्ष झुके नहीं, कहीं किसी प्रकार का समझौता नहीं किया। सत्ता एवं प्रेस का यह संघर्ष ऐतिहासिक तथ्य है। पराधीन भारत से लेकर स्वतन्त्र भारत के इस ऐतिहासिक दौर में अनेक ऐसे प्रकरणों के उदाहरण दिये जा सकते हैं जिनमें सत्ता-पक्ष ने समाचार-पत्रों के मुँह बन्द करने के प्रयास किए। प्रत्येक देश में यह संघर्ष किसी-न-किसी रूप में चलता रहता है—कहीं प्रखरता के साथ तो कहीं गौण रूप से। प्रेस जहाँ किसी प्रकार के बाह्य बन्धन में रहकर कार्य करने को इच्छुक नहीं होती, वहीं सरकार राष्ट्रीय और सामाजिक हितों एवं दायित्वों की आड़ में अपने स्वार्थों के पोषण के लिए प्रेस पर येन-केन प्रकारेण नियन्त्रण रखना चाहती है। ब्रिटिश सरकार की छत्रछाया में जन्मे भारतीय प्रेस की आरम्भिक संघर्ष-कहानी अत्यन्त रोचक है। विरोध, दमन एवं नियन्त्रण के दुश्चक्र से निकलकर स्वतन्त्र भारत में प्रेस ने राष्ट्रीय एवं सामाजिक नवनिर्माण की दिशा में अपनी महत्त्वपूर्ण भूमिका निभाई।

भारत में प्रेस-अधिनियम का इतिहास पत्र-पत्रिकाओं के प्रकाशन के साथ ही शुरू होता है। पत्रकारिता के प्रारम्भिक दौर में प्रेस-कानून को निर्मित करने में ईस्ट इंडिया कम्पनी की प्रमुख भूमिका रही। आरम्भ में किसी भी प्रेस-सम्बन्धी कानून के अभाव में पत्र-पत्रिकाएँ ईस्ट इंडिया कम्पनी के अधिकारियों की दया पर ही निर्भर थीं। कम्पनी के अधिकारी यह नहीं चाहते थे कि वे समाचार-पत्र जिनमें उनके उपक्रमों का उल्लेख होता था, किसी प्रकार लन्दन पहुँच जाएँ। शासन के लिए परेशानी पैदा करनेवाले अंग्रेज सम्पादकों को तो लन्दन वापस भेज दिया जाता था, लेकिन यह सलूक भारतीयों के साथ नहीं किया जा सकता था। समाचार-पत्रों की संख्यात्मक वृद्धि के साथ-साथ उनके बढ़ते प्रसार और प्रभाव को नियन्त्रित करने के लिए सर्वप्रथम गवर्नर जनरल लॉर्ड वेलेजली ने 13 मई, 1799 को प्रेस-अधिनियम को पारित किया। इस अधिनियम के द्वारा समाचार-पत्र के सम्पादक, मुद्रक एवं स्वामी का नाम स्पष्ट रूप से प्रकाशित करना अनिवार्य कर दिया गया था। प्रकाशक को प्रकाशित किए जानेवाले समाचार को पास कराने के लिए सरकारी सचिव को देना पड़ता था। इन नियमों को भंग करने पर तुरन्त जलावतनी का दंड मिलता था। 1807 में यह अधिनियम पत्रिकाओं, पैम्फ्लेट तथा पुस्तकों आदि सभी पर लागू कर दिया गया। 1799 के अधिनियम के अनुसार रविवार को पत्र का प्रकाशन नहीं किया जा सकता था।

समाचार-पत्रों के प्रचार-प्रसार के साथ तथा जनता की समाचारों के प्रति बढ़ती उत्सुकता ने पत्रों की विषयवस्तु आदि को भी प्रभावित किया। भारतीय जनता को नवीनतम गतिविधियों की सूचना प्राप्त होने लगी। सम्पादकीय स्तम्भों तथा अन्य वैविध्यपूर्ण सामग्री के प्रकाशन एवं उनके अध्ययन से नवीन राजनीतिक चेतना का अभ्युदय हुआ।[37] इस स्थिति में यह स्वाभाविक ही था कि स्वातन्त्र्यप्रिय भारतीय मानव अंग्रेजी सत्ता को समाप्त करने के लिए संकल्पबद्ध हो जाएँ। भारतीयों की इन भावनाओं को दबाने के लिए तत्कालीन गवर्नर जनरलों ने समय-समय पर प्रेस को नियन्त्रित करने के लिए कठोर अधिनियम पारित किए। समाचार-पत्रों ने भारतीय प्रगति और समृद्धि में आड़े आने वाले तत्त्वों का खुलेआम विरोध किया। इस दौर की मिशनरी पत्रकारिता ने हालाँकि प्रत्यक्ष रूप से भारतीय जनमानस को विशेष प्रभावित नहीं किया, फिर भी सार्वजनिक जागरण की दिशा में इनकी भूमिका को नकारा नहीं जा सकता। तत्कालीन भारतीय प्रगतिशील चिन्तकों ने भारतीय जनता को नेतृत्व प्रदान कर उसका मार्ग प्रशस्त किया। संघर्षशील भारतीय पत्रकारिता अपनी परिस्थितियों के अनुरूप अपनी धरती से जुड़कर भारतीय परिवेश को आत्मसात करती हुई आगे बढ़ी तथा जन-जन की आशाओं तथा आस्थाओं का केन्द्र बनी। यह राजा राममोहन राय का ही सामर्थ्य था कि जब ईसाई मिशनरियों ने भारतीय सांस्कृतिक वैभव तथा विशिष्टता पर प्रहार करने शुरू किए तो उनकी इस प्रवृत्ति का विरोध 'ब्राह्मोनिकल मैगजीन' के माध्यम से करके अपनी मौलिकता व विशिष्टता को सुरक्षित रखने का सार्थक प्रयास किया।

भारतीय पत्र-पत्रिकाओं ने जब जनता की वाणी को अभिव्यक्ति देना आरम्भ किया तो ब्रिटिश अधिकारी उसे सहन नहीं कर सके। प्रेस की शक्ति एवं महत्त्व से अवगत अंग्रेज अधिकारियों ने स्वतन्त्र प्रेस की अवधारणा को स्वीकार नहीं किया। प्रेस पर लागू किए गए इन नियन्त्रणों के कारण समाचार-पत्र-प्रकाशन में अधिक तेजी न आ सकी। समाचार-पत्रों में जब सैनिक गतिविधियों के बारे में तथा अन्य प्रतिबन्धित सन्दर्भों के समाचार छपने लगे तो प्रेस पर कठोर नियन्त्रण लागू हुआ। इसका स्वाभाविक परिणाम हुआ—भूमिगत प्रेस का उदय। इसी दौरान 1807 में लॉर्ड मिंटो गवर्नर जनरल के तौर पर भारत आए। उसने आदेश दिया कि बैपटिस्ट मिशनरियाँ अपने प्रिंटिंग प्रेस कलकता में स्थानान्तरित करें, किन्तु यह प्रयास सफल नहीं रहा। 1799 में प्रेस-अधिनियम के नियमों को मिंटो ने सख्ती से लागू किया।

लॉर्ड हेस्टिंग्स की नियुक्ति 1813 में गवर्नर जनरल के रूप में हुई। हेस्टिंग्स ने प्रेस-अधिनियम में ढील दी। अपने उदारवादी और प्रगतिशील विचार के कारण उसने 1818 में समाचार-पत्रों का पूर्व-पत्रेषण (प्री-सेन्सरशिप) बन्द कर दिया। फिर भी सरकार ने समाचार-पत्रों के सम्पादकों के मार्गदर्शन के लिए सामान्य नियम बनाए ताकि उन विषयों की विवेचना न हो, जिनसे सरकार के अधिकार अथवा जनहित को क्षति पहुँचे। लॉर्ड हेस्टिंग्स के उदारवादी दृष्टिकोण के कारण पत्रकारिता को विकास के नए अवसर मिले। अनायास ही समाचार-पत्रों की संख्या में वृद्धि हुई। सम्पादकों को मुख्य राहत यह मिली कि पत्र के प्रकाशन के पूर्व की सेन्सरशिप अथवा सरकारी अधिकारी को प्रूफ दिखाने की बाध्यता समाप्त कर दी गई। भारतीय पत्रकारिता की शुरुआत इसी दौर में हुई। अंग्रेजी भाषा का पहला समाचार-पत्र 'द बंगाल गज़ट' (1818) गंगाधर भट्टाचार्य के सम्पादकत्व में शुरू हुआ। पत्र अल्पजीवी रहा, किन्तु गंगाधर भट्टाचार्य की सेवाएँ भारतीय पत्रकारिता में महत्त्वपूर्ण स्थान रखती हैं। भट्टाचार्य राजा राममोहन राय से काफी प्रभावित थे। एस. नटराजन लिखते हैं, ''सम्भवत: राजा राममोहन राय इस नवीन प्रकाशन के लिए उत्तरदायी थे।''[38]

सरकार के मुख्य प्रतिबन्धन अधिकारी के रूप में कार्य कर चुके जॉन एडम सन 1823 में स्थानापन्न कार्यवाहक जनरल बने। एडम तथा तत्कालीन अधिकारियों ने प्रेस की स्वतन्त्रता को अंग्रेजी शासन के लिए खतरनाक समझा। भारत में प्रथम प्रेस-अधिनियम जारी करने का उत्तरदायित्व जॉन एडम को ही है। 1823 के अधिनियम द्वारा एडम को अपने प्रतिक्रियावादी विचारों को वास्तविक रूप देने का मौका मिला और ये नियम, उन सभी नियमों से कठोर थे, जो उस समय तक कभी भी भारत में लागू नहीं हुए थे। इस अधिनियम के तहत बिना किसी सरकारी स्वीकृति के इस प्रकार का कोई समाचार-पत्र, पत्रिका, पुस्तक तथा कोई विज्ञप्ति प्रकाशित करने पर प्रतिबन्ध लगा दिया गया, जिसमें सरकारी नीति या कार्यपद्धति के सम्बन्ध में कोई सूचना अथवा टीका-टिप्पणी की गई हो। सरकार के मुख्य सचिव से प्रकाशन-सम्बन्धी लाइसेन्स प्राप्त करने के लिए प्रार्थनापत्र देते समय एक हलफनामा देना भी आवश्यक कर दिया गया, जिसमें समाचार-पत्र, पत्रिका या पैम्फ्लेट के प्रकाशन का नाम तथा पूरा पता दिया गया हो। यदि मालिक दो से ज़्यादा हैं तो हिस्सेदार का पूरा ब्योरा देना आषश्यक कर दिया गया। प्रकाशन से सम्बन्धित मकान का विस्तृत विवरण एवं स्वरूप प्रस्तुत

करना होता था। मुद्रक, प्रकाशक, स्वामी या स्थान-परिवर्तन की स्थिति में लाइसेन्स-प्राप्ति हेतु दुबारा आवेदन करना होता था। बिना लाइसेन्स प्राप्त किए किसी प्रकार के प्रकाशन पर चार सौ रुपये जुर्माना तथा चार माह तक की जेल-सजा का प्रावधान किया गया। प्रिंटिंग प्रेस पर भी नियन्त्रण लागू किया गया। बिना लाइसेन्स पुस्तकों या पैम्फ्लेटों का प्रकाशन व प्रेस का उपयोग करने पर सौ रुपये जुर्माना तथा छह माह की सजा का प्रावधान किया गया। प्रेस-जब्ती का अधिकार सरकार ने अपने पास रखा तथा लाइसेन्स सरकार रद्द कर सकती थी।

अभिव्यक्ति की स्वतन्त्रता पर हुए इस प्रतिबन्ध का सम्पूर्ण भारतीय स्तर पर तीव्र विरोध हुआ। चन्द्र कुमार टैगोर, द्वारकानाथ टैगोर, राजा राममोहन राय, प्रसून कुमार टैगोर आदि ने अधिनियम के विरुद्ध संयुक्त रूप से याचिका दायर की, जिसे अस्वीकार कर दिया गया। कुमारी सोफिया कालेट ने प्रेस-नियन्त्रण के विरुद्ध दायर इस याचिका को भारतीय पत्रकारिता की ऐरियोपेजिटिका कहा है। याचिका की अस्वीकृति के विरोध में राजा राममोहन राय नें 'मिरातुल अखबार' नामक पत्र के प्रकाशन को 4 अप्रैल, 1823 को बन्द कर दिया। अन्तिम संस्करण में राय ने लिखा—जो परिस्थिति उत्पन्न हो गई है, उसमें पत्र का प्रकाशन रोक देना ही एकमात्र मार्ग रह गया है। जो नियम बने हैं, उनके अनुसार किसी यूरोपियन सज्जन के लिए जिनकी पहुँच सरकार के चीफ सेक्रेटरी पर सरलता से हो जाती है, सरकार से लाइसेन्स लेकर पत्र निकाल देना आसान है, पर भारत के किसी निवासी के लिए जो सरकारी भवन की देहरी लाँघने में भी समर्थ नहीं हो पाता, पत्र-प्रकाशन के लिए सरकारी आज्ञा प्राप्त करना दुष्कर कार्य हो गया है। फिर खुली अदालत में हलफनामा दाखिल करना भी कम अपमानजनक नहीं है। लाइसेन्स के लिए जान का खतरा भी सदा सिर पर झूलता रहता है। ऐसी दशा में पत्र का प्रकाशन रोकना ही उचित है।[39] 'सार सुधानिधि' के प्रथम वर्ष के सत्रहवें अंक में लिखा गया है कि जितने देशी भाषा के पत्र हैं, सब-के-सब प्रेस-ऐक्ट के चंगुल में पड़े दबी जीभ से बोलते हैं और बहुतेरे तो लिखना ही छोड़ बैठे।[40]

भारतीय पत्रकारिता के इतिहास में सर जे.एस. बकिंघम महत्त्वपूर्ण व्यक्तित्व के रूप में उभरें। 1818 में 'कलकत्ता जर्नल' के सम्पादन का भार सँभालने के बाद उन्होंनें अपनी पत्रकारीय क्षमता तथा सूक्ष्म दृष्टि से पत्र को युगीन पत्रकारिता के मानचित्र में तेजस्बिता और निर्भीकता का यथार्थ बना

दिया। इसमें सम्पादक का कर्तव्य गवर्नरों को उनके कर्तव्यों के प्रति सावधान करना, उन्हें उनके दोषों के बारे में उग्रता से चेतावनी देना और अप्रिय सत्य प्रकट करना था।[41] अनेक लोगों को पत्रकारिता के लिए प्रोत्साहित करनेवाले इस प्रतिभाशाली व्यक्ति की गतिविधियों को कम्पनी सहन नहीं कर सकी और 1823 में उसे देश से निर्वासित कर दिया गया। एस. नटराजन लिखते हैं—उसने समाचार-पत्र को जनता का दर्पण बना दिया, अन्वेषण तथा आलोचना की भावना को प्रखरता के साथ सतत प्रदर्शित किया तथा प्रेस को उसने नेतृत्व का गुण प्रदान किया।[42] बकिंघम ने ईस्ट इंडिया कम्पनी की एकाधिकारवादी प्रवृत्तियों की आलोचना की। इंग्लैंड वापस जाकर उसने 'ओरिएंटल हेराल्ड' पत्र शुरू किया। इसके माध्यम से तथा 1832 में संसद-सदस्य के रूप में उसने भारत में कम्पनी के प्रशासन पर प्रहार किए तथा प्रेस को नियन्त्रित किए जाने के प्रयासों का विरोध किया। भारत में प्रेस की स्वतन्त्रता के लिए किए गए संघर्ष में बकिंघम का महत्त्वपूर्ण स्थान है।

25 दिसम्बर, 1825 को कोर्ट ऑफ डाइरेक्टर्स ने एक आदेश के तहत कम्पनी में सेवारत सभी कर्मचारियों को किसी-न-किसी पत्र से सम्बद्ध होने पर प्रतिबन्धित कर दिया। इस आदेश के जारी होने के बाद यदि छह महीने तक कर्मचारियों ने समाचार-पत्रों से अपने सम्बन्ध समाप्त नहीं किए तो उनकी सेवाएँ समाप्त करने की धमकी दी गई।

लॉर्ड विलियम बैंटिंक ने समाचार-पत्रों के प्रति थोड़ा उदारवादी रुख अपनाया। पत्रकारिता के भावी विकास की दिशा में भी सम्भावनाओं के नए आयाम इस दौर में खुले। समाज-सुधार के प्रति समर्पित समाचार-पत्रों के महत्त्व को बैंटिंक ने महसूस किया। प्रेस पर लगे प्रतिबन्धों को कम करने के कारण इस काल में समाचार-पत्र-प्रकाशन में तेजी से विकास हुआ। बैंटिंक के गवर्नर जनरल के रूप में कार्य करते समय मेटकाफ़ ने सदा स्वतन्त्र प्रेस का समर्थन किया था। 1935 का वर्ष ब्रिटिश सत्ता के समय भारत में पत्रकारिता की दृष्टि से विशेष उल्लेखनीय है। इसी वर्ष मेटकाफ़ भारत का गवर्नर जनरल बना। उसने प्रेस को स्वतन्त्र करने की दिशा में विशेष पहल की। डॉ. रामरतन भटनागर लिखते हैं कि 'भारतीय पत्रकारिता के पूरे इतिहास में पत्रों की स्वतन्त्रता के लिए अथक परिश्रम करनेवाला मेटकाफ़ के समान दूसरा कोई अंग्रेज नहीं मिलेगा। उन्होंने उस पत्र का बड़े उत्साहपूर्वक विरोध किया था जो जनमत को सरकार के विरुद्ध भड़कानेवाला तथा न्याय का अवरोधक था।'[43] मेटकाफ़ भारतीय प्रेस के मुक्तिदाता के रूप में ख्यात हैं।

15 सितम्बर, 1835 से उसने लाइसेन्स-प्रणाली को समाप्त कर समाचार-पत्रों के स्वतन्त्र विकास एवं प्रसार में अभूतपूर्व योगदान दिया। अधिकार-पत्र लेने की प्रथा को समाप्त कर दिया गया। प्रत्येक व्यक्ति सामान्य कानूनी और नैतिक परिधि में रहते हुए किसी भी सार्वजनिक विषय पर अपने विचार प्रकट करने के लिए पूरी तरह से स्वतन्त्र हो गया। मेटकाफ़ ने राजद्रोही, आपत्तिजनक तथा उकसाने एवं भड़कानेवाले लेखन को प्रतिबन्धित किया और उसके लिए भारी जुर्माने की व्यवस्था की।

3 अगस्त, 1835 को मेटकाफ़ द्वारा भारतीय पत्रकारिता के इतिहास का सर्वाधिक उदारवादी प्रेस-ऐक्ट पारित कर दिया गया। इस ऐक्ट के तहत 1823 के एडम के प्रेस-नियन्त्रण तथा उसी आधार पर 1825 व 1827 में बम्बई में जारी उन आदेशों को वापस ले लिया गया जिनमें यह प्रावधान किया गया था कि मुद्रक एवं प्रकाशक को गवर्नर जनरल से लाइसेन्स प्राप्त करना आवश्यक था। 1825 के उस आदेश को भी रद्द कर दिया गया जिसके अनुसार कम्पनी के कर्मचारियों पर समाचार-पत्रों से सम्बन्ध रखने पर लगाया गया था। मुद्रक अथवा प्रकाशक द्वारा समाचार-पत्र शुरू करने के लिए नाम तथा मुद्रक एवं प्रकाशक का पता देते हुए घोषणा-पत्र प्रस्तुत करना ही पर्याप्त था। मुद्रक एवं प्रकाशक को नया घोषणा-पत्र, पते में अथवा मुद्रक या प्रकाशक में परिवर्तन होने पर भरना आवश्यक होगा। पुस्तक और समाचार-पत्र पर प्रकाशक का नाम एवं पते का होना आवश्यक था। उपर्युक्त नियमों की अवहेलना करने पर पाँच हजार रुपया जुर्माना अथवा दो वर्ष की जेल की सजा हो सकती थी।

1836 से 1856 के बीच पत्रकारिता के इतिहास में प्रेस के सन्दर्भ में सरकार की नीतियों में विशेष परिवर्तन लक्षित नहीं होता। ऑकलैंड (जो मेटकाफ़ का उत्तराधिकारी था) के काल में कोई खास उपलब्धि नहीं रही। वह उदारतापूर्वक मेटकाफ़ की नीतियों का समर्थक रहा। 1842 में लॉर्ड एडनबरो ने अपने एक आदेश के तहत सरकारी अधिकारियों को बिना पूर्व-स्वीकृति के सरकारी दस्तावेजों को सार्वजनिक रूप से प्रकट करने तथा उसकी विषयवस्तु को किसी व्यक्ति को सूचित करने के लिए प्रतिबन्धित कर दिया।

1857 के विद्रोह में तत्कालीन समाचार-पत्रों का विशेष योगदान रहा। प्रेस ने भारतीय जनता की आवाज एवं महत्त्वाकांक्षा को वाणी दी। पत्रों ने जनता की भाषा में अपने राष्ट्रीय चरित्र को सामने रखा। भाषाई प्रेस का तेजी

से विकास हुआ। लॉर्ड केनिंग ने प्रेस को नियन्त्रित करने की बात पर जोर देते हुए 13 जून, 1857 को प्रिंटिंग प्रेस और उसके उपयोग पर प्रतिबन्ध लगा दिया। सरकार ने लाइसेन्स प्रदान करने एवं उसे रद्द करने का अधिकार अपने पास रखा। लॉर्ड केनिंग के इस अधिनियम को गलाघोंटू कानून नाम दिया गया। इस ऐक्ट के माध्यम से सरकार किसी भी समाचार-पत्र, पुस्तक या अन्य मुद्रित सामग्री के प्रकाशन या प्रसार को प्रतिबन्धित कर सकती थी। यह हिन्दी व अंग्रेजी पत्रों पर समान रूप से लागू किया गया। प्रकाशक, मुद्रक का नाम तथा प्रकाशन-स्थल का सम्पूर्ण पता देना आवश्यक कर दिया गया। गलाघोंटू कानून को एक वर्ष के लिए लागू करते हुए लॉर्ड केनिंग ने लिखा—'मुझे सन्देह है कि इस बात को पूरी तरह समझा भी जा रहा है या नहीं कि पिछले कुछ हफ़्तों से भारतीय समाचार-पत्र भी भारतीय जनता को जानकारी देने के नाम पर उनके हृदय में राजद्रोह का ज़हर उड़ेलने की धृष्टता तक पहुँच चुके हैं। यह काम कड़ी मेहनत, चतुराई और कौशल से किया जा रहा है। अपने उद्देश्य के बारे में झूठ-मूठ के ऊँचे-ऊँचे दावे किए जा रहे हैं और सरकार तथा उसके प्रजाजनों के बीच असन्तोष और नफ़रत के बीज बोए जा रहे हैं। जो टिप्पणी इस समय मैं भारतीय समाचार-पत्रों के बारे में कह रहा हूँ, यह यूरोपियन समाचार-पत्रों पर लागू नहीं होती।[44] वाइसराय बनने के बाद केनिंग ने प्रेस का समर्थन जुटाने का प्रयास किया। 1860 में भारतीय दंड संहिता के अभिग्रहण पर विचार-विमर्श के दौरान भारतीय प्रेस के लिए और अधिक उदारता प्रदान की गई। केनिंग ने धारा 113 जो राजद्रोह से सम्बन्धित थी, को हटाने का सुझाव दिया जिसे स्वीकार कर लिया गया।

1857 के विद्रोह के पश्चात भारतीय प्रेस के स्वरूप में महत्त्वपूर्ण परिवर्तन हुए। जनता की भाषा में बात्त करने वाले भाषाई प्रेस ने राष्ट्रीय चेतना के प्रसार में सार्थक भूमिका निभाई। सरकार के प्रति असन्तोष व्यक्त करते हुए विचार-स्वातन्त्र्य की माँग करनेवाले युगीन पत्र निर्भीक आलोचना की प्रवृत्ति के कारण सरकार के लिए घातक सिद्ध हुए। 1869 में सर जॉन लारेन्स के शासनकाल में छापेखानों तथा समाचार-पत्रों को नियन्त्रित करने से सम्बन्धित कानून पारित किया गया। इसका मुख्य उद्देश्य सरकार को प्रिंटिंग प्रेसों की गतिविधियों के बारे में जानकारी एकत्र करना था। आगे चलकर 1869 में मेयो के शासनकाल में भारतीय दंड संहिता में संशोधन-प्रस्ताव पारित हुआ, जिसके अनुसार बोले गए, या लिखे शब्दों या संकेतों द्वारा भड़कानेवाले प्रसारणों पर प्रतिबन्ध लगा दिया गया जिनसे भारत में

ब्रिटिश सरकार के खिलाफ असन्तुष्टि उत्पन्न हो। 1898 में इसे भारतीय दंड संहिता की धारा 124-ए में समाविष्ट किया गया। 124-ए धारा के तहत राजद्रोह फैलानेवाले व्यक्तियों को आजीवन निर्वासन अथवा कम काल के लिए निर्वासन, अथवा जुर्माने का प्रावधान किया गया। 1867 के पंजीकरण अधिनियम के अनुसार प्रकाशित सामग्री की एक प्रति एक मास के भीतर सरकार को सौंपनी होती थी।

1876 में लॉर्ड लिट्न ने भारत के वाइसराय के रूप में कार्यभार सँभाला। इस दौर तक नई शिक्षा का प्रभाव भारतीयों पर स्पष्ट रूप से दिखने लगा था। नई शिक्षा का मुख्य उद्देश्य था सस्ते क्लर्क, अपने माल के लिए ग्राहक एवं राज के प्रति निष्ठा रखने वाले वर्ग का निर्माण करना। किन्तु अंग्रेजों की इच्छा के विरुद्ध देशभक्तों की भी एक बड़ी संख्या अस्तित्व में आई, जिसने पत्रकारिता को बड़े पैमाने पर अपनाया। भारतीय भाषाओं के सामाचार-पत्र अंग्रेजों को, खासकर अखरते थे। पत्रकारिता का उद्देश्य अपनी शिकायतों को दूर कराने तक सीमित था। फिर भी भारतीय भाषाओं के समाचार-पत्रों का जनता पर अत्यन्त महत्त्वपूर्ण तथा गहरा प्रभाव पड़ता था। लॉर्ड कर्जन तथा भारत-सचिव हैमिल्टन भी इन भाषाई पत्रों से परेशान थे। हैमिल्टन का विचार था कि अंग्रेजी शासन की बार-बार निन्दा करके लोगों के मन में अंग्रेजों के विरुद्ध भारतीय भाषाई पत्र जनमत तैयार कर रहे थे।[45] बाद में लॉर्ड हार्डिंग ने भी भारतीय भाषाओं के पत्रों की बढ़ती हुई महत्ता एवं प्रभाव को समझा था।[46] भारतीय भाषाओं के पत्रों का प्रभाव बढ़ रहा था, साथ ही भारतीयों का असन्तोष भी। लॉर्ड लिटन की जल्द ही भारतीय भाषाई समाचार-पत्रों में आलोचना होने लगी क्योंकि वे भारतीय हितों के विरुद्ध जानेवाली नीति का अनुसरण कर रहे थे। इस समय तक भारतीय भाषाओं के अनेक पत्र निकले और इनकी निर्भीक आलोचना से लॉर्ड लिटन की सरकार बहुत घबराई।[47] इस दौर में भाषाई पत्रों ने ब्रिटिश पत्रों को संख्या एवं प्रभाव में पीछे छोड़ दिया था।[48] उस समय इन समाचार-पत्रों के सम्भवतः एक लाख पाठक होंगे तथा किसी एक समाचार-पत्र की अधिकतम प्रसार-संख्या लगभग तीन हजार की थी।[49] भाषाई समाचार-पत्रों की कटु आलोचना से परेशान होकर लॉर्ड लिटन ने वर्नाक्युलर प्रेस अधिनियम, 1878 पारित किया। इस अधिनियम को बनाने की आवश्यकता सरकार को इसलिए और भी अधिक लगी क्योंकि अंग्रेजी में प्रकाशित समाचार-पत्रों की तुलना में भाषाई समाचार-पत्रों का वितरण कहीं अधिक था।

9 मार्च, 1878 को पारित वर्नाक्युलर प्रेस अधिनियम प्राच्य भाषाओं के प्रकाशन पर बेहतर नियन्त्रण रखने के लिए अधिनियम के रूप में भी जाना जाता है। इस अधिनियम के द्वारा अंग्रेजी सरकार को उन समाचार-पत्रों पर कठोर नियन्त्रण रख उन्हें दंडित करने का अधिकार प्राप्त हो गया जो ब्रिटिश सरकार के विरुद्ध द्रोहात्मक एवं भड़कानेवाले लेखन करते थे। जिलाधीश एवं पुलिस कमिश्नर को यह अधिकार मिला कि वे अपने क्षेत्रों से प्रकाशित समाचार-पत्रों के प्रकाशकों अथवा छापनेवालों से यह माँग कर सकते थे कि वे अनुबन्ध-पत्र पर हस्ताक्षर करके यह गारंटी दें कि वे ऐसा समाचार-पत्र प्रकाशित नहीं करेंगे जिससे सरकार के प्रति असन्तोष की भावना जगे। अनुबन्ध-पत्र के साथ प्रकाशकों एवं मुद्रकों से कुछ अग्रिम धनराशि भी जमा कराई जा सकती थी। यदि किसी अखबार में अवांछित सामग्री का प्रकाशन हो गया है तो अनुबन्ध की राशि को जब्त किया जा सकता था। साथ ही प्रकाशकों एवं मुद्रकों की सारी मशीनों को जब्त करने का अधिकार भी था। यह अधिनियम समाचार-पत्रों के अलावा किसी भी प्रकाशित पुस्तक या अन्य प्रकार की सामग्री पर लागू था। प्रकाशन-सामग्री के लिए निर्धारित अधिकारी से पूर्व-अनुमति आवश्यक थी। अधिनियम की सबसे घातक बात यह थी कि अधिनियम से सम्बन्धित किसी भी कार्यवाही के विरुद्ध न्यायालय में अपील नहीं की जा सकती थी।

लिटन-सरकार द्वारा भारतीय प्रेस के विरुद्ध जारी इस दमनकारी अधिनियम का व्यापक विरोध हुआ। भारतीय पत्रकारों और शिक्षित वर्ग ने इसकी घोर निन्दा की। भारतीय भाषाई प्रेस तथा अंग्रेजी भाषाई प्रेस दोनों ने इस अधिनियम का विरोध किया। यह अधिनियम अंग्रेजी तथा देशी भाषाओं के समाचार-पत्रों के बीच सरकार द्वारा अपनाई गई भेद-भाव की नीति का एक स्पष्ट उदाहरण था। इसके परिणामस्वरूप भारतीय भाषाई समाचार-पत्रों की भाषा की कटुता कम हो गई। जिन प्रमुख पत्रों के विरुद्ध इस अधिनियम को सख्ती से लागू किया गया, उनमें 'सौम प्रकाश' तथा 'भारत मिहिर' थे। इस अधिनियम को मुँह बन्द करनेवाला अधिनियम[50] कहा गया। भारत-सचिव लॉर्ड केनब्रुक ने इस अधिनियम के पूर्व-पत्रेक्षण (प्री-सेन्सरशिप) की धारा का विरोध किया। उसकें अनुसार सभी पत्रेक्षण (सेन्सरशिप) भारतीय रखने पड़ेंगे और उन्हें समाचार-पत्रों को एक प्रकार से पुनः सम्पादित करना पड़ेगा। अतएव सितम्बर, 1878 के पूर्व-पत्रेक्षण की धारा हटा दी गई। उसके बदले एक समाचार-पत्र-आयुक्त नियुक्त किया गया जिसका काम सच्चे और यथार्थ समाचार देना था।

लॉर्ड रिपन जो उदारवादी सरकार के मनोनीत थे, सैद्धान्तिक रूप से स्वतन्त्र प्रेस के समर्थक थे। उन्होंने लिखा—बुद्धिमानी से संचालित एक स्वतन्त्र प्रेस हमेशा सरकार के लिए बड़ा सहायक सिद्ध हो सकता है और मेरे विचार से एक बन्धनमुक्त प्रेस की आवश्यकता इस देश के लिए इस कारण और भी महत्त्वपूर्ण हो जाती है क्योंकि यहाँ प्रतिनिधि संस्थाएँ सीमित अंश तक ही कार्य कर रही हैं।[51] वर्नाक्युलर प्रेस ऐक्ट को रिपन द्वारा रद्द कर दिया गया, किन्तु विद्रोहात्मक प्रकाशन को जब्त करने का अधिकार डाक-अधिकारियों के पास सुरक्षित रहा। प्रगति और दमन की नीति पर अपने विचार व्यक्त करते हुए लॉर्ड रिपन ने स्पष्ट तौर पर लिखा—इन दो नीतियों में से हमें चुनाव करना है। एक का अर्थ है प्रगति और दूसरी का अर्थ है दमन। लॉर्ड लिटन ने दूसरी नीति चुनी। मैंने पहली नीति को चुना है।[52] रिपन के समय इल्बर्ट बिल से सम्बन्धित विवाद पर समाचार-पत्रों ने तीव्र प्रतिक्रिया व्यक्त की और एक प्रकार से भारतीय प्रेस-जगत, जन-आकांक्षाओं को सशक्त ढंग से व्यक्त करने लगे तथा एकता, समानता, स्वतन्त्रता आदि भावनाओं के प्रचार-प्रसार के मुख्य माध्यम भी बने। रिपन के पश्चात लॉर्ड लैन्सडाउन के समय 17 अक्टूबर, 1887 को कानून पारित किया गया जिसमें राजकीय दस्तावेजों तथा सूचनाओं को प्रकाशित करने पर प्रतिबन्ध लगाया गया। राजकीय दस्तावेज़ को अनधिकृत रूप से रखने अथवा अनधिकृत व्यक्ति को उसकी जानकारी देने पर एक वर्ष की जेल, अथवा जुर्माना, अथवा दोनों सजाएँ देने का प्रावधाम किया गया। किसी विदेशी एजेंट को ऐसी सूचनाएँ अथवा दस्तावेज देने पर देश-निष्कासन, दो से पाँच वर्ष तक की जेल की सजा का प्रावधान था।

25 जून, 1891 को स्वतन्त्र प्रेस पर कुठाराघात करनेवाले नए नियम जारी किए गए, जिनके द्वारा देशी रियासतों में स्वतन्त्र प्रेस को प्रतिबन्धित किया गया। एलगिन के शासनकाल (1896-97) में अकाल और प्लेग से दक्कन में बहुत अशान्ति फैल गई तथा हिंसा की घटनाएँ हुईं। राजनीतिक विवादों में भी समाचार-पत्रों ने अपना योगदान दिया। 1898 के अधिनियम द्वारा दंड-संहिता की 124 धारा को पुनः स्थापित और विस्तृत किया गया और एक नई धारा 153-ए भी जोड़ दी गई। इसी प्रकार धारा-505 को संशोधित किया गया ताकि वे व्यक्ति जो सेना में असन्तोष फैलाएँ अथवा किसी व्यक्ति को राज्य के विरुद्ध कार्य करने की प्रेरणा दें, उन्हें भी दंडित किया जा सके।

लॉर्ड कर्जन 1899 में वाइसराय के रूप में भारत आया। उसकी नीतियों द्वारा उत्पन्न अशान्ति से राष्ट्रीय कांग्रेस में उग्रवादी दल का उत्थान हुआ और हिंसक घटनाएँ घटीं। समकालीन समाचार-पत्रों ने जनता की भावनाओं को सशक्त ढंग से व्यक्त किया। राजनीतिक पत्रकारिता का इस शताब्दी के प्रारम्भिक वर्षों में तेजी से विकास हुआ। कर्जन के समय सरकारी गोपनीयता कानून में संशोधन किया गया। 1903 में पारित कानून के तहत किसी पर भी मुकदमा चलाने के असीमित अधिकार सरकार को मिल गए। अब सेना-सम्बन्धी गोपनीयता को प्रकट करने के अलावा नागरिक मामलों को प्रकट करना भी दंडनीय बना दिया गया। भारतीय प्रेस ने इसका तीव्र विरोध किया। निश्चय ही यह कानून प्रेस की स्वतन्त्रता को पूरी तरह समाप्त कर देने का प्रयास था।

ब्रिटिश सरकार के प्रति भारतीय जनता के आक्रोश ने अन्ततः लॉर्ड कर्जन को त्यागपत्र देने के लिए विवश किया। कर्जन के उत्तराधिकारी के रूप में लॉर्ड मिंटो आए। सरकार के विरुद्ध बढ़ती हुई भावनाओं तथा कटु आलोचनाओं को रोकने एवं राजनीति में उग्र दल के उदय एवं विकास से उत्पन्न स्थिति से निपटने के लिए 1908 में समाचार-पत्र (अपराधों को भड़कानेवाला) अधिनियम पारित किया गया। हत्या या विद्रोह को भड़कानेवाले प्रकाशनों के सम्पादकों के विरुद्ध स्थानीय सरकारों को न्यायिक कार्यवाही करने का अधिकार इस अधिनियम के तहत प्रदान किया गया। छापेखाने को जब्त करने के अधिकार से लेकर 1867 के प्रेस ऐंड रजिस्ट्रेशन ऑफ बुक्स ऐक्ट तथा 1898 के अधिनियम-संख्या 4 की धारा 4 से, दंड-संहिता की धारा 124-ए तथा 505 में संशोधन कर सजा देने का प्रावधान किया गया। इस अधिनियम के अन्तर्गत जो बात नई थी, वह यह थी कि मुद्रणालय जब्त होने के पश्चात 15 दिन के अन्दर उच्च न्यायालय में अपील की जा सकती थी।

भारतीय मुद्रणालय अधिनियम 1910 में पास किया गया। इस अधिनियम के अधीन समाचार-पत्र के प्रकाशक से कम-से-कम 5 सौ रुपये तथा अधिक-से-अधिक 2 हजार रुपये की पंजीकरण-जमानत लेने का स्थानीय सरकार को अधिकार था। पंजीकरण के साथ-साथ जमानत रद्द की जा सकती थी। यदि प्रकाशक दुबारा पंजीकरण करवाना चाहता तो उसे इस अधिनियम के अधीन 10 हजार रुपये जमानत के रूप में देने पड़ते थे।

परन्तु इसके बाद भी प्रकाशक यदि आपत्तिजनक सामग्री प्रकाशित करता तो सरकार उसके मुद्रणालय, समाचार-पत्र या पुस्तकों की सभी प्रतियों को जब्त कर सकती थी, उसका पंजीकरण रद्द कर सकती थी। इसके दो महीने के अन्दर प्रकाशक स्पेशल ट्रिब्युनल के पास अपील भेज सकता था। प्रत्येक प्रकाशक को समाचार-पत्र की दो प्रतियाँ बिना मूल्य सरकार को देनी होती थीं। कस्टम तथा डाक विभाग के अधिकारियों को ऐसे समाचार-पत्रों को जब्त करने के अधिकार दे दिये जो जमानत नहीं दे सकते थे। आपत्तिजनक एवं सन्दिग्ध प्रकाशनों की जाँच का अधिकार भी उन्हें दिया गया। स्थानीय पुलिस को आपत्तिजनक सामग्री की जाँच का अधिकार दिया गया। साथ ही प्रतिबन्धित सामग्री का प्रकाशन करनेवाले समाचार-पत्र, पुस्तक या मुद्रित दस्तावेज को जब्त कर सकने का अधिकार दिया गया। इस अधिनियम के अन्तर्गत 991 मुद्रणालयों और समाचार-पत्रों के विरुद्ध कार्यवाही की गई। इनमें 286 को कड़ी चेतावनी दी गई और 705 मामलों में बड़ी-बड़ी जमानतें ली गईं।

भारतीय प्रेस ने 1910 के अधिनियम को रद्द करने की जोरदार आवाज उठाई। समाचार-पत्र-सम्बन्धी कानूनों की समीक्षा के उद्देश्य से 1921 में सर तेजबहादुर सप्रू की अध्यक्षता में जो उस समय विधि-सदस्य थे, एक समाचार-पत्र-समिति नियुक्त की गई, जिसका उद्देश्य समाचार-पत्रों की कानून की समीक्षा करना था। इस समिति की सिफारिश पर 1908 तथा 1910 के प्रेस से सम्बन्धित विषयों को रद्द कर दिया गया। प्रेस-ऐक्ट के रद्द होने पर समाचार-पत्रों को स्वतन्त्रता मिल गई। उन्होंने सरकारी नीतियों की खुली आलोचना शुरू की। रियासतों से सम्बन्धित अनेक लेख प्रकाशित हुए। इस स्थिति में सितम्बर, 1922 में प्रेस प्रोटेक्शन बिल प्रस्तुत किया गया, जिसमें पुस्तकों, समाचार-पत्रों तथा अन्य ऐसे दस्तावेजों के प्रचार को निषिद्ध किया गया जिसमें भारतीय रियासतों अथवा प्रशासन के खिलाफ घृणा, अपमान या असन्तोष भड़काने का प्रयास किया गया हो, किन्तु यह बिल असेम्बली में पास नहीं हो सका।

1930 में प्रेस पर प्रभावी नियन्त्रण के लिए इंडियन प्रेस ऑर्डिनेन्स जारी किया गया। इस अधिनियम के अन्तर्गत मजिस्ट्रेट को यह अधिकार दिया गया कि यदि कोई व्यक्ति, प्रेस तथा पुस्तक पंजीकरण अधिनियम, 1867 की धारा 4 के अन्तर्गत प्रिंटिंग प्रेस या समाचार-पत्र बिना घोषणा के रखता है या प्रकाशित करता है, तो वह उस पर पाँच सौ से दो हजार रुपये तक

की जमानत माँग सकता है। स्थानीय प्रशासन को यह अधिकार दिया गया कि ऐसे प्रकाशनों की जमानतें जब्त कर ली जाएँ जो हत्या या हिंसा के लिए उकसाएँ, किसी ब्रिटिश सैनिक अधिकारी या पुलिस-अधिकारी की निष्ठा को बहकाएँ या प्रलोभन दें अथवा ब्रिटिश सरकार का अपमान या उसके प्रति घृणा फैलाएँ या जनता में असन्तोष फैलाएँ। एक बार जमानत जब्त होने पर पुनः घोषणा-पत्र भरने पर एक से दस हजार रुपये तक की जमानत का प्रावधान किया गया। प्रिंटिंग प्रेस और आपत्तिजनक सामग्री को जब्त करने का अधिकार भी अंग्रेज सरकार ने अपने पास सुरक्षित रखा। 1910 के प्रेस-ऐक्ट से मिलते-जुलते इस अधिनियम का तीव्र विरोध हुआ।

20वीं शताब्दी के चौथे दशक में राजनीतिक आन्दोलन में आई गति तथा महात्मा गाँधी द्वारा आरम्भ किए सविनय अवज्ञा आन्दोलन के कारण सरकार ने सन 1931 में समाचार-पत्र पर अधिक अच्छा नियन्त्रण करने की भावना से एक नया समाचार-पत्र-अधिनियम पारित किया। यह भारतीय समाचार-पत्र (संकटकालीन अधिकार) अधिनियम के रूप में जाना जाता है। इसके अनुसार 1910 के प्रेस-सम्बन्धी अधिनियम को फिर से लागू कर दिया गया तथा प्रान्तीय सरकारों को सविनय अवज्ञा आन्दोलन के प्रचार को दबाने के लिए अत्यधिक शक्तियाँ दे दी गईं। अधिनियम की धारा 4 (1) के अनुसार सरकार को शब्द, संकेत तथा आकृति द्वारा किसी हत्या के अथवा अन्य किसी अनुसन्धेय अपराध को करने की प्रेरणा देने पर, अथवा ऐसे अपराध की प्रशंसा अथवा अनुमोदन करने पर कड़ा दंड देने की अनुमति थी। इस अधिनियम का सहारा लेकर सरकार ने तत्कालीन प्रमुख समाचार-पत्रों के खिलाफ कार्यवाही की।

इसी अधिनियम का विस्तार करके आपराधिक संशोधित अधिनियम, 1932 बना दिया। धारा 4 और अधिक व्यापक कर दी गई और इसमें वे गतिविधियाँ सम्मिलित्त कर दी गईं, जिनसे सरकार की प्रभुसत्ता को हानि पहुँचाई जा सकती थी। द्वितीय विश्वयुद्ध के दौरान पूर्व-पत्रेक्षण (प्री-सेन्सरशिप) प्रक्रिया फिर से लागू कर दी गई। समाचार-पत्र संकटकालीन अधिनियम तथा शासन-युद्ध-अधिनियम को संशोधित कर दिया गया। कुछ समय तक तो कांग्रेस-सम्बन्धी समाचार प्रकाशित करने पर भी प्रतिबन्ध लगा दिया गया। युद्ध के अन्त के साथ ये सख्तियाँ भी समाप्त हो गईं। 1947 में समाचार-पत्र जाँच समिति की स्थापना का उद्देश्य समाचार-पत्रों से सम्बन्धित कानूनों की समीक्षा कर सुझाव पेश करना था।

उक्त सभी कानूनों के मूल में प्रेस की स्वतन्त्रता को कुंठित करने का प्रयास था। ब्रिटिश सरकार ने प्रेस के बढ़ते प्रभाव को रोकने में कोई कसर नहीं छोड़ी। किन्तु इन विपरीत परिस्थितियों में भी पत्रकारों ने अपनी निष्ठा नहीं छोड़ी और पूर्ण समर्पण-भाव से राष्ट्रीय धारा से जुड़े रहकर संघर्षरत रहे। इतने प्रहारों और संघर्षों के बावजूद भारतीय प्रेस ने ब्रिटिश सरकार की नीतियों की कटु आलोचना की तथा जनता को उनके अधिकारों का बोध कराते हुए स्वतन्त्र भारत के निर्माण में महत्त्वपूर्ण योगदान दिया। भारतीय प्रेस के प्रति सरकार के दृष्टिकोण तथा समय-समय पर लगाए गए प्रतिबन्धों से यह स्पष्ट हो जाता है कि भारतीय प्रेस का इतिहास संघर्षों से पूर्ण है।

जेल-जब्ती-जुर्माना

राष्ट्रीय विचारधारा के समाचार-पत्रों एवं पत्रिकाओं पर अंग्रेजी सरकार की कोपदृष्टि अनवरत रही। यही कारण है कि देशभक्तों के जीवन-चरित्रों अथवा अंग्रेजी सरकार के अभिशापों का वर्णन करनेवाली पत्र-पत्रिकाओं को सरकार द्वारा तत्काल प्रतिबन्धित कर दिया गया। भारतीय स्वाधीनता-संग्राम का एक महत्त्वपूर्ण साधन था—राष्ट्रीय विचारों से ओत-प्रोत साहित्य का प्रकाशन, जिसकी सम्पूर्ण जिम्मेदारी हिन्दी की पत्र-पत्रिकाओं ने उठाई। हिन्दी के दैनिक एवं साप्ताहिक पत्रों ने हमेशा सरकार की दमन-नीति की निन्दा कर, क्रान्तिकारियों एवं भारतीय जनता के प्रति सुरक्षात्मक दृष्टिकोण को प्रस्तुत किया। पाक्षिक एवं मासिक पत्र-पत्रिकाओं ने कारागार-बन्दियों की प्रशस्ति एवं सहानुभूति में अनेक तरह की रचनाएँ प्रकाशित कीं।

किसी भी आन्दोलन की सफलता बहुत सीमा तक तत्कालीन पत्र-पत्रिकाओं पर निर्भर करती है। भारत में बीसवीं शताब्दी का पूर्वार्ध पत्रकारिता के संघर्ष का काल था। भारतीय राष्ट्रीयता के विकास में भारतीय स्वाधीनता-आन्दोलन को सफल बनाने में दैनिक, साप्ताहिक, पाक्षिक एवं मासिक पत्र-पत्रिकाओं का महत्त्वपूर्ण योगदान रहा। भारतीय पत्रकारिता ने ब्रिटिश सरकार और उसके शासन-तन्त्र के प्रत्येक क्षेत्र पर प्रहार करना जारी रखा। स्वाधीनता-आन्दोलन के दौरान अनेक पत्र-पत्रिकाएँ प्रतिबन्धन का शिकार हुईं। पुस्तक के इस अध्याय में विभिन्न प्रतिबन्धित पत्रिकाओं का सर्वेक्षण प्रस्तुत किया गया है। कुछ ऐसी पत्रिकाएँ भी हैं जिनके प्रतिबन्धन की सूचना सरकारी दस्तावेजों से मिलती है, परन्तु उनके प्रतिबन्धित अंक प्राप्त नहीं हो सके। उनकी यथास्थान सूचना इसी अध्याय के अन्तर्गत दी गई है। ज़्यादातर मासिक पत्र-पत्रिकाएँ ही प्रतिबन्धन का शिकार हुईं। उसका मुख्य कारण यह था कि महीने-भर की सामग्री इनमें प्रकाशित होती थी, जिसमें अनेक विचारोत्तेजक लेख एवं विस्फोटक कविताएँ हुआ करती थीं।

दैनिक पत्रों में 'वर्तमान' काफी चर्चित एवं लोकप्रिय पत्र था, जो कि कानपुर से प्रकाशित होता था। इसके सम्पादक रमाशंकर अवस्थी थे। इसके प्रकाशन की शुरुआत 22 अक्टूबर, 1920 को असहयोग आन्दोलन के व्यापक समर्थन देने हेतु हुई थी। 'वर्तमान' को अनेक बार आपत्तिजनक लेख एवं कविताएँ प्रकाशित करने पर सरकारी चेतावनियाँ मिलीं एवं जमानत की राशि जमा करनी पड़ी। 6 फरवरी, 1934 के 'वर्तमान' के अंक में पं. जवाहरलाल नेहरू के पूर्वी बंगाल में 'राजनीतिक भूकम्प' शीर्षक लेख (जिसमें बंगाल में सरकारी दमन-नीति पर विस्तृत प्रकाश डाला गया था) को प्रकाशित करने के अपराध में 'वर्तमान' का उक्त अंक सरकार द्वारा जब्त कर लिया गया और पत्र से पन्द्रह सौ रुपये की जमानत माँगी गई।[53] 'वर्तमान' का यह प्रतिबन्धित अंक प्राप्त नहीं हो सका है। भारत की उग्र राजनीतिक धारा के प्रवाह में पहला पत्र हिन्दी का साप्ताहिक 'अभ्युदय' था जिसके जन्मदाता पंडित मदनमोहन मालवीय थे। 'अभ्युदय' उदार विचारों का पत्र था, किन्तु बाद में उग्र विचारों का पक्षधर हो गया। मई, 1931 में इलाहाबाद के 'अभ्युदय' ने 'भगतसिंह विशेषांक' प्रकाशित किया। इस विशेषांक में महात्मा गाँधी, सरदार पटेल, मदनमोहन मालवीय, जवाहरलाल नेहरू के लेख प्रकाशित हुए। पत्र में प्रकाशित इस सामग्री को आपत्तिजनक घोषित करते हुए 'अभ्युदय' के इस विशेषांक को सरकार ने जब्त कर लिया।[54] 'अभ्युदय' ने पुनः 18 नवम्बर, 1931 को 'किसान अंक' प्रकाशित किया जिसमें किसान-आन्दोलन से सम्बन्धित विस्तृत लेख एवं कविताएँ प्रकाशित हुईं। इसे प्रान्तीय सरकार ने प्रतिबन्धित घोषित किया।[55] 'अभ्युदय' के इन दोनों प्रतिबन्धित अंकों के बारे में सरकारी सूचना प्राप्त होती है।

कानपुर से प्रकाशित एक राष्ट्रीय साप्ताहिक पत्र 'प्रताप' ने अपने मार्ग की कठिनाइयों की कुछ भी परवाह न करते हुए राष्ट्र की अनवरत सेवा की। गणेश शंकर विद्यार्थी के सम्पादकत्व में 23 नवम्बर, 1920 से 'प्रताप' का दैनिक संस्करण भी निकलने लगा। यह राष्ट्रवादी पत्र था तथा निरंकुश एवं अत्याचारी शासकों का घोर विरोधी था। उसकी यह नीति ही उसका सबसे बड़ा अपराध था जिसका कुपरिणाम उसे भुगतना पड़ा। 'प्रताप' के उस अंक को जब्त कर लिया गया जिसमें हमदम की राष्ट्रीय कविता प्रकाशित हुई थी।[56] 'शंखनाद' क्रान्तिकारी साप्ताहिक पत्र था, जिसका प्रकाशन 1930 ई. में बनारस से शुरू हुआ। यह एक भूमिगत साइक्लोस्टाइल पत्र था। इसकी

उग्र विचारधारा का ही परिणाम था कि 'शंखनाद' के 1932-1933 में प्रकाशित प्राय: सभी अंकों को राजद्रोहात्मक बताते हुए जब्त कर लिया गया।[57]

सरकारी सूत्रों के अनुसार इटावा के हिन्दी पाक्षिक 'हलधर' का 15 और 30 जुलाई, 1939 का अंक भारतीय दंड विधान की धारा 153-ए और 124-ए में वर्णित दंडनीय सामग्री प्रकाशन के कारण उत्तर प्रदेश सरकार द्वारा जब्त कर लिया गया।[58] इसके अलावा 'सत्याग्रह समाचार' (प्रकाशक कानपुर सत्याग्रह कमेटी), 'सत्याग्रह समाचार' (प्रकाशक सत्याग्रह कार्यालय, रायबरेली), 'सत्याग्रह समाचार' (इलाहाबाद) एवं 'युद्धवीर' (झूँसी, इलाहाबाद) आदि पत्रों की जब्ती के प्रमाण तो अवश्य मिलते हैं, पर उनकी मूल प्रतियाँ सुरक्षित नहीं रह सकी हैं।[59] हिन्दी मासिक पत्रों में 'सुधा' लखनऊ का प्रथमांक 1927 में प्रकाशित हुआ था। इसके सम्पादक दुलारेलाल भार्गव एवं पं. रूपनारायण पांडेय थे। यह मुख्यत: साहित्यिक पत्रिका थी, परन्तु राजनीतिक विषयों पर भी इसमें लेख होते थे। भगतसिंह के लिए शीर्षांकित कविता प्रकाशित करने के अपराध में लखनऊ के 'सुधा' का भी जुलाई, 1931 का अंक सरकार द्वारा जब्त कर लिया गया।[60] 'सुधा' के इस जब्तशुदा अंक की मूल प्रति प्रयास करने पर भी उपलब्ध नहीं हो सकी।

उपर्युक्त जिन पत्रों का तथ्यात्मक विवरण प्रस्तुत किया गया है, उनके अंकों के प्रतिबन्धन की विस्तृत जानकारी अभिलेखागारों में सुरक्षित सरकार के गोपनीय दस्तावेजों व रिपोर्टों से प्राप्त होती है। ऐसे प्रकाशनों की व्यापकता और सरकार की तत्परता का आभास सरकार के ही दस्तावेजों से हो जाता है। जो भी पत्र-पत्रिकाएँ प्राप्त हुई हैं, उनकी सूची देना उपयोगी सिद्ध होगा। जिनका विस्तृत विवेचन आगे किया है, वे पत्र-पत्रिकाएँ इस प्रकार हैं—सैनिक, नया हिन्दुस्तान, स्वदेश (विजयांक, साप्ताहिक) एवं वालंटियर, चाँद (फाँसी अंक), बलिदान (नववर्ष अंक), अलंकार, विप्लव, कल्याण, बुन्देलखंड केसरी आदि मासिक पत्र हैं।

1925 ई. का वर्ष राजनीतिक पत्रकारिता के इतिहास की शृंखला में एक और कड़ी को जोड़ता है। यद्यपि इस वर्ष हिन्दी की बहुत-सी पत्र-पत्रिकाओं का प्रकाशन आरम्भ हुआ, परन्तु उनमें अधिकतर मासिक पत्र

थे और इनमें भी जातीय पत्रों की अधिकता थी। परन्तु इस वर्ष साप्ताहिक हिन्दी पत्र 'सैनिक' के प्रकाशन ने हिन्दी की तेजस्वी पत्रकारिता की गतिशील परम्परा को अग्रसर करने में महत्त्वपूर्ण भूमिका का निर्वाह किया। 'सैनिक' साप्ताहिक का प्रकाशन आगरा से श्री कृष्णदत्त पालीवाल ने 1 जून, 1925 ई. को प्रारम्भ किया था। प्रारम्भ में इसका स्वरूप साप्ताहिक था और यह स्वराज्य पार्टी का पत्र था। इसमें राजनीतिक घटनाएँ एवं किसान सभा के विवरण प्रकाशित होते थे।[61] कालान्तर में 'सैनिक' स्वाधीनता-आन्दोलन का प्रवक्ता सिद्ध हुआ। अंग्रेज सरकार की वक्र दृष्टि सदैव इस पत्र पर लगी रहती थी। सरकारी धमकी, चेतावनी, जमानत, जब्ती आदि सरकारी अस्त्रों का वार प्राय: 'सैनिक' पर होता रहता था।

'सैनिक' प्रधानत: राजनीतिक पत्र था किन्तु उसमें साहित्यिक प्रवृत्तियों के लिए भी पूर्ण स्थान था। 'सैनिक' की छवि एक निर्भीक पत्र की थी। 1931 ई. तक यह पत्र साप्ताहिक के तौर पर निकलता रहा, उसके पश्चात इसका स्वरूप दैनिक पत्र का हो गया। किन्तु सरकार द्वारा जमानत माँगे जाने पर इसका प्रकाशन कुछ समय के लिए बन्द हो गया। यह पत्र सैनिक प्रेस, आगरा से प्रकाशित होता था। भारतीय राष्ट्रीय अभिलेखागार के प्रकाशित साक्ष्यों से पता चलता है कि 'सैनिक' साप्ताहिक पत्र के 8 फरवरी, 1928 के अंक को अंग्रेजी सरकार ने जब्त कर लिया था। प्रतिबन्धित अंक की प्रति उपलब्ध न होने के फलस्वरूप उसकी विस्तृत चर्चा कर पाना सम्भव नहीं है। 'सैनिक' पत्र की स्वाधीनता-आन्दोलन में सक्रिय भागीदारी रही। स्वदेशी आन्दोलन को उसने अपने अंकों में पर्याप्त स्थान प्रदान किया। 'सैनिक' ने अपने 29 दिसम्बर, 1930 के अंक में देशवासियों को विदेशी वस्तुओं के बहिष्कार के लिए आह्वान करते हुए लिखा—'केवल विदेशी वस्तुओं का बहिष्कार ही वह अस्त्र है, जिससे हम अपने शत्रु के पेट पर चोट कर सकते हैं।[62] 'सैनिक' ने सविनय अवज्ञा आन्दोलन के अन्य कार्यक्रमों के बारे में लिखना जारी रखा। 6 जनवरी और 13 जनवरी, 1931 के अंकों में ऐसे कई लेख और टिप्पणियाँ प्रकाशित हुईं, जिनको आधार बनाकर 'सैनिक' से पुन: जमानत माँगी गई।[63] इस बार 'सैनिक' पत्र और इसके मुद्रक आदर्श प्रेस, आगरा से भी 4 फरवरी, 1931 को दो-दो हजार रुपये की जमानत माँगी गई।[64] फलस्वरूप पत्र और प्रेस ने जमानत की राशि जमा न कर पाने के कारण पुन: 'सैनिक' का प्रकाशन बन्द कर दिया।

'सैनिक' पत्र अपने पूरे प्रकाशन के दौर में निर्भीक एवं निष्पक्ष रहा। पत्र के सम्पादक रमेश शर्मा को 'सैनिक' के 12 जनवरी, 1932 के अंक में 'पूर्णाहुति' नामक लेख के प्रकाशित करने के आधार पर एक वर्ष की कठोर कैद तथा दो सौ रुपये जुर्माना न देने पर तीन माह के अतिरिक्त कारावास का दंड दिया गया।[65] इसके अलावा 'बंगाल में दमन की होली' शीर्षक लेख प्रकाशित करने के अपराध में छह माह के कठोर कारावास और एक सौ रुपये का अर्थदंड घोषित किया गया। जुर्माना की राशि समय पर न दे पाने के कारण छह सप्ताह का अतिरिक्त कारावास भोगना पड़ा।[66]

अंग्रेज सरकार की दमन-नीति का शिकार सबसे अधिक आगरा से प्रकाशित 'सैनिक' पत्र रहा, जिसकी पुष्टि ब्रिटिश सरकार की घोर यातनाओं के विवरण के साथ सरकारी दस्तावेजों से होती है। नवम्बर, 1939 में 'सैनिक' पत्र के सम्पादक को एक भयाक्रान्त एवं भ्रमित करनेवाला युद्ध-समाचार प्रकाशित करने के कारण सरकारी चेतावनी दी गई। इसके बाद अप्रैल, 1940 में युद्ध-सम्बन्धी एक लेख के प्रकाशन के सन्दर्भ में इस पत्र के सम्पादक और प्रकाशक पर भारत रक्षा कानून के अन्तर्गत मुकदमा चलाया गया। फिर अगस्त, 1940 में 'ब्रिटिश सरकार बलपूर्वक युद्ध का चन्दा एकत्रित कर रही है' शीर्षक लेख प्रकाशित करने के अपराध में प्रेस के मैनेजर को गिरफ्तार कर लिया और प्रेस को जब्त कर लिया गया। परन्तु सितम्बर, 1940 तक प्रेस को चेतावनी देकर पुन: मुक्त कर दिया गया।

वस्तुत: अंग्रेज सरकार उग्रवादी विचारधारावाले हिन्दी पत्रों के प्रति हमेशा सशंकित रहती थी। यही कारण था कि 'सैनिक' पत्र को अपने प्रकाशन-दौर में लगातार सरकारी आपत्तियों का कोपभाजन बनना पड़ा। 19 अक्टूबर, 1940 को विनोबा भावे की गिरफ्तारी पर 'सैनिक' ने अपना विरोध दर्ज किया तथा 'युद्ध में सहायता करना एक धार्मिक पाप है' शीर्षक से समाचार प्रकाशित करने के जुर्म में कार्यवाहक सम्पादक को गिरफ्तार किया गया और एक बार फिर सैनिक-प्रेस को जब्त किया गया। इसी सन्दर्भ में 13 नवम्बर, 1940 को उत्तर प्रदेश सरकार ने यह निर्णय लिया कि प्रेस को तब तक नहीं लौटाया जाएगा जब तक कि प्रेस का स्वामी और 'सैनिक' पत्र का प्रकाशक जमानत के तौर पर तीन-तीन हजार रुपये नहीं जमा करते। इसी प्रसंग में 10 नवम्बर, 1940 को 'ऑल इंडिया न्यूजपेपर्स एडिटर्स कान्फ्रेन्स' की प्रथम बैठक दिल्ली में हुई। बैठक में एक प्रस्ताव के माध्यम से 'सैनिक'

सहित अन्य पत्रों के विरुद्ध दंडात्मक कार्यवाहियों पर सरकार से पुनर्विचार की माँग की गई।

'सैनिक' पत्र ने लगातार अंग्रेजी हुकूमत के विरोध में अपनी आवाज बुलन्द रखी। फरवरी, 1941 में कांग्रेस की दूसरी बैठक सम्पन्न हुई जिसमें 'सैनिक' पत्र के बारे में उत्तर प्रदेश सरकार द्वारा देरी करने पर आक्रोश व्यक्त किया गया तथा यह माँग की गई कि 'सैनिक' के विरुद्ध आदेश वापस लिया जाए तथा प्रेस को लौटाया जाए। फलस्वरूप 10 फरवरी, 1941 को उत्तर प्रदेश सरकार ने निर्णय किया कि प्रेस को बिना शर्त वापस किया जा सकता है, परन्तु प्रेस के स्वामी तथा पत्र के सम्पादक से माँगी गई जमानत न तो वापस की जा सकती है और न ही कम की जा सकती है; परन्तु बाद में प्रेस को वापस कर दिया गया, लेकिन 'सैनिक' का प्रकाशन रुक गया क्योंकि जमानत की राशि जमा नहीं की जा सकी। इस प्रकार लगभग पाँच माह तक 'सैनिक' का प्रकाशन बन्द रहा।[67]

इस प्रकार 'सैनिक' पत्र से सम्बन्धित विवाद काफी चर्चा का विषय रहा। सहयोगी पत्रों ने 'सैनिक' की हर सम्भव सहायता की। अन्ततः उत्तर प्रदेश सरकार ने भारत सरकार की सलाह पर प्रेस के स्वामी और पत्र के सम्पादक की जमानत-राशि में कमी करके पाँच सौ रुपये की नई जमानत माँगी।[68] 'सैनिक' के विरुद्ध उक्त कार्यवाहियों से स्पष्ट है कि अंग्रेजी सरकार ने हिन्दी पत्रों के दमन का हर सम्भव प्रयास किया, परन्तु 'सैनिक' इन अवरोधों से विचलित न होकर अपने कर्तव्यों के प्रति अदम्य उत्साह से पुनर्जीवित हुआ और भारतीय स्वाधीनता आन्दोलन का कर्मठ सैनिक सिद्ध हुआ।

साप्ताहिक 'नया हिन्दुस्तान' सज्जाद ज़हीर एवं शिव़दानसिंह चौहान के सम्पादकत्व में इलाहाबाद से प्रकाशित होता था। 'नया हिन्दुस्तान' का 17 सितम्बर, 1939 का अंक अंग्रेजी सरकार द्वारा प्रतिबन्धित घोषित किया गया। इस प्रतिबन्धित पत्र के साक्ष्य भारतीय राष्ट्रीय अभिलेखागार में सुरक्षित हैं। पत्र का यह अंक मात्र बारह पृष्ठों का है जिसमें ज़्यादातर लेख ही प्रकाशित हुए हैं। पत्र में राष्ट्रीय घटनाओं के साथ ही अन्तरराष्ट्रीय घटनाओं को प्रमुखता प्रदान की गई है। अंक में प्रथम पृष्ठ पर लखनऊ में आयोजित समाजवादी दल की राष्ट्रीय कार्यकारिणी समिति की बैठक के वक्तव्य को प्रकाशित किया गया है जिसमें जयप्रकाश नारायण, मुन्शी अहमदुद्दीन,

सज्जाद ज़हीर, डॉ. जेड. ए. अहमद, मोहनलाल गौतम और यूसुफ़ मेहर अली मौजूद थे।

द्वितीय विश्वयुद्ध के दौरान विश्व-स्तर पर चल रहे घटनाचक्र को रेखांकित करते हुए 'नया हिन्दुस्तान' ने पोलैंड, जर्मनी और फ्रान्स की सीमाओं पर हो रहे भीषण रक्तपात पर शोक व्यक्त किया है।[69] 'युद्ध की दैनिक डायरी'[70] के अन्तर्गत 1 सितम्बर, 1939 से 9 सितम्बर, 1939 तक के मुख्य समाचारों की झाँकी प्रस्तुत की गई। 'नया हिन्दुतान' का सम्पादकीय काफी विचारोत्तेजक होता था। 'फ़ासिज़्म का जमाना उठ गया' उपशीर्षक पर सम्पादकीय टिप्पणी द्रष्टव्य है—'खून के भूखे भेड़िये की तरह हिटलर और चेम्बरलेन भिड़ गए। यूरोप में बीस साल बाद फिर से भयंकर आग की लपटें धू-धू करके उमड़ पड़ी हैं। इस भीषण अग्निकांड और नरहत्या का दोष हिटलर से ज़्यादा चेम्बरलेन के सिर पर है। सोवियत यूनियन के खिलाफ साजिश करने की कोशिश में वह हमेशा हिटलर को बढ़ाता गया। सोवियत यूनियन से उसने सन्धि करने से परहेज़ किया।[71] सम्पादक की यह इच्छा है कि फासीवाद और पूँजीवाद का अन्त होना चाहिए।

स्वाधीनता आन्दोलन से सम्बन्धित सभी पत्र-पत्रिकाओं का एक ही उद्देश्य था—भारत को स्वतन्त्रता दिलाना। हिन्दुस्तान की आज़ादी का भी दिन आ गया है, बिगुल बजने की देर है, राष्ट्रीय आज़ादी के करोड़ों सिपाही पंक्तियों में खड़े हुए वर्धा की ओर नज़र लगाए बेचैनी से पैर पटक रहे हैं। वे अपने क़ौमी हक़ हासिल करने के लिए तैयार हैं। 'हरेक हिन्दुस्तानी तैयार हो जाओ' हुक्म आने को है।[72] 'विदेशी माल बायकाट' शीर्षक से कलकत्ता कांग्रेस 1928 का प्रस्ताव भी छपा है।

'नया हिन्दुस्तान' साप्ताहिक पत्र में 'पाठकों से' शीर्षक काफी रोचक और पठनीय होता था। इस अंक की कुछ खास विशेषताओं को इस स्तम्भ के माध्यम से दर्शाया गया है—युद्ध के कारण तथा अपने नीति-सम्बन्धी कुछ महत्त्वपूर्ण लेखों के कारण इस अंक में हम लड़ाई के मोर्चे से आई खबर नहीं दे रहे हैं और अभी बहुत-सा मैटर हमें रोक लेना पड़ा, जो अगले अंकों में जाएगा। हमें दुःख है कि 'नया हिन्दुस्तान' का यह अंक समय पर नहीं निकल सका। लेकिन कुसूर हमारा नहीं, यूरोप में रणचंडी का भीषण नाच शुरू हो गया है। आज़ादी, न्याय और इनसानियत के नाम पर जनता को वरगलाकर लुटेरों की बाँट-लीला का शिकार बनाया जा रहा है।[73]

क्रान्तिकारी आन्दोलन के दौरान 'नया हिन्दुस्तान' ने सक्रिय सहयोग दिया। नौकरशाही के दमन के खिलाफ इसने अपने सम्पादकीय प्रकाशित किए। द्वितीय विश्वयुद्ध के दौरान इस पत्र ने लिखा—हमारे मुल्क में भी गवर्नर जनरल ने कानूनी राज्य खत्म कर ऑर्डिनेन्सों का राज्य कायम कर दिया है जिसकी वजह से तमाम लिखने और बोलने की आज़ादी खतरे में पड़ गई है। इसी डाँवाँडोल परिस्थिति में 'नया हिन्दुस्तान' इस बार देर से आपके पास पहुँच रहा है। साथ ही हम अपने पाठकों को इस बात का विश्वास दिलाना चाहते हैं कि जब तक बिलकुल असम्भव न हो जाए, हम 'नया हिन्दुस्तान' निकालते रहेंगे।[74]

राष्ट्रीय आन्दोलन में जन-जन को राष्ट्रीय विचारधारा में समन्वित करने हेतु स्वदेशी की भावना से ओत-प्रोत साप्ताहिक पत्र 'स्वदेश' का प्रकाशन गोरखपुर से 6 अप्रैल, 1919 को आरम्भ हुआ। अपने उग्र विचारों एवं स्वतन्त्रता के प्रति समर्पण की भावना के कारण 'स्वदेश' को जन्म से मृत्यु तक सरकारी कोपदृष्टि का शिकार होना पड़ा। प्रकाशन के पूर्व ही 'स्वदेश' से पाँच सौ रुपये की जमानत माँगी गई थी।[75] हिन्दी पत्रकारिता के क्रान्तिकारी प्रकाशनों के इतिहास में गोरखपुर से प्रकाशित 'स्वदेश' का विजयांक विशेष रूप से उल्लेखनीय रहा। 'स्वदेश' ने ब्रिटिश सत्ता को खुली चुनौती दी। 7 अक्टूबर, 1924 के 'स्वदेश' के विजयांक में ऐसी विद्रोही तथा क्रान्तिकारी पाठ्य सामग्री थी कि वह तत्काल सरकार द्वारा जब्त किया गया।[76] इस अंक में प्रसिद्ध व्यक्तियों के कुल उनतालीस लेख और कविताएँ प्रकाशित हुईं। वैसे तो सम्पूर्ण अंक ही विद्रोह और क्रान्ति को प्रतिध्वनित करनेवाला था, परन्तु ब्रिटिश सरकार की दृष्टि में इसमें प्रकाशित भावी क्रान्ति (लेखक त्रिदंडी), विजय (कविता, लेखक पंडित रामचरित उपाध्याय) एवं विप्लव राग और माँ (कविता, लेखक श्री रामनाथलाल 'सुमन') अत्यधिक आपत्तिजनक थे।[77] 1924 के 'स्वदेश' के विजयांक विशेषांक के सम्पादक पांडेय बेचन शर्मा 'उग्र' थे।

'स्वदेश' साप्ताहिक ने भारतीय स्वाधीनता आन्दोलन में सक्रिय भूमिका निभाने के लिए पाठकों से अपील की। 'वह हृदय नहीं है पत्थर है जिसमें स्वदेश का प्यार नहीं' के माध्यम से भारतवासियों को कर्तव्य-कर्म के लिए प्रेरित किया था। 'स्वदेश' का प्रकाशन उस समय प्रारम्भ हुआ जब हिन्दी-पत्रों का कोई नामलेवा नहीं था। पराधीन भारत में, खासकर उत्तर प्रदेश के

निवासियों में स्वराष्ट्र-प्रेम की भावना जागृत करना ही 'स्वदेश' का मूल सिद्धान्त था। उसके प्रथम पृष्ठ पर अंकित होता था—

जो भरा नहीं है भावों से, बहती जिसमें रसधार नहीं।

वह हृदय नहीं है पत्थर है, जिसमें स्वदेश का प्यार नहीं।[78]

'स्वदेश' का विजयांक प्रकाशित होते ही विवादग्रस्त हुआ। 'स्वदेश' में प्रकाशित सरकारी दृष्टि से आपत्तिजनक लेखों एवं कविताओं के प्रकाशन के अपराध में पं. दशरथ प्रसाद द्विवेदी को भारतीय दंड विधान की धारा 124-अ के अन्तर्गत दो वर्ष के कठोर कारावास और पचास रुपये अर्थदंड की सजा प्राप्त हुई। अर्थदंड न दे पाने की स्थिति में तीन माह का अतिरिक्त कारावास का भी दंड मिला।[79] पत्र के सम्पादन के अपराध में पांडेय बेचन शर्मा 'उग्र' को भी उपर्युक्त धारा के अन्तर्गत नौ माह के कारावास का दंड मिला।[80] इन राजाज्ञाओं के विरुद्ध पं. दशरथ प्रसाद द्विवेदी ने उच्च न्यायालय में अपील भी की थी, परन्तु वह अस्वीकृत कर दी गई।[81]

'स्वदेश' पत्र का मुख्य मनोरथ था—स्वराज्य की स्थापना, तभी हमारे देश का सौभाग्य-दिवस होगा। ईश्वर हमें पौरुष दे कि 'स्वदेश' जिस कमिश्नरी अथवा जिस खंड से प्रकाशित हो रहा है, वहाँ की भरपूर सेवा करते हुए वह अपने प्रान्त और देश के एक-एक कोने तक में नए जीवन का संचार कर दे।[82] 'स्वदेश' का मुख्य उद्देश्य था स्वराज्य की प्राप्ति। इसी पत्र के प्रयास से गोरखपुर कमिश्नरी में अंग्रेजी सरकार के प्रति आग उगलनेवालों की वृद्धि हुई। राष्ट्रभक्तों एवं स्वतन्त्रता-संग्राम के सेनानियों का बहुत बड़ा जत्था 'स्वदेश' ने तैयार किया। क्रान्तिकारियों के लेख जब 'स्वदेश' में छपने लगे तो तत्कालीन जिलाधिकारियों ने पत्र के प्रति कड़ा रुख अपनाया तथा जमानत की रकम बढ़ाए जाने का आदेश दिया।

'स्वदेश' के विजयांक विशेषांक के कारण ब्रिटिश साम्राज्य के अधिकारी आतंकित हुए। सन 1919 से 1938 तक तमाम परेशानियों के बावजूद निकलनेवाले साप्ताहिक पत्र 'स्वदेश' जिसको गणेश शंकर विद्यार्थी का आशीष प्राप्त था, उसी पत्र के सम्पादन का भार 'उग्र' जी को 1924 के विजयांक का मिला था।[83]

'स्वदेश' के विजयादशमी विशेषांक में कुल पृष्ठों की संख्या पचास थी जिसमें प्रमुख रूप से बाबूराव विष्णु पराडकर, हेरम्ब मिश्र, बाबा राघवदास, पांडेय बेचन शर्मा 'उग्र', कृष्णदेव प्रसाद गौड़, जयशंकर प्रसाद,

शान्तिप्रिय द्विवेदी, लाला भगवानदीन तथा रामनाथ 'सुमन' के लेख संगृहीत हैं। आपत्तिजनक रचनाओं के अन्तर्गत—भावी क्रान्ति (श्री त्रिदंडी), विजय (रामचरित उपाध्याय), विप्लव राग और माँ (रामनाथलाल 'सुमन') आदि को रखा जा सकता है।[84] 'स्वदेश' के उग्र राष्ट्रप्रेम का प्रमाण रामनाथलाल 'सुमन' द्वारा लिखित लेख 'हिन्दी के साप्ताहिक पत्र'[85] से मिलता है जो कि इस अंक का प्रमुख लेख है। विजयांक में प्रकाशित 'हमारी दशा तुम्हारा स्वागत'[86] में रणचंडी दुर्गा का आवाहन किया गया है। यह लेख श्री त्रिदंडी द्वारा लिखा गया है जिसमें भारतीयों की दयनीय स्थिति का मार्मिक चित्रण किया गया है, यथा—'आओ माँ! एक बार तुम फिर आओ। देखो तुम्हारे भक्त कैसी दीनता, कैसी हीनता और कैसी विषमता की घड़ियाँ काटकर आज तुम्हारे स्वागत के लिए अपने हृदय का द्वार खोले तुम्हारी प्रतीक्षा कर रहे हैं।'[87]

'स्वदेश' पत्र अपने समय की राजनीतिक, सामाजिक, सांस्कृतिक एवं आर्थिक समस्याओं का प्रामाणिक दस्तावेज है। 'स्वदेश' की तेजस्विता का ज्ञान प्राप्त करने के लिए आवश्यक है कि तत्कालीन हिन्दी एवं अंग्रेजी पत्रों के विचारों का मूल्यांकन किया जाए। प्रयाग से प्रकाशित होनेवाले पत्र 'स्टार' ने अपनी प्रतिक्रिया व्यक्त करते हुए लिखा—''गोरखपुर को इस बात का गर्व होना चाहिए कि उसके यहाँ से हिन्दी साप्ताहिक 'स्वदेश' का जन्म हुआ। राष्ट्रीय दृष्टि से यह पत्र उनके लिए सचमुच ही बहुमूल्य है जिनके लिए इसकी आवश्यकता थी। हमारे सहयोगी का उत्साहयुक्त और जोरदार लेख लिखने का ढंग ठीक उसी प्रकार है जिस प्रकार कानपुर के 'प्रताप' का। हमें उसका गोरखधन्धा बहुत ही पसन्द है। हमारी मनोकामना है कि पत्र उपयोगी ढंग पर मुद्दतों बरकरार रहे।''[88] उस समय के एक प्रतिष्ठित पत्र 'आज' ने स्वदेश के बारे में अपनी राय देते हुए सम्पादकीय में लिखा, 'प्रतिकूल परिस्थितियों में इन दोनों (स्वदेश, वर्तमान) अंकों के सम्पादकों ने जितना और जैसा संग्रह किया है, उसके लिए हम दोनों को बधाई देते हैं। दोनों का गद्य-भाग पद्य-भाग से अच्छा है। कविता के लिए कविता न छापकर यदि पत्र-सम्पादक काव्य को ही आश्रय देने का निश्चय कर लें तो सम्भवत: साहित्य की श्रीवृद्धि होगी और तुकबन्दी करनेवालों का निरुत्साह होगा, जिसकी बड़ी आवश्यकता है।[89]

'स्वदेश' के ऐतिहासिक एवं चर्चित विशेषांक के कुछ अंशों पर तत्कालीन ब्रिटिश सरकार ने आपत्ति जाहिर की। विशेषांक के सम्पादक

पांडेय बेचन शर्मा 'उग्र' (स्वदेश के विशेषांक का सम्पादन करने के कारण) पर ताज़ीराते-हिन्द की दफ़ा 124 के अनुसार राजद्रोह का मुकदमा चल रहा था, वह आज खत्म हो गया। जिला मजिस्ट्रेट ने उनको नौ महीने सख्त कैद की सजा दी है।[90] उग्र जी के कठोर कारावास पर हिन्दी पत्र 'आज' ने अपनी सम्पादकीय टिप्पणी में लिखा—उग्र जी, हमें यह जानकर दु:ख हुआ कि श्री बेचन शर्मा उग्र को गोरखपुर में मजिस्ट्रेट ने 9 महीने का सपरिश्रम कारावास का हुक्म दिया है। पाठक जानते हैं कि आपने 'स्वदेश' के विशेषांक का सम्पादन किया था। उसी अंक के कुछ अंशों पर आपत्ति कर सरकार ने प्रकाशक श्री दशरथ प्रसाद द्विवेदी पर मुकदमा चलाया और उन्हें कारावास का दंड दिया। वे ही 'स्वदेश' के स्थायी सम्पादक भी थे। यद्यपि कानूनन जिम्मेदारी अस्थायी सम्पादक की हो सकती है, पर इस विशेष परिस्थिति में इतनी कड़ी सजा की कोई आवश्यकता न थी। हमें आशा है कि श्री उग्र जी प्रसन्नतापूर्वक इस कष्ट को सहकर स्वास्थ्य-सहित वापस आवेंगे और कारागार के भीतर भी साहित्य की सेवा करते रहेंगे। इसके लिए जेल-अधिकारियों को उन्हें सुविधा भी अवश्य देनी चाहिए।[91]

नौकरशाही एवं अंग्रेजी सरकार के कोप को सहन करते हुए 'स्वदेश' साप्ताहिक पत्र ने संयुक्त प्रान्त की जो सेवा की वह अविस्मरणीय है। प्रसिद्ध साहित्यकार एवं पत्रकार श्री रामनाथलाल 'सुमन' के निम्नलिखित विचार 'स्वदेश' के गौरव को रेखांकित करते हैं—'स्वदेश पहले बहुत सुन्दर निकलता था। दु:ख है कि अब उसका यौवन नष्ट हो गया है। शक्ल देखने से ज्ञात होता है कि मानो उसने संन्यास ले लिया है। नौकरशाही के प्रहार और स्वदेश-सेवा में आत्मबलिदान करने के कारण उसकी यह आर्थिक दुर्दशा हो रही है, यह हमारे लिये लज्जा की बात है। संयुक्त प्रान्त में पहले यह एक उच्च कोटि का पत्र समझा जाता था, पर दैवदुर्विपाक से आज का हो गया है। कृष्ण जन्माष्टमी पर इसके पहले बहुत सुन्दर अंक निकलते थे। अब बहुत दिनों से नहीं निकलते। हिन्दी में पहला पत्र है जिसने विज्ञापनों से अपना कलेवर मुक्त रखा है। यह दशरथ जी का ही हृदय है जो थोड़ी-सी ग्राहक-संख्या रहने पर भी निरन्तर घाटा सहकर भी इसे निकाले जा रहे हैं।[92] सरकार की दमन-नीति के बाद भी 'स्वदेश' के प्रकाशन का क्रम अवरुद्ध नहीं हुआ।

'वालंटियर' टोडर सिंह तोमर के सम्पादकत्व में कानपुर से प्रकाशित होनेवाला मासिक पत्र था। यह उग्र विचारधारा से सम्बन्धित पत्र था, जो कि

रामप्रसाद द्विवेदी, सरस्वती प्रेस कानपुर एवं पं. गंगानारायण अवस्थी, कानपुर द्वारा क्रमश: मुद्रित एवं प्रकााशित होता था। नवम्बर, 1924 को इस पत्र का अंक नहीं निकल सका। अत: नवम्बर एवं दिसम्बर का संयुक्तांक प्रकाशित किया गया जिसको आपत्तिजनक एवं सरकार-विरोधी सामग्री प्रकाशित करने के आरोप में अंग्रेजी सरकार ने 'वालंटियर' का यह संयुक्तांक प्रतिबन्धित कर दिया। 'वालंटियर' का यह प्रतिबन्धित अंक कुल बत्तीस पृष्ठों का है जिसमें अनेक स्वतन्त्रता-सेनानियों की रचनाएँ प्रकाशित हुई हैं। पत्र के प्रथम पृष्ठ पर पं. गंगानारायण अवस्थी की 'चरखा माहात्म्य'[93] कविता काफी विचारोत्तेजक है। 'विनय'[94] शीर्षक लेख में एक वालंटियर आपस में विश्वास पैदा करने की बात करता है—बुरा न मानिए आपको, पैलपीटेशन ऑफ हार्ट (दुविधा) हो गया है। जब तक इलाज न होगा, आप बेकार हैं और इसका नुस्खा सिर्फ एक ही अब तक बड़े-बड़े वैद्यों ने बताया है— श्रद्धायुक्त अटल विश्वास। अब हाथ जोड़कर निवेदन है कि यह सब आपस के झगड़े (जो कि कमांडिंग जनरल की इच्छा के खिलाफ हैं) भेंट दीजिए (अफसरों का झगड़ा देश का नाश करेगा) और अपनी कमान सँभालिए। वालंटियर सम्मुख खड़ा मुँह की ओर देख रहा है कि तब और क्या हुक्म मिले।[95]

अपने 'वालंटियर' के कर्तव्यों को रेखांकित करते हुए सम्पादक लिखते हैं—'मेरे भाई क्षमा करेंगे, वालंटियर का काम अपने कर्तव्य और नेताओं के हुक्म की ओर देखना है और अगर मान भी लीजिए कि कोई नेता क्षेत्र छोड़कर दुश्मन (गवर्नमेंट) से जा मिले तो क्या वालंटियर भी ऐसा करे? वालंटियर भाइयो! अपने अफसर का कोई ऐसा कर्तव्य जिससे अपनी ड्यूटी में बाधा पहुँचे, नकल करने योग्य नहीं है।'[96] 'वालंटियर' का 'कानूनी चकमा' स्तम्भ काफी रोचक होता था, जिसमें अनेक विषयों पर टीका-टिप्पणी प्रकाशित की जाती थी। 'वालंटियर' ने किसानों को सम्बोधित करते हुए लिखा—किसानों का भला तभी हो सकता है जब हर एक किसान दूसरे से पूरी और सच्ची हमदर्दी करे, बातों की नहीं किन्तु अमल की। इसलिए जब तक किसान उनकी मदद (पैसे की नहीं, बल्कि संगठन की) न करेंगे, अत्याचारों से छुटकारा कठिन है। भाई किसानो! सोचो और शर्माओ।[97] 'वालंटियर' ने अंग्रेजी सरकार की खुली आलोचना की—'ब्रिटिश राज की नींव केवल स्वार्थ और कायरता पर रखी गई है। उसकी मरम्मत को मिस्तरी, इस मनुष्यता और प्रेम के युग में कहाँ से लाया जाए? जब कोई अन्य देशी

सरकार भी सिवा इस अटकलपच्चू गवर्नमेंट (ब्रिटिश) जैसी पशुता की कायल नहीं रही और वक्त पर एक ईंट तक देने को तैयार नहीं तो सिवाय इसके अब कोई चारा नहीं कि ऐसे राजमजदूर (कर्मचारी) इंग्लैंड से ही मँगाए जाएँ, वरना इसकी मरम्मत (राज्यप्रबन्ध) असम्भव है क्योंकि लाल पगड़ी (पुलिस) का कलेजा भी तो भारतीय खून का ऋणी है।'[98] इस प्रकार के अनेक उद्धरण 'वालंटियर' के विभिन्न अंकों में देखे जा सकते हैं, जिनसे घबराकर ब्रिटिश सरकार ने इस पत्र पर प्रतिबन्ध लगाया।

सन 1922 में 'चाँद' का प्रकाशन हिन्दी साहित्य और भारतीय स्वाधीनता आन्दोलन के इतिहास में एक महत्त्वपूर्ण घटना है। साहित्यिकता के आवरण में राजनीतिक चेतना, स्त्री-शिक्षा, सामाजिक सुधार आदि विषयों पर उत्कृष्ट सामग्री का प्रकाशन कर 'चाँद' ने हिन्दी पत्रकारिता के क्षेत्र में एक नए कीर्तिमान की स्थापना की। 'चाँद' के अनेक अविस्मरणीय विशेषांकों का प्रकाशन हुआ जिनमें मारवाड़ी अंक, फाँसी अंक सर्वाधिक चर्चित रहे। अपने आरम्भिक दौर में 'चाँद' का स्वर राजनीतिक कम सामाजिक सुधार का अधिक था, परन्तु बाद में स्वाधीनता आन्दोलन के उग्र प्रवाह में यह क्रान्तिकारी विचारों की प्रमुख पत्रिका बन गई। वस्तुत: इसके सम्पादक एवं प्रकाशक रामरख सिंह सहगल थे, जिन्होंने इलाहाबाद की हिन्दी पत्रकारिता के क्रान्तिकारी स्वरूप को बनाए रखने में महत्त्वपूर्ण भूमिका अदा की। 'चाँद' के प्रकाशन की योजना दो वर्ष पहले यानी 1920 में ही बनी थी, पर पन्द्रह सौ रुपये की जमानत न दे पाने के कारण इसका प्रकाशन स्थगित कर दिया गया था।[99]

सर्वप्रथम 1920 ई. में साप्ताहिक पत्रिका 'चाँद' को रामरख सिंह सहगल ने ज्ञानानन्द ब्रह्मचारी के सम्पादकत्व में प्रकाशित किया। परन्तु शीघ्र ही यह साप्ताहिक नवम्बर, 1922 से मासिक रूप में प्रकाशित होने लगा। मासिक 'चाँद' के प्रथम अंक में 'कामना' कविता मुखपृष्ठ पर प्रकाशित हुई थी। पत्रिका के प्रत्येक माह के पृष्ठ-संख्या दो पर 'सम्पादकीय विचार' शीर्षक के अन्तर्गत अग्रलेख प्रकाशित किए जाते थे। ये अग्रलेख सामाजिक, धार्मिक, सांस्कृतिक, साहित्यिक, राष्ट्रीयता तथा अन्धविश्वास आदि विषयों पर लिखे जाते थे। इन अग्रलेखों में साहित्य की अमूल्य निधि छिपी हुई है, जो अभी तक हिन्दी साहित्य के सम्मुख नहीं पहुँच पाई है। नन्दकिशोर तिवारी, शुकदेव राय, चंडीप्रसाद 'हृदयेश', मुन्शी नवजादिकलाल श्रीवास्तव एवं

चतुरसेन शास्त्री इसके सम्पादक रहे। सन 1933 में महादेवी वर्मा भी इसकी सम्पादिका के रूप में आईं और उसके अन्तिम अंक तक उसकी सम्पादिका रहीं।

मासिक हिन्दी पत्र 'चाँद' ने समाज, साहित्य आदि विषयों पर इतने अधिक विशेषांकों को प्रकाशित किया कि पत्रकारिता-जगत में एक नई परम्परा की शुरुआत हुई। ये विशेषांक हिन्दी साहित्य के अनोखे और आकर्षक रत्न हैं। उस समय किसी भी पत्रिका ने इतने अधिक संगठित एवं सुपाठ्य विशेषांक प्रकाशित नहीं किए थे। कुल मिलाकर 'चाँद' ने सोलह विशेषांक निकाले जिनमें मारवाड़ी अंक एवं फाँसी विशेषांक सबसे अधिक लोकप्रिय साबित हुए।

भारतीय स्वाधीनता आन्दोलन के महत्त्वपूर्ण पड़ावों में हिन्दी के मासिक पत्र 'चाँद' का महत्त्वपूर्ण योगदान रहा। 'चाँद' पत्रिका का फाँसी अंक नवम्बर, 1928 में प्रकाशित हुआ, जिसमें विचारोत्तेजक एवं क्रान्तिकारी सामग्री प्रकाशित हुई। ब्रिटिश सरकार ने घबराकर तुरन्त उसे जब्त कर लिया। 'चाँद' के फाँसी अंक के सम्पादक चतुरसेन शास्त्री थे, जिन पर इसके सम्पादन के आरोप में मुकदमा भी चलाया गया। 'चाँद' के फाँसी अंक की 'विनयांजलि' के अन्तर्गत सम्पादक ने लिखा—'चाँद की बहिनों, भाइयों और बुजुर्गों के हाथ में दीपावली के शुभ अवसर पर फाँसी अंक जैसा हृदय को दहलानेवाला साहित्य सौंपते हमारा हाथ काँपता है।'[100] हृदय को दहलानेवाले साहित्य के प्रकाशन से अंग्रेजी सरकार भयभीत हो गई। विनयांजलि के अन्तर्गत ही सम्पादक ने आगे लिखा है— वह अकेला प्राण इतना छटपटाकर 'चाँद' के दो लाख पाठक-पाठिकाओं को एक मनन करने योग्य, कम-से-कम वर्ष तक न भूलने योग्य बिलकुल अद्भुत और नवीन विषय प्रदान कर रहा है और यह भी आशा करता है कि 'चाँद' ने प्रयास के जिस आन्दोलन की नींव डाली है, वह तब तक समाप्त न होगा, जब तक भारत से इस क़लंकित दृश्य को न उठा देगा।[101] 'चाँद' के फाँसी अंक में कुछ विशिष्ट रचनाएँ प्रकाशित हुईं, जिसके कारण अंग्रेजी सरकार काफी भयभीत हुई। इन रचनाओं में कविता, कहानी, निबन्ध आदि शामिल थे। प्राणदंड (रामचरित उपाध्याय), फाँसी (विश्वम्भरनाथ कौशिक), फन्दा (चतुरसेन शास्त्री), जल्लाद (श्री उग्र), फाँसी के तख्ते से (शोभाराम) आदि ऐसी रचनाएँ थीं जिन्होंने भारतीय जनमानस को गहरे तक आन्दोलित किया।

साथ ही ब्रिटिश सरकार का मुखौटा उतारकर उसकी सही तसवीर सामने पेश की। 'चाँद' के फाँसी अंक में बहुत सारी ऐसी रचनाएँ भी प्रकाशित हुईं जिनके लेखक अज्ञात हैं, यथा—एक निमाड़ी, एक एम.एस-सी., श्रीयुत, एक राष्ट्रीय आत्मा, जैसे छद्म नामों से भी रचनाएँ लिखी गईं। इसके अलावा 'चाँद' में 'दुबे जी की चिट्ठी' माम से स्थायी स्तम्भ भी था जिसमें विचारोत्तेजक विषयों पर टिप्पणी रहती थी।

प्रयाग से प्रकाशित मासिक 'चाँद' के फाँसी अंक के जब्त होने के बाद महाकौशल क्षेत्र में उसका प्रचार एवं प्रसार और अधिक हो गया। वह अब मात्र साहित्यिक दृष्टि से ही महत्त्वपूर्ण नहीं, बल्कि उसका स्वरूप राष्ट्रीय हो गया। 'चाँद' अपने पृष्ठों में सामाजिक एवं राष्ट्रीय आन्दोलन को पर्याप्त स्थान प्रदान करता था। हिन्दी पत्र 'कर्मवीर' ने 'चाँद' के कुछ लेखों पर अनुकूल टिप्पणियाँ करते हुए उन्हें प्रकाशित किया।[102] सन 1857 की क्रान्ति से सम्बन्धित अनेक लेख 'चाँद' ने अपने फाँसी अंक में प्रकाशित किए। इनमें ख्वाजा हसन निज़ामी देहलवी का लेख 'सन 1857 में दिल्ली के लाल दिन'[103] काफी महत्त्वपूर्ण हैं।

'चाँद' ने इस फाँसी अंक में 1857 के कुछ संस्मरण[104]-लेखों में भी अंग्रेजी पत्रों में प्रकाशित सामग्री और बाल्स, काये, होम्स, जार्ज केम्पबेल आदि के अभिलेखों के आधार पर अंग्रेजों द्वारा किए गए अत्याचारों का लेखा-जोखा प्रस्तुत किया गया है। इसी अंक में एक अज्ञातनाम लेखक का 'विप्लव यज्ञ की आहुतियाँ'[105] शीर्षक लेख है। इस लेख के बारे में यह धारणा व्यक्त की जाती है कि इसे अमर शहीद सरदार भगतसिंह ने लिखा था। 'ज्ञान भारती' ने इस लेख का कुछ अंश 'कूका विद्रोह' शीर्षक के अन्तर्गत शहीद भगतसिंह के नाम से उद्धृत किया है।[106] लेख में क्रान्तिकारियों का जीवन-परिचय है, साथ ही अंग्रेजी दासता के विरुद्ध सशस्त्र क्रान्तिकारी गतिविधि का दिग्दर्शन है।

'चाँद' के फाँसी अंक में कूका विद्रोह, चापेकर बन्धु से लेकर काकोरी के अमर शहीद रामप्रसाद बिस्मिल आदि का जिक्र मिलता हैं, जिसके अन्तर्गत 1857 से लेकर उस समय तक की सशस्त्र क्रान्तिकारी गतिविधि का एक चलती हुई परम्परा में होना भलीभाँति व्यक्त हुआ है।

'बलिदान' मासिक पत्र बलिदान कार्यालय, राजपाल ऐंड सन्स, अस्पताल रोड, लाहौर से प्रकाशित होता था। यह पत्र आर्यसमाज के विचारों

से प्रभावित था। इसके सम्पादक सत्यकाम विद्यालंकार एवं भीमसेन वर्मा थे। इसकी शुरुआत 1929 ई. में हुई। अपनी सात्त्विकता एवं आर्यसमाजी विचारों के माध्यम से इसने राष्ट्र की भरपूर सेवा की। इसका वार्षिक मूल्य एक रुपया दो आना हुआ करता था। 'बलिदान' पत्र को शुरू करनेवाले धर्मवीर महाराज राजपाल थे, जिन्होंने अपने अथक परिश्रम द्वारा इस पत्र को जीवनदान दिया।

भारतीय स्वाधीनता आन्दोलन के दौरान प्रकाशित पत्र-पत्रिकाएँ सदैव अंग्रेजी शासन की आँखों में खटकती थीं। मासिक पत्र 'बलिदान' ने अप्रैल, 1935 ई. में धर्मवीर महाराज राजपाल की पुण्य स्मृति में 'बलिदान' का नववर्षांक प्रकाशित किया। यह अंक कुल चौरासी पृष्ठों का था, जिसमें लगभग चालीस रचनाएँ प्रकाशित हुईं। 'बलिदान' के इस नववर्षांक को अंग्रेजी सरकार ने जब्त कर लिया। नववर्षांक के प्रथम पृष्ठ पर सूर्यदेव शर्मा साहित्यालंकार द्वारा रचित वैदिक राष्ट्रगीत छपा है जो निम्नवत है—

सत्य सनातन ज्ञान बृहत तप, क्षात्र तेजव्रतधारी।
पृथ्वी को धारण करते हैं कर्मवीर नर नारी।
भूत, भविष्यत, वर्तमान में भूपालन करने हारी।
बने विश्व में यही हमारी विमल कीर्ति भरनेवाली।[107]

'सफल प्रकाशक राजपाल'[108] लेख में राजपाल की समाज-सेवा को याद किया गया है। आर्यसमाज के साहित्य की श्रीवृद्धि करने में उनके योगदान को सराहा गया है। आचार्य हरिहर शास्त्री का लेख 'बलिदान' की आत्मकहानी पत्र के बारे में सटीक जानकारी प्रस्तुत करता है—'मैं चार अक्षरों, पाँच मात्राओं या दो शब्दों का बना एक शब्द हूँ, मेरी महिमा वेद, पुराण, स्मृति, धर्मशास्त्र सब ही गाते हैं। गृहस्थ का कर्म-धर्म मुझ बिन अधूरा है। मैं भोजन सदा मीठा ही करता हूँ। कोई सुधारक मुझ बिन अधूरा है, नाम का नहीं, धाम का नहीं। आदि से अन्त तक प्रत्येक व्यक्ति मुझे ही अपनाता गया व अपनाता जाएगा। लोग पूछते हैं कि तुम्हारे माता-पिता का नाम क्या है? सुनिए! मेरी माता-जननी लाहौर और पिता राजपाल। और मैंने यह रूप धारण किया सन 1929 ई. में। इससे पहले भी मैं था, पर शक्तिरूप में था।'[109]

'बलिदान' के नववर्षांक में प्रकाशित अनेक लेख एवं कविताएँ ऐसी थीं जो कि ब्रिटिश सरकार के लिए आपत्तिजनक थीं। भारतीय नवयुवकों का आह्वान रामरत्न गुप्त ने अपनी कविता 'उठ जाग' में किया है।[110]

हिन्दी की पत्रकारिता की यह अवधि बड़ी संघर्षपूर्ण थी। 'बलिदान' ने इसी दौरान अपना नववर्षांक प्रकाशित किया। सरकारी दमन-नीति का कुत्सित रूप इस समय काफी भयावह था। सत्यव्रत सिद्धान्तालंकार का लेख 'मृत्यु में जीवन'[111] नववर्षांक का महत्त्वपूर्ण लेख है। हरिकृष्ण जी प्रेमी की 'बहिन की राखी' कविता छह खंडों में प्रकाशित हुई है जो कि इस अंक में चर्चित रचना है—

बहन! बाँध दे रक्षाबन्धन, मुझे समर में जाना है।
अब के घन गर्जन में रण का भीषण छिड़ा तराना है।
अन्तिम बार बाँध ले राखी, कर ले प्यार आखिरी बार।
मुझको ज़ालिम ने फाँसी को, डोरी कर रखी तैयार।[112]

'अपूर्व बलिदान'[113] शीर्षक में गणेश शंकर विद्यार्थी के निर्भीक पत्रकार जीवन का लेखा-जोखा प्रस्तुत किया गया है।

'बलिदान' मासिक पत्र में 'सम्पादक की डाक' स्थायी स्तम्भ में पाठकों की चिट्ठियाँ एवं प्रतिक्रियाएँ प्रकाशित होती थीं। नववर्षांक के सम्पादकीय में राजपाल के गौरवपूर्ण जीवन की चर्चा है। सम्पादकीय की निम्न पंक्तियाँ द्रष्टव्य हैं—

दास्ताने ज़िन्दगी अब क्या कहें! मरने जीने की कहानी क्या कहें!
लेट जाते हैं दिल अपना थामकर, उफ़ तेरी वह जाँ-फिशानी क्या कहें!

आशियाँ पर किस तरह बिजली गिरी, चार तिनकों की कहानी क्या कहें।[114]

'बलिदान' के नववर्षांक के बारे में भीमसेन वर्मा ने अपने विचार व्यक्त करते हुए लिखा—'बलिदान' के पाठक चिरकाल से इस विशेषांक को देखने के लिए उत्सुक थे। अब उनकी वस्तु उनके हाथों में है। विशेषांक क्या है? और इतने सस्ते पत्र का विशेषांक कितना सुन्दर होना चाहिए? पाठक स्वयं परख लें। हाँ, हमने इसे सुन्दर बनाने का भरसक प्रयास किया है। इसलिए हमें सन्तोष है। क्योंकि यह हमारा प्रथम आयोजन था इसलिए इसमें अनेक त्रुटियाँ रह गई हैं, इसके लिए पाठकों से क्षमा चाहते हैं।[115]

हिन्दी की प्रतिबन्धित पत्र-पत्रिकाओं में मासिक पत्रिका 'अलंकार' विशेष रूप से उल्लेखनीय है। इस पत्रिका के सम्पादक आचार्य देव शर्मा

'अभय' एवं भीमसेन विद्यालंकार थे। यह राजनीतिक, सामाजिक, सांस्कृतिक एवं आर्थिक चेतनावाली पत्रिका थी जिसमें अनेक महान रचनाकारों की रचनाएँ छपा करती थीं। दिसम्बर, 1934 का अंक अपनी उग्र वैचारिकता के कारण अंग्रेजी सरकार द्वारा प्रतिबन्धित किया गया जिसकी एक प्रति आज भी भारतीय राष्ट्रीय अभिलेखागार में मौजूद है। पत्रिका का यह प्रतिबन्धित अंक लगभग इकसठ पृष्ठों का है। अंक में कविताएँ प्रमुखता से छापी गई हैं। 'वन्देमातरम्' नामक कविता कवीन्द्र रवीन्द्र ने लिखी है, जिसका अनुवाद भगवानदास बालेन्दु ने किया है और पत्रिका के मुखपृष्ठ पर प्रकाशित हुई है। कविता की कुछ पंक्तियाँ इस प्रकार हैं—

जहाँ पूर्ण की ओर अथम श्रम अपने हाथ बढ़ाता है।
जहाँ ज्ञान का स्रोत व्यसन मरु में पथ नहीं भुलाता है।
जहाँ ध्यान जाता विचार कर्तव्य ओर होकर तेरा।
उस स्वातन्त्र्य-स्वर्ग को जागृत कर दो पिता देश मेरा।[116]

पंडित श्याम जी कृष्ण वर्मा स्वतन्त्रता-संग्राम के सक्रिय सेनानी थे। उन्होंने यूरोप में रहकर अनेक क्रान्तिकारी गतिविधियों का संचालन किया। वह स्वामी दयानन्द के प्रथम शिष्यों में से एक थे। पत्रिका में उन पर लेख नरेन्द्रदेव विद्यालंकार ने लिखा है जिसमें श्याम जी कृष्ण वर्मा का संक्षिप्त परिचय प्रस्तुत किया गया है। यूरोप में वर्मा जी की स्वतन्त्रता-आन्दोलन से सम्बन्धित गतिविधियों की चर्चा की गई है।[117] 'हमारा अनाचार'[118] लेख प्रभुदास जी गाँधी द्वारा रचित है। इसमें भारतीय समाज की कुरीतियों पर प्रहार किया गया है। समाज में व्याप्त अस्पृश्यता को दर्शाया गया है। गाँधी जी के 'हरिजन' पत्र के उद्धरण भी दिये गए हैं।

'अलंकार' पत्रिका का स्थायी स्तम्भ था 'असली भारतवर्ष' जिसमें देश-विदेश एवं समाज के हर वर्ग की संक्षिप्त खबरों के लिए स्थान रहता था। इसी के अन्तर्गत 1934 के अंक में ग्राम-उद्योग, संघ, गाँव की दरिद्रता, सच्चा समाजवाद, बेकारी का इलाज और 'नीति से कोई विरोध नहीं' शीर्षक से संक्षिप्त खबरें दी गई हैं। 'सुमन संचय' स्तम्भ भी 'अलंकार' पत्रिका का स्थायी स्तम्भ था जिसमें राष्ट्रीय स्तर की विभिन्न पत्र-पत्रिकाओं से समाचार लेकर उनके नाम के साथ छापे जाते थे। 'अलंकार' का सम्पादकीय विचारोत्तेजक होता था। 'आत्मनिरीक्षण' में 'अलंकार' की प्रशंसा करते हुए उसकी कुछ त्रुटियों को सामने रखा गया है— 'अलंकार' एक मासिक

पत्र है इसलिए इसमें जो लेख और कविताएँ प्रकाशित होनी चाहिए वे ऐसी होनी चाहिए कि जो उपयोगी होने के साथ, उनमें यह भी शामिल हो कि वे हिन्दी साहित्य की चिरस्थायी सम्पत्ति बन सकें। ऐसे लेख और कविताएँ बिना कठोर परिश्रम और सतत चिन्तन के बिना नहीं लिखी जा सकतीं।[119] 'अलंकार' के इसी प्रतिबन्धित अंक में पत्रिका एवं डाकखाना के बीच चल रहे विवाद की भी चर्चा की गई है। 'अलंकार' नाम हिन्दी में छापने पर डाकखानेवालों का विरोध था। 'अलंकार' मासिक पत्रिका नवयुग प्रेस लाहौर से मुद्रित एवं प्रकाशित होती थी।

भारतीय स्वाधीनता आन्दोलन से जुड़ी 'क्रान्ति' साम्यवादी मासिक पत्रिका के सम्पादक राजाराम शास्त्री थे। 'क्रान्ति' पत्रिका नेशनल प्रेस, कानपुर द्वारा मुद्रित एवं प्रकाशित होती थी। भारतीय स्वाधीनता आन्दोलन के अन्तिम दौर में इस पत्रिका का प्रकाशन आरम्भ हुआ। द्वितीय विश्वयुद्ध के दौरान हिन्दी पत्रकारिता के क्षेत्र में 'क्रान्ति' ने अपना मानदंड स्थापित किया। 'क्रान्ति' अपने नाम के अनुरूप ही उग्र विचारोंवाली पत्रिका थी, जिसने तत्कालीन ब्रिटिश सरकार को खुली चुनौती दी। अनेक बार इसने सरकारी चेतावनियों का उल्लंघन किया। यह पत्रिका अनवरत राष्ट्रीय चेतना का प्रचार एवं प्रसार भारतीयों के मध्य करती रही।

'क्रान्ति' पत्रिका के मुखपृष्ठ पर लेनिन का वाक्य 'क्रान्ति ही आज़ादी का सच्चा मार्ग है' उसकी क्रान्तिकारिता का परिचय कराता है। उसकी क्रान्तिकारिता एवं उग्र विचारों का ही परिणाम था कि अंग्रेजी सरकार ने 'क्रान्ति' के लगातार दो अंकों पर प्रतिबन्ध लगाया जिसमें सितम्बर, 1939 एवं अक्टूबर, 1939 के अंक शामिल हैं। ये दोनों ही अंक भारतीय राष्ट्रीय अभिलेखागार, नई दिल्ली में मौजूद हैं।[120] 'क्रान्ति' ने अपने लेख, कविताओं एवं कहानियों के माध्यम से सम्पूर्ण उत्तर प्रदेश की जनता में एक नई चेतना का संचार किया। इसके लेख सुरुचिपूर्ण एवं पठनीय हुआ करते थे।

'क्रान्ति' का 1939 का सितम्बर अंक कई अर्थों में विस्फोटक है। इस प्रतिबन्धित अंक में अनेक ऐसे रचनाकारों की रचनाएँ प्रकाशित हैं जो प्रथमत: स्वतन्त्रता-संग्राम के सेनानी थे। जैनेन्द्र कुमार, कामरेड ओंकारनाथ शर्मा, कामरेड लक्ष्मीकान्त शुक्ल, विजयकुमार मिश्र, कामरेड योगेशचन्द्र चटर्जी आदि लोगों की रचनाएँ इस अंक में प्रकाशित हुई हैं। अंक के प्रथम

पृष्ठ पर ही श्यामबिहारी शुक्ल 'तरल' की कविता 'क्रान्ति आगमन' नाम से छपी है—

धधक रही अत्याचारों पर प्रथम क्रान्ति की ज्वाला।
और मृत्यु आई वीरों को पहनाने जयमाला।
डगमग डगमग हुई धरा फिर चीख-चीख कर बोली,
वह देखो! बढ़ चली युद्ध में दीवानों की टोली।
अन्तरिक्ष से अमर शहीदों की पुकार यह आई।
ओ अतृप्त! ओ चिर दीवानो। अब क्यों देर लगाई?
आज भरा है प्रबल क्रान्ति से जग का कोना-कोना।
ओ अवसरवादी! यह अवसर आज व्यर्थ मत खोना।[121]

'क्रान्ति कौन चाहता है' दामोदर स्वरूप सेठ का महत्त्वपूर्ण लेख है। अपने लेख में क्रान्ति की आवश्यकता को रेखांकित करते हुए लिखा गया है—तब्दीली वास्तव में वही चाहते हैं, जिनके पास खोने को है ही नहीं, जो दूसरों के पैरों के नीचे इस बेरहमी से कुचले गए हैं कि उन्हें अपनी जिन्दगी भार-स्वरूप मालूम होती है और सत्ता या अधिकार की बात करना भी जिनके लिए जुर्म है, जिनके पेट में रोटी नहीं, जिनके तन पर कपड़ा नदारद है और जो जीवन की हर आवश्यकता के लिए दिन-रात तरसा करते हैं। इंकलाब का आवाहन वही करते हैं।[122] 'क्रान्ति' पत्र स्त्री और पुरुष की समानता की बात करता है। उसका साम्यवाद में पूर्ण विश्वास है। कामरेड अर्जुन अरोड़ा ने अपने लेख 'स्त्रियों की आज़ादी और साम्यवाद' में यही विचार व्यक्त किए हैं—'स्त्रियों को पुरुषों के बराबर ही हक देना और समाज में उनकी एक-सी इज्जत कायम करना यदि कोई अपराध है तो हम साम्यवादी अवश्य दोषी हैं। अपराधी तो वे हैं जो समाज के एक हिस्से को दूसरे हिस्से के बराबर नहीं मानते। समाज के भले के लिए दोनों की एक-सी जरूरत है। दोनों में एक के नाक़ाबिल होने से समाज का अमंगल होता है और हमारी उन्नति में रुकावट होती है।'[123] स्त्रियों से ही सम्बन्धित एक अन्य लेख में शकुन्तला श्रीवास्तव ने लिखा कि 'स्त्रियों की आज़ादी की समस्या केवल साम्यवाद के सिद्धान्त बनानेवाले लेख लिखने या लेक्चर देने से तो हल नहीं हो सकती। उन्हें कार्यरूप में परिणत करने की आवश्यकता है। स्त्रियों से मौखिक सहानुभूति दिखाने का जमाना अब गया। आज आवश्यकता उन महानुभावों की है जो अपने विचारों को कार्यरूप में परिणत करने का साहस कर सकते हैं। केवल सिद्धान्तों से कोई कार्य पूरा नहीं हुआ।[124]

'क्रान्ति' पत्र में 'भूखेराम की डायरी' एक चर्चित एवं लोकप्रिय स्तम्भ होता था। इस स्तम्भ के अन्तर्गत सामयिक महत्त्व की कतरनें पेश की जाती थीं, यथा—'नागपुर का समाचार है कि पानी न बरसने के कारण किसानों में हाहाकार मच गया है। बेकारी इतनी फैल रही है कि मजदूरों को खोजने पर भी काम नहीं मिल रहा है और वे दर-दर मारे-मारे फिर रहे हैं।'[125] 'क्रान्ति' पत्रिका में सम्पादकीय काफी महत्त्वपूर्ण होता था। द्वितीय महायुद्ध और उसमें भारत की भूमिका पर सम्पादकीय दृष्टिकोण द्रष्टव्य है—आज देश के कोने-कोने में क्रान्तिकारी वातावरण है। किसान, मजदूर व विद्यार्थी तथा युवक अपने-अपने मोर्चे पर बहादुरी के साथ लड़ रहे हैं जिससे अपने तथा भारतीय जनता की असीम शक्ति में विश्वास हो। आज देश की निगाहें कांग्रेस की तरफ लगी हुई हैं। क्या कांग्रेस देश का सही नेतृत्व कर भारत की खोई हुई स्वतन्त्रता को पुन: प्राप्त करने की चेष्टा करेगी?[126]

हिन्दी की प्रतिबन्धित पत्र-पत्रिकाओं में 'क्रान्ति' मासिक का महत्त्वपूर्ण स्थान है। अपनी तेजस्विता और साहस के कारण इस पत्रिका को लगातार सरकार की वक्रदृष्टि का शिकार होना पड़ा। इसके सितम्बर, 1939 के अंक पर सरकार ने प्रतिबन्ध लगाया था। इसके बाद के अंक (अक्टूबर, 1939) पर भी अंग्रेजी सरकार ने प्रतिबन्ध लगाया। इसका यह अंक और भी अधिक विचारपरक एवं विस्फोटक सामग्रीवाला है। क्रान्ति का नेतृत्व, भारतीय राजनीतिक और महात्मा गाँधी, आज़ादी की ओर कदम बढ़ाओ, क्रान्ति करना हमारे हाथ में है, क्रान्तिकारी नौजवानों उठो आदि इस अंक के महत्त्वपूर्ण लेख हैं।

'क्रान्ति' के इस अंक में लेखों के अलावा कविताओं को भी स्थान मिला है। स्वराज्य प्रसाद द्विवेदी की कविता 'बन्दी की बेड़ी बोल उठी'[127] इस अंक की सर्वाधिक महत्त्वपूर्ण कविता थी। 'भगतसिंह और सुखदेव' इस अंक का पहला लेख है। लाहौर षड्यन्त्र केस में गिरफ्तार हो जाने के बाद जेल-कोठरी में बैठकर सुखदेव ने सरदार भगतसिंह की याद में कुछ पंक्तियाँ लिखी थीं, उन्हें इस लेख में दिया गया है जिनसे दोनों के बीच के प्रगाढ़ लगाव का पता चलता है। सुखदेव ने लिखा है— 'आँखों के सामने उसकी तसवीर हमेशा फिरने लगी। शरीर सुन्न पड़ गया। उठते, बैठते, फिरते हर चीज़ में, हर एक इनसान में, हर जगह पर आँखों के सामने वह मुझे नजर आने लगा। कई बार ऐसा महसूस होता है कि वह मुझे बुला रहा है, तब मैं

चौंक उठता, लेकिन उसकी सजीव मूर्ति नज़र न आती। जिधर निगाह उठती उसका खूबसूरत चेहरा, मस्त आँखें घूमती हुई दिखाई देतीं।'[128]

'क्रान्ति' के अक्टूबर, 1939 के इस अंक में जवाहरलाल नेहरू का लेख काफी विचारोत्तेजक है। उन्होंने अपने लेख 'साथियो, आज़ादी की ओर कदम बढ़ाओ' में भारतीय जनता का आह्वान किया है— 'हम लोगों के लिए जैसे कि औरों के लिए भी यह परीक्षा का समय है। अगर हम इस इम्तहान में नाकामयाब रहे तो हम पीछे रह जाएँगे और दूसरे लोग आगे बढ़ते चले जाएँगे। वह हिन्दुस्तान जिसके प्रेम से प्रेरित होकर हमने इतना किया है और जिसकी सेवा करने में ही हमने सौभाग्य समझा है, हमारा उज्ज्वल भविष्य हमें आमन्त्रित कर रहा है। साथियो, चलो कदम-से-कदम मिलाकर स्वतन्त्रता की ओर बढ़ चलें।'[129]

'क्रान्ति' के उपर्युक्त दोनों अंकों की विषय-सामग्री का विश्लेषण करने पर यह बात स्पष्ट होती है कि अंग्रेजी सरकार ने बौखलाकर इन पर प्रतिबन्ध लगाया। 'क्रान्ति' पत्रिका के अन्तिम पृष्ठों पर विज्ञापन दिये जाते थे, 'क्रान्ति' मासिक के नियम प्रकाशित होते थे। समय-समय पर यह पत्रिका साहित्यिक रचनाओं की समीक्षा भी प्रकाशित करती थी।

हिन्दी की प्रतिबन्धित पत्र-पत्रिकाओं में लखनऊ से प्रकाशित होनेवाला मासिक पत्र 'विप्लव' उल्लेखनीय है। इसके सम्पादन का भार प्रसिद्ध क्रान्तिकारी श्री यशपाल ने सँभाला। यह अति उग्र विचारों की राजनीतिक पत्रिका थी। 'विप्लव' के मुखपृष्ठ पर 'तुम करो शान्ति-समता प्रसार', 'विप्लव गा अपना अनल गान' नीति-वाक्य छपा रहता था। 'विप्लव' के प्रथम अंक में 'विप्लव' शीर्षक सम्पादकीय की पंक्तियाँ इस पत्र की उग्र राजनीतिक विचारधारा का परिचय कराती हैं—'बन्धन में बँधे हुए हम अपने शरीर से बहते हुए रक्त को रोकने में असमर्थ हैं। हमारे घाव पर बैठ उस पर लगातार डंक चलानेवालों, उसमें से रक्त चूसकर अपना पेट भरनेवालों को हटा सकने में भी हम असमर्थ हैं। हम छटपटा रहे हैं, तड़प रहे हैं। हम इस समय उस जगह पर पहुँचकर विकल हो रहे हैं जहाँ से कूदकर या तो हम राष्ट्रीय, सामाजिक और आर्थिक स्वतन्त्रता के राज्य में पहुँच जाएँगे या एक दफ़े पीढ़ी-दर-पीढ़ी तक सड़ने-गलने के लिए गिर पड़ेंगे। आज हम विप्लव के द्वार पर खड़े हैं।'[130]

'विप्लव' 1938 ई. में प्रकाशित हुआ। इसका उर्दू संस्करण भी निकला था। 'विप्लव' का फरवरी, 1939 का अंक 'चन्द्रशेखर आज़ाद अंक' था,

जो क्रान्ति-गाथाओं से भरा हुआ था। अपने उग्र विचारों के कारण 'विप्लव' को अंग्रेजी सरकार का कोपभाजन बनना पड़ा। सरकार द्वारा अप्रैल, 1939 का अंक प्रतिबन्धित कर दिया गया जिसकी एक प्रति भारतीय राष्ट्रीय अभिलेखागार, नई दिल्ली में सुरक्षित है। वस्तुत: 'विप्लव' वामपन्थी रुझान का पत्र था। इसमें प्रकाशित सामग्री से इस बात की पुष्टि होती है। 'विप्लव' के प्रतिबन्धित अंक में कुल पृष्ठों की संख्या तिहत्तर है, जिसमें सम्पादकीय के अलावा अनेक वीरतापूर्ण कविताएँ तथा लेख प्रकाशित हैं। इस अंक में पहला लेख बाबा करमसिंह का 'देशी रियासतों की लड़ाई हमारा पहला मोर्चा है' शीर्षक के अन्तर्गत है, जिसमें उन्होंने लिखा है— 'संघ शासन के विरुद्ध हमारी लड़ाई वैधानिक सभा की हमारी माँगों की एक बहुत महत्त्वपूर्ण चीज़ है और इसकी कीमत भी हमें कम न देनी पड़ेगी। आज हम ऐसी परिस्थिति में हैं कि क्रान्तिकारी वातावरण में इस कीमत को अपेक्षाकृत आसानी से अदा कर सकते हैं। अगर आज हम चूकते हैं तो शायद फिर ऐसा मौका लाने के लिए और कामयाबी हासिल करने के लिए हमें दुगुनी या तिगुनी कीमत अदा करनी पड़ेगी। दरअसल रियासतों की लड़ाई ही हमारी साम्राज्य-विरोधी लड़ाई का पहला मोर्चा है।'[131]

'विप्लव' के इसी अंक में एक लेख लेनिन पर लिखा गया है। लेनिन को 'मजदूर विप्लव' का नेता कहा गया है। इस लेख में 'विप्लव' की महत्ता को यों दर्शाया गया है— 'लेनिन ने बताया कि विप्लव की तैयारी करना बच्चों का खेल नहीं है। यह भी एक बहुत बड़ा हुनर है, कला और विज्ञान का काम है। इसके लिए हमें बहुत-कुछ पढ़ना होगा, बहुत-कुछ अनुभवों से सीखना होगा। लेनिन ने मजदूर-आन्दोलन को एक विप्लवी सिद्धान्त ही नहीं दिया, उसने उसे प्रयोग करके भी दिखाया। उसने किसानों, मजदूरों और शोषितों और सताए हुए लोगों को संगठित कर एक सफल विप्लव का अनुष्ठान भी किया।[132] 'त्रिपुरी में क्या देखा।'[133] शीर्षक के अन्तर्गत एक अनाम लेखक ने त्रिपुरी अधिवेशन में समाजवादी दल और कम्युनिस्टों की निन्दा की है। 'विप्लव' के इस अंक में राष्ट्रीय समस्याओं के साथ ही अन्तरराष्ट्रीय स्तर पर घट रही घटनाओं को भी पर्याप्त स्थान एवं महत्त्व मिला है।

'विप्लव' के प्रतिबन्धित अंक में कहानी एवं लेख के अलावा कविताएँ भी प्रकाशित हुई हैं। मुनीराम शर्मा की 'विप्लव' शीर्षक कविता की निम्नलिखित पंक्तियाँ द्रष्टव्य हैं—

सदियों से अत्याचारों की मूक व्यथा है आज जगी।
विप्लव! तेरे परशु करों से शोषण-पथ में आग लगी।
धुआँ घोर है उठा व्योम में, धूमकेतु-से छाए हैं।
छली प्रपंची अन्तस्थल में आशंकाएँ लाए हैं।[134]

इसी अंक में प्रभाकर माचवे की एक महत्त्वपूर्ण कविता 'शनीचर'[135] नाम से छपी है जिसमें मजदूर बस्ती का मानवीय चित्रण किया गया है।

'विप्लव' एक ऐसा मासिक पत्र था, जिसमें समाज के प्रत्येक वर्ग की समस्याओं का ब्योरा रहता था। 'विप्लव' के इस अंक में देवीरत्न अवस्थी का लेख 'प्राचीन भारत का धार्मिक समाजवाद' नाम से प्रकाशित हुआ है। वे लिखते हैं—'आज समाज में सब ओर अव्यवस्था दिखलाई पड़ने से जनता समाजवाद की ओर झुक रही है। कुछ लोग समाजवाद को रूसी सभ्यता समझकर उसकी जगह फिर से भारत की पुरानी सामाजिक व्यवस्था को कायम करने के पक्ष में हैं और इसे वे धार्मिक समाजवाद का नाम देते हैं।'[136] लेखक ने उपर्युक्त लेख में धार्मिक समाजवाद का समर्थन किया है। मजदूरों और किसानों की मेहनत किस प्रकार रुपये की शक्ल में पूँजीपतियों की थैलियों में जाकर जमा हो जाती है—इसका बखूबी चित्रण 'मार्क्सवाद की पाठशाला'[137] लेख के अन्तर्गत किया गया है। 'चाय की चुस्कियाँ' पत्र का व्यंग्यपरक स्तम्भ था जिसमें सामयिक विषयों पर व्यंग्यात्मक टिप्पणी छपा करती थी।

अप्रैल, 1940 तक मासिक पत्र 'विप्लव' सफलतापूर्वक प्रकाशित होता रहा, किन्तु आगे चलकर अंग्रेजी सरकार ने इसके प्रकाशन में अनेक अड़चनें पैदा कर दीं। सरकारी वज्रपात अत्यधिक होने पर यह पत्र बन्द हो गया। इसके स्थान पर 'विप्लवी ट्रेक्ट' का प्रकाशन शुरू किया गया। 'विप्लवी ट्रेक्ट' प्रसिद्ध क्रान्तिकारी यशपाल के 'विप्लव' पत्र का परिवर्तित रूप था, जो जून, 1940 में प्रकाशित हुआ था। 'विप्लव' से मई, 1940 में सरकार द्वारा बारह हजार रुपये की जमानत माँगी गई थी। फलस्वरूप उक्त पत्र का प्रकाशन स्थगित कर 'विप्लवी ट्रेक्ट' प्रकाशित किया गया था।[138]

भारतीय स्वाधीनता आन्दोलन के सभी पत्र राजनीति से सम्बद्ध होकर अंग्रेज-शासन को उखाड़ फेंकना चाहते थे। सन 1926 में 'सब जन हिताय सब जन सुखाय' की भावना से प्रेरित होकर गोरखपुर से 'कल्याण' नामक मासिक पत्रिका का प्रकाशन हुआ। यह पत्र नैतिक, पौराणिक एवं दार्शनिक

सामग्री प्रकाशित करता था। गीता प्रेस की स्थापना गोरखपुर के साहित्य के इतिहास में दूसरी महत्त्वपूर्ण घटना है। सस्ते मूल्य पर धार्मिक साहित्य, विशेषत: गीता को सुलभ करने का जो महत्त्वपूर्ण कार्य गीता प्रेस ने किया है, वह प्रशंसनीय है। इसी गीता प्रेस गोरखपुर से 'कल्याण' नामक हिन्दी मासिक का प्रकाशन 1926 में प्रारम्भ हुआ जो आज अपने क्षेत्र में विश्व का अकेला मासिक पत्र है।[139] कल्याण नामक पत्र के प्रकाशन के पीछे कौन-सा ऐसा लक्ष्य है, इसकी जानकारी हमें प्रथम अंक में प्रथम पृष्ठ पर छापी गई सम्पादकीय टिप्पणी से मिलती है। 'कल्याण की आवश्यकता' शीर्षक के अन्तर्गत उन्होंने लिखा है—स्वकल्याण की आवश्यकता सबको है। जगत में कौन ऐसा मनुष्य है जो अपना कल्याण नहीं चाहता? इसी आवश्यकता को अनुभव कर आज यह 'कल्याण' भी प्रकट हो रहा है। इसमें स्त्री-पुरुष और ब्राह्मण-शूद्र का कोई भेद नहीं। धन, ऐश्वर्य, रूप, गुण, विद्या, कला, वर्ण, जाति आदि से यहाँ कुछ भी सम्बन्ध नहीं। यहाँ तो बस—

जिसने उत्कट उत्कंठा से इस प्रियतम को बुलवाया।
उसने ही तत्काल उसे अपने समीप में है पाया।

इसी बात का प्रचार करने के लिए उसी कल्याण के स्वामी की पवित्र प्रेरणा से कुछ कल्याणमय जन-कल्याणकारी महानुभावों से इस 'कल्याण' का जन्म हुआ।[140] उपर्युक्त बातों से स्पष्ट है कि 'कल्याण' हर प्राणी के कल्याण की कामना लेकर अवतरित हुआ जिसमें धर्म और भक्ति की ही प्रमुख चर्चा है।

'कल्याण' मासिक पत्र की अपनी एक अलग पहचान है। इसके सम्पादक हनुमानप्रसाद पोद्दार, मोहनलाल गोस्वामी, स्वामी सदासुखदास और मोतीलाल जालान आदि रहे हैं। 'कल्याण' प्रत्येक वर्ष जनवरी में अपना विशेषांक निकालता है। 'कल्याण' के अन्तर्गत धर्म-सम्बन्धी लेख, कहानियाँ, संस्मरण आदि तो होते ही थे, साथ ही शुद्धाचरण, ईश्वर में आस्था जगानेवाली कहानियाँ व संस्मरण भी प्रकाशित हैं। जनता को आध्यात्मिक शिक्षा एवं चारित्रिक सामग्री प्रदान करना ही इस पत्र का मुख्य उद्देश्य है। यह धार्मिक, सांस्कृतिक और नैतिकता का प्रचार-प्रसार करनेवाला पत्र है। इसके बिन्दु स्तम्भ में छोटे-छोटे सारगर्भित वाक्य दिये जाते हैं। 'कल्याण' के 'पढ़ो समझो और करो' नामक स्तम्भ के अन्तर्गत जीवन में घटित होनेवाली घटनाएँ वर्णित होती हैं जिन्हें पढ़कर मानव का सदाचरण की

ओर रुझान बढ़ना स्वाभाविक है। नैतिक शिक्षा से सम्बन्धित पहलुओं का भी यह पत्र बड़ी बारीकी से अध्ययन करके उन पर लेख, कहानी, संस्मरण प्रकाशित करता रहता है। पुराण, महाभारत और उपनिषदों पर प्रकाशित इसके विशेषांक हमेशा संग्रहणीय रहे हैं।

'कल्याण' मासिक का अक्टूबर, 1946 का अंक अंग्रेजी सरकार द्वारा प्रतिबन्धित किया गया। यह एक सामान्य अंक न होकर अतिरिक्त अंक था। इस अतिरिक्त अंक के सम्पादक हनुमान प्रसाद पोद्दार थे जो कि घनश्याम दास जालान द्वारा गीता प्रेस, गोरखपुर से मुद्रित एवं प्रकाशित हुआ था। 'कल्याण' मासिक के इस अतिरिक्त अंक के प्रकाशन का मुख्य उद्देश्य सम्पादक ने यह अंक 'क्यों और किसलिए' शीर्षक के अन्तर्गत प्रतिपादित किया है—'कल्याण' का यह अंक इसी साल का अतिरिक्त अंक है। इस साल गीता प्रेस लगभग दो महीने बन्द रहा। इस आगामी वर्ष के विशेषांक के प्रकाशन में दो-तीन महीनों की देरी हो गई। पाठकों को इतने लम्बे समय तक 'कल्याण' की प्रतीक्षा में न रहना पड़े, इसलिए सोचा गया कि बीच में एक अंक और निकाल दिया जाए।'[141] आगे भी अंक में लिखा है कि—इस अंक में प्रकाशित लेखों को पढ़कर उनके यथार्थ रहस्य पर न विचार करने के कारण सम्भवत: 'कल्याण' के अध्यात्म-रस-पिपासु लाखों पाठक-पाठिकाओं में से किन्हीं-किन्हीं के मन में ऐसा प्रश्न उठ सकता है कि 'कल्याण' में विशुद्ध अध्यात्म-चर्चा को छोड़कर यह सामयिक चर्चा क्यों की गई है? क्या कल्याण की नीति बदल गई? इसका उत्तर यह है कि ऐसी कोई बात नहीं। न तो नीति ही बदली और न गहराई से देखने पर यही सिद्ध होगा कि इसमें आध्यात्मिक दृष्टि को छोड़कर अन्य किसी दृष्टि से कोई चर्चा की गई है।[142]

'कल्याण' मासिक पत्र के अतिरिक्तांक में मदनमोहन मालवीय से सम्बन्धित अनेक रचनाएँ प्रकाशित हुई हैं। राजनारायण दत्त द्वारा लिखित कविता की पंक्तियाँ द्रष्टव्य हैं—

रोता जग सारा लोचनों में अश्रुधारा लिये।
सहज सहारा हा! हमारा आज खो गया।[143]

मदनमोहन मालवीय जी की मृत्यु अक्टूबर में हुई। अत: उनसे सम्बन्धित अनेक लेखों का प्रकाशन किया गया। मालवीय जी का अन्तिम वक्तव्य भी प्रकाशित हुआ—वर्तमान घटनाचक्र निरीक्षकों और आलोचकों से बहुतों का

यह निश्चित मत है कि परिश्रुति का यह रूप क्षणिक नहीं है और हिन्दू जाति को यदि जीवित रहना है तो उसे कमर कसकर तैयार हो जाना चाहिए।[144] 'कल्याण' के इसी प्रतिबन्धित हुए अंक में 'वैदिक वीर गर्जना' नामक पुस्तक से जो कि गुरुकुल काँगड़ी के प्रो. श्री रामनाथ वेदालंकार द्वारा लिखी गई है, कविता की कुछ पंक्तियाँ हैं जो कि विभिन्न वेदों के श्लोकों का संग्रह है। उन्हीं का हिन्दी अनुवाद प्रस्तुत किया गया है। भाव इस प्रकार हैं—उठो वीरो! तैयार हो जाओ, झंडे हाथों में पकड़ लो। जो भुजंग है, लम्पट है, गैर है, राक्षस है, शत्रु है, उन पर धावा बोल दो।[145]

'कल्याण' के इस प्रतिबन्धित अंक में सबसे महत्त्वपूर्ण बात यह है कि अध्यात्म-चर्चा के अलावा सामयिक, राजनीतिक एवं सामाजिक घटनाओं पर सटीक टीका-टिप्पणी की गई है। बिहार में अंग्रेजी सरकार द्वारा किए गए दमन पर कई लेख प्रकाशित हुए हैं। 'उठो जागो' शीर्षक लेख के अन्तर्गत महाराज करपात्री जी ने हिन्दुओं का आह्वान करते हुए लिखा है—खेद है कि बंगाल की रोमांचकारी घटनाओं से भी हिन्दुओं की गाढ़ निद्रा भंग नहीं हो रही है। त्रस्त बंगाल की धन-जन से जितनी भी सहायता हम कर सकें, अवश्य करनी चाहिए। पर जब तक समस्त भारत के हिन्दू दृढ़ता के साथ सुसंगठित रूप से अपनी रक्षा के लिए कटिबद्ध नहीं होते, तब तक पूर्ण बंगाल के हिन्दुओं की रक्षा नहीं हो सकती।[146] 'कल्याण' पत्र के सम्पादक हनुमान प्रसाद पोद्दार ने भी इस अंक में अनेक सारगर्भित लेख लिखे हैं। बंगाल में हुए भीषण हिन्दू-मुस्लिम दंगों पर अपनी राय व्यक्त करते हुए एकता की बात की गई है। 'प्रेम में ही सुख और कल्याण है' नामक निबन्ध में उन्होंने लिखा—असल में हिन्दू हों या मुसलमान, वे पहले मनुष्य हैं, उसके बाद हिन्दू एवं मुसलमान हैं। यदि मनुष्यत्व ही खो गया तो फिर पशु या पिशाच में न हिन्दुत्व रहेगा, न मुसलमानत्व। इस समय जैसी कार्यवाहियाँ हो रही हैं उनसे तो यही सिद्ध होता है कि हम लोग मनुष्यत्व की हत्या पर ही तुले हुए हैं, और वह करते भी हैं धर्म के पवित्र नाम पर।[147]

बंगाल और बिहार में घट रही उस समय की घटनाएँ भी 'कल्याण' में प्रमुखता से छापी गई हैं। बिहार में हो रहे उपद्रव को बंगाल की प्रतिक्रिया मानते हुए लिखा गया है कि बिहार में जो कुछ हुआ है, वह कलकत्ता के हत्याकांड के सिलसिले में ही हुआ है, वहाँ और यहाँ के उपद्रव को एक-दूसरे से अलग नहीं माना जा सकता।[148] 'धर्म की जय' शीर्षक कविता में

हिन्दुओं को जागृत करने की बात की गई है जिसके रचयिता का नाम नहीं मिलता है—

हिन्दुओ सोच रहे क्या आज?
लुटाकर माँ बहिनों की लाज।
एक दिन ये सब के सरताज
बने वे दानों के मोहताज।[149]

इस तरह 'कल्याण' दुःख, कष्ट व मानसिक अशान्ति से पीड़ित विश्व-मानवता को प्रेम, सदाचार, अहिंसा, सहिष्णुता एवं शान्ति का सन्देश पहुँचाने का पवित्र कार्य आज भी कर रहा है। भारतवर्ष में, विशेष रूप से पूर्वी उत्तरप्रदेश में नैतिकता, धर्म, अध्यात्म सम्बन्धी सन्देशों द्वारा इस पत्र ने एक नई सात्त्विक चेतना जगाई है एवं देश-धर्म के साथ-साथ हिन्दी के गौरव में श्रीवृद्धि की है।

सन 1932 में 'बुन्देलखंड केसरी' का प्रकाशन उरई से प्रारम्भ हुआ। इसके प्रकाशक दीवान शत्रुघ्न सिंह थे। सम्पादक का कार्यभार रामेश्वर प्रसाद शर्मा एवं रामगोपाल गुप्त देखते थे। 'बुन्देलखंड केसरी' पूर्णतया साइक्लोस्टाइल पत्र था। इस पत्र ने 1935 तक सम्पूर्ण बुन्देलखंड में राष्ट्रीय चेतना एवं जन-जागरण को प्रोत्साहित किया। इसके सम्पादक रामगोपाल गुप्त ग्राम के खँडहरों में बैठकर लेख लिखा करते थे। आन्दोलन के सामाचारों को विभिन्न तरीकों से एकत्र कर पत्र में छापते थे। 'बुन्देलखंड केसरी' की प्रतियाँ जिले के कोने-कोने में वितरित होती थीं और अधिकारियों के घरों में भी भेजी जाती थीं। जराखर-निवासी रामदयाल और सुखलाल पत्र की प्रतियाँ ढोते और उन्हें यथा-स्थान पहुँचाते थे।[150]

ब्रिटिश सरकार द्वारा इस दौरान जब्त किए गए प्रकाशनों में एक अनियतकालीन पत्र यह भी था जिसका 18 दिसम्बर, 1933 का अंक जब्त कर लिया गया।[151] जब्त किए गए 'बुन्देलखंड केसरी' के अंक के सम्पादक रणधीर थे। यह स्वतन्त्र प्रेस, बुन्देलखंड द्वारा मुद्रित एवं प्रकाशित है। 'बुन्देलखंड केसरी' के इस जब्तशुदा अंक में सारी विस्फोटक सामग्री का प्रकाशन हुआ। इसमें 'हमारी कलम से' नामक सम्पादकीय में सम्पादक ने अपने विचार व्यक्त करते हुए लिखा है—बुन्देलखंड केसरी का यह छोटा-सा विशेषांक हम उन व्यक्तियों को सहर्ष समर्पित करते हैं जो कि बुन्देलखंडी हैं, बुन्देलखंड से प्रेम रखते हैं और जो बुन्देलखंड से जरा भी परिचित हैं।

खासकर हम यह अंक उन नवयुवकों के हाथ में देना चाहते हैं जो कि अपनी माँ के लिए, अपनी जननी जन्मभूमि के प्रति अपना कुछ कर्तव्य समझते हैं। वे इसे पढ़ें और अपना कर्तव्य, अपना पथ निश्चय करें और देश को दासता-पाश से मुक्त करें।[152] 'बुन्देलखंड केसरी' एकमात्र ऐसा पत्र था जो जनता को तत्कालीन सविनय अवज्ञा आन्दोलन की तैयारी तथा नेताओं के विचार, विभिन्न क्षेत्रों में आन्दोलन का श्रीगणेश, क्रियान्वयन एवं सरकारी प्रतिक्रिया की रिपोर्ट देता था। गाँव का मुखिया कांग्रेस का कार्यकर्ता था। शिक्षक जो भी उपलब्ध हो, अनपढ़ ग्रामीणों के मध्य ऊँची आवाज में खबरें पढ़ता था। लोग पत्र के समाचार जानने के लिए उत्सुक रहते थे। समय-समय पर जारी सरकारी रिपोर्ट से पता चलता है कि अनायास ही सम्पादकों को चेतावनी देना, पत्रों को जब्त कर लेना या प्रेस को तहस-नहस कर देना, उच्चाधिकारियों का शौक बन गया था। सरकारी दबाव एवं आर्थिक परेशानियाँ ऐसी थीं कि 'बुन्देलखंड केसरी' को अपने अस्तित्व की रक्षा करना हर पल कठिन प्रतीत होता था।

'बुन्देलखंड केसरी' के ब्रिटिश सरकार द्वारा जब्त किए गए अंक में कुल पृष्ठों की संख्या चालीस है। इस विशेषांक के बारे में सम्पादक ने सम्पादकीय 'हमारी कलम से' के अन्तर्गत लिखा है—तथापि हमें बड़ा सन्तोष है कि हमारा 'बुन्देलखंड केसरी' इतनी सज-धज के साथ आपके सामने उपस्थित हुआ है। फिर ऐसी विकट परिस्थितियों में जब उसके विरुद्ध एक सुसंगठित सरकार हो और उसके सैकड़ों लोग पता लगाने में दत्तचित्त हैं। पर यह हमारा सौभाग्य है कि हमने अभी तक उसके दाँत खट्टे किए हैं और आए तो उसमें टाटरी भी प्रयोग करेंगे।[153] 'बुन्देलखंड केसरी' में मुख्यतया जोशीले गीत, वीरता से ओजपूर्ण कविताएँ तथा महात्मा गाँधी का गुणगान प्रकाशित होता था। परन्तु इसके प्रकाशन-स्थल का लाख कोशिश करने पर भी पुलिस पता न पा सकी। रण निमन्त्रण, रणभेरी, केसरिया बाना, राष्ट्र-भावना[154] शीर्षक के अन्तर्गत ओजपूर्ण कविताएँ जब्तशुदा अंक में प्रकाशित हुईं।

इसी अंक में 'महाराज छत्रसाल'[155] शीर्षक के अन्तर्गत छत्रसाल, शिवाजी का परिचय एवं उनकी शौर्य की गाथा को सामने रखकर भारतीयों में राष्ट्रीय भावना जागृत करने की कोशिश की गई है। 'धन्यवाद एवं समवेदना'[156] शीर्षक के अन्तर्गत उन व्यक्तियों के प्रति आभार प्रकट किया

गया है जिनसे 'बुन्देलखंड केसरी' के बारे में पूछताछ की गई, जेल गए तथा अनेक कठिनाइयों का सामना करना पड़ा। 'बुन्देलखंड केसरी' की रक्षा के लिए नवयुवकों को धन्यवाद भी दिया गया है। हम उन सबको हृदय से धन्यवाद देते हैं जिन्हें कि 'बुन्देलखंड केसरी' के सम्बन्ध में कष्ट उठाने पड़े हैं, जिन्होंने केसरी की मदद की है, और जिन्होंने उसे इस प्रकार के संग्राम के लिए आगे बढ़ाया है।[157]

भारतीय स्वाधीनता आन्दोलन की विषम परिस्थितियों में दीवान शत्रुघ्न सिंह ने महोबा में 2 जुलाई, 1932 को जिला राजनीतिक सम्मेलन करने का निश्चय किया था ताकि यह सिद्ध किया जा सके कि इतना दमन होने पर भी इस जिले में कांग्रेस का अस्तित्व कायम है। ब्रिटिश भक्तों के अलावा यहाँ आने-जाने के लिए सभी को रोक थी। कुलपहाड़ परगने का पचास सत्याग्रहियों का जत्था बालेन्दु जी के नेतृत्व में गया और सत्तर सत्याग्रहियों का जत्था शत्रुघ्न सिंह राठ से लेकर पहुँचे।[158] जब ब्रिटिश सरकार 'बुन्देलखंड केसरी' के संस्थापक दीवान शत्रुघ्न सिंह को गिरफ्तार करने में असफल रही तो उसने विधान का आश्रय लेकर उनके मगरौठ स्थित मकान की चल-अचल सम्पत्ति की कुर्की करके उसे नीलाम करना चाहा, किन्तु उसे कोई नीलाम की बोली बोलनेवाला नहीं मिला। अन्त में अपने गुर्गों के नाम उसे नीलाम कर दिया। अपनी लगातार असफलताओं पर पुलिस झुँझला उठी और उसने गाँधी आश्रम राठ पर छापा मारा। आश्रम के प्रमुख कार्यकर्ताओं रामधारी भाई और खरेलाल कांटा को गिरफ्तार कर लिया और आश्रम से आने तक उन पर जूतों की बौछार की जिसके फलस्वरूप दोनों बेहोश हो गए। होश आने पर उनसे दीवान शत्रुघ्न सिंह और 'बुन्देलखंड केसरी' के बारे में पूछा गया और जब वे न बता सके तो उन्हें जेल भेज दिया गया।[159] 'बुन्देलखंड केसरी' ने जब्त किए गए अंक में 'बुन्देलखंड केसरी की तलाश में' नाम से एक वार्तालाप भी प्रकाशित हुआ जिसमें अंग्रेज पुलिस के एक अधिकारी का कथन है। ''इस कमबख्त 'बुन्देलखंड केसरी' के मारे नाकों दम है। यह मेरे थानेदारों की पोल खोलता है, किसानों को भड़काता है, सरकारी भंडाफोड़ करता है।[160] 'बुन्देलखंड केसरी' का मुख्य ध्येय था पूर्ण स्वतन्त्रता। पत्र के द्वितीय पृष्ठ पर हस्तनिर्मित भारतमाता की तसवीर तिरंगा झंडा लिये अंकित है, जिसमें निम्नलिखित पंक्तियाँ उल्लिखित हैं—

हूँ जग माता विश्व विधाता, देश स्वतन्त्र बनाऊँ मैं।
आश्रयदाता, कष्ट निपाता, बन्धन मात्र हटाऊँ मैं।[161]
आगे की पंक्तियों में स्वतन्त्रता का स्पष्ट उद्‌घोष है—
अधीन होकर बुरा है जीना, मरना अच्छा स्वतन्त्र होकर।
सरल को तज कर गरल का प्याला है पीना अच्छा स्वतन्त्र होकर।
मिले उपाधि या मान पदवी, जो सेवा करके तो व्यर्थ है सब।
गढ़े में घिरणा के होके व्याकुल उतरना अच्छा स्वतन्त्र होकर।[162]

इस प्रकार की अनेक रचनाएँ 'बुन्देलखंड केसरी' में प्रकाशित हुईं जो अंग्रजों को खुली चुनौती थीं। कविताओं के अलावा वार्तालाप, नाटक, संक्षिप्त समाचार भी प्रकाशित होते थे। पत्र के इसी अंक में सजा पाए हुए हमीरपुर जिले के लोगों के नामों की सूची दी गई है जिसमें पता, सज़ा की अवधि एवं जुर्माना की राशि का स्पष्ट उल्लेख किया गया है। 'बुन्देलखंड केसरी' के इसी संस्करण में हमीरपुर के स्वाधीनता-आन्दोलन का संक्षिप्त इतिहास[163] प्रस्तुत किया गया है।

इस प्रकार हम देखते हैं कि तत्कालीन विषम परिस्थितियों में तथा सीमित साधनों के होते हुए भी 'बुन्देलखंड केसरी' ने सम्पूर्ण बुन्देलखंड-क्षेत्र में स्वाधीनता की अलख जगाई। पुलिस के सी.आई.डी. विभाग ने खबर दी कि 'बुन्देलखंड केसरी' का प्रेस, उसके संचालक और सम्पादक तथा अन्य बहुत-से कांग्रेसी मन्नीलाल गुरुदेव, गहरौली के मकान में शरण लेते हैं। खबर सही थी, पर गुरुदेव की सतर्कता ने पुलिस के छापे को असफल कर दिया। केवल सन्देह में ही मन्नीलाल गुरुदेव बन्दी बनाकर जेल भेज दिये गए।[164]

देश-दुनिया

सामाजिक और राजनीतिक जीवन में पत्र-पत्रिकाएँ जनता की पथ-प्रदर्शक तथा शुभचिन्तक की भूमिका का निर्वाह करती हैं। उनकी वास्तविक प्रकृति एवं गतिविधियाँ सामाजिक एवं राजनीतिक भ्रष्टाचार, अन्याय, शोषण एवं असमानता के विरुद्ध हैं। वे समाचारों, लेखों एवं टिप्पणियों के माध्यम से इन विषयों की ओर ध्यान आकर्षित करती रहती हैं। पत्र-पत्रिकाओं में प्रकाशित सामग्री समाज के सामाजिक संगठन की रूपरेखा प्रस्तुत करती है।[165] मानव-जीवन के विभिन्न पक्ष राजनीतिक, सामाजिक, आर्थिक एवं सांस्कृतिक जीवन के साथ पत्र-पत्रिकाओं के घनिष्ठ सम्बन्ध को नकारा नहीं जा सकता है। पत्र-पत्रिकाएँ मानव-जीवन के लिए व्यक्तिगत एवं सामूहिक रूप से एक ऐसा उपयोगी अंग बन गई हैं जिनका महत्त्व लगातार बढ़ता जा रहा है। वस्तुत: पत्र-पत्रिकाएँ आधुनिक जीवन की विश्वकोश बन चुकी हैं।[166]

हिन्दी की प्रतिबन्धित पत्र-पत्रिकाओं ने भारतीय जनमानस की राजनीतिक चेतना को विकसित और जागृत करने में किस प्रकार का योगदान किया? प्रस्तुत अध्याय के अन्तर्गत इसी बात का अध्ययन किया जाएगा। हिन्दी की पत्र-पत्रिकाओं के सम्पादकगणों ने राष्ट्रीय, अन्तरराष्ट्रीय व राजनीतिक घटनाओं को किस रूप में अपने पाठकों के सामने प्रस्तुत किया? प्रतिबन्धित पत्र-पत्रिकाओं के प्रकाशन के दौरान राष्ट्रीय, अन्तरराष्ट्रीय स्तर पर जो उथल-पुथल थी, उसके प्रति सम्पादक कितने सजग थे तथा उनकी प्रतिक्रियाओं का स्वरूप क्या था? इन प्रश्नों पर तथा इसी प्रकार के अन्य प्रश्नों पर विचार किया जाएगा।

यहाँ यह विचारणीय तथ्य है कि प्रतिबन्धित पत्र-पत्रिकाओं के सन्दर्भ में राजनीतिक चेतना के प्रश्न को आर्थिक, सामाजिक एवं सांस्कृतिक विकास के पूर्व क्यों रखा गया? इसका स्वाभाविक उत्तर यही है कि स्वाधीनता

आन्दोलन के समय भारतीय जनता का मुख्य विरोध, अंग्रेजी शासन और सामन्तवाद से था। सम्पूर्ण भारतीय जनता की आर्थिक, सामाजिक और सांस्कृतिक चेतना में मुख्य रुकावट इस देश की राजनीतिक पराधीनता थी। अत: यह कहा जा सकता है कि स्वाधीनता आन्दोलन के समय सभी आर्थिक, सामाजिक और सांस्कृतिक आन्दोलन राजनीतिक आन्दोलन के उपजीव्य थे। इसलिए हिन्दी के प्रतिबन्धित पत्र-पत्रिकाओं में अभिव्यक्त सामाजिक, सांस्कृतिक एवं आर्थिक प्रश्नों को समझने के लिए सबसे पहले राजनीतिक प्रश्नों के स्वरूप और उसके विकास का ज्ञान होना अत्यन्त आवश्यक है। यही कारण है कि राजनीतिक प्रश्नों को विवेचन का सबसे पहले विषय बनाया गया है।

भारतीय राजनीतिक परिवेश में उन्नीसवीं शताब्दी का उत्तरार्ध एवं बीसवीं शताब्दी के आरम्भिक चार दशक विश्वव्यापी उथल-पुथल के दृश्य थे। यही वह दौर था जब अन्तरराष्ट्रीय राजनीतिक क्षितिज पर घटी घटनाओं का व्यापक प्रभाव विश्व-राजनीति पर पड़ा। जर्मनी, फ्रान्स, इटली तथा यूरोप के अनेक देशों में मजदूरों ने अपनी एकता कायम की तथा उनकी संग्राम-शक्ति में वृद्धि हुई। भारतीय राष्ट्रीय कांग्रेस की एक शाखा ने इंग्लैंड में काम करना आरम्भ किया। भारतीय स्वाधीनता आन्दोलन के सक्रिय कार्यकर्ताओं ने यूरोप एवं अमेरिका के मजदूर-वर्गों के समाजवादी आन्दोलनकारियों से सम्पर्क स्थापित करना आरम्भ किया। भारतीय स्वाधीनता आन्दोलन का यह दौर ऐतिहासिक रूप से काफी महत्त्वपूर्ण है। सन 1896 ई. में यूरोप की साम्राज्यवादी शक्ति इटली का अफ्रीकी देश अबीसीनिया से संघर्ष हुआ। इटली पराजित हुआ। सन 1899-1902 के बोयर युद्ध में इंग्लैंड को भयंकर संकटों का सामना करना पड़ा। विश्व का एक शक्तिशाली देश रूस एशियाई देश जापान से पराजित हुआ। रूस के मजदूरों और किसानों ने ज़ार के विरुद्ध क्रान्ति का झंडा बुलन्द किया। चीन में अमेरिकी सामान का बहिष्कार हुआ। वह भी क्रान्तिकारी आन्दोलन का एक हिस्सा था।[167]

किसी भी राजनीतिक आन्दोलन की सफलता पत्र-पत्रिकाओं पर निर्भर करती है। सत्रहवीं, अठारहवीं एवं उन्नीसवीं शताब्दी में राष्ट्र के रूप में समन्वित होने के लिए तत्कालीन व्यवस्था के विरुद्ध संघर्ष हेतु और आधुनिक राज्य, समाज एवं संस्कृति की स्थापना के लिए यूरोप ने पत्र-पत्रिकाओं का सहारा लिया। फ्रान्स की राज्यक्रान्ति को दार्शनिक आधार प्रदान करने का महत्त्वपूर्ण कार्य पत्र-पत्रिकाओं द्वारा ही सम्भव हुआ। पत्र-पत्रिकाएँ ही थीं

जिनके माध्यम से भारतीय प्रबुद्ध वर्ग ने जनता में अपने सामाजिक विचारों का प्रचार करके उनमें धार्मिक रूढ़ियों और सामाजिक उत्पीड़न के विरुद्ध भावनाएँ उत्पन्न कीं।

भारतीय राष्ट्रीयता के विकास और उसको दिशा देने का कार्य हिन्दी की प्रतिबन्धित पत्र-पत्रिकाओं ने बखूबी किया, क्योंकि भारतीय स्वाधीनता आन्दोलन शुरू होने के पूर्व ही उनका ध्यान राजनीतिक प्रश्नों की ओर था। प्रख्यात पत्रकार ए. ई. चार्लटन ने लिखा है कि— जब से भारतीय सम्पादकों ने देश की स्वतन्त्रता के लिए अपनी लेखनी का प्रयोग करना आरम्भ किया, उसके पहले से ही समाचार-पत्रों ने राजनीतिक विषयों में गहरी दिलचस्पी लेना आरम्भ कर दिया था।[168] शिक्षा के प्रचार-प्रसार के फलस्वरूप हिन्दी पत्रकारिता का विकास प्रथम स्वन्तत्रता-संग्राम (1857) तक यद्यपि उतनी तेजी से नहीं हुआ जितनी अपेक्षा थी, फिर भी हिन्दी पत्रकारिता की कहानी राष्ट्रीय विकास के समानान्तर चल रही थी। प्रथम स्वतन्त्रता-संग्राम की असफलता से राष्ट्रीय जीवन में एक प्रकार की शिथिलता आ गई थी और भारतीय जनमानस एक अनुत्साह, उदासी और अवसाद की स्थिति में था, परन्तु यह स्थिति अधिक दिनों तक स्थिर नहीं रही और पुन: राष्ट्रीय विचारधारा का संचार भारतीय जनमानस में तेजी से होने लगा। इस प्रक्रिया में हिन्दी पत्रकारिता ने पुन: राष्ट्रीय जीवन में जागृति एवं चेतना उत्पन्न की। अनेक समाज-सुधारकों द्वारा संचालित राजनीतिक आन्दोलन पुन: भारतीय जनमानस को उद्वेलित करने में सहायक सिद्ध हुए।

हिन्दी की प्रतिबन्धित पत्र-पत्रिकाओं में अभिव्यक्त राजनीतिक प्रश्नों के समुचित मूल्यांकन के लिए भारतीय स्वाधीनता आन्दोलन की महत्त्वपूर्ण घटनाओं की जानकारी आवश्यक है, क्योंकि इन घटनाओं की चर्चा सिर्फ चर्चा के लिए नहीं की गई, बल्कि प्रतिबन्धित पत्र-पत्रिकाओं के सम्पादकों ने अपना विश्लेषण, मूल्यांकन और अपनी राय जाहिर की है। बीसवीं शताब्दी के आरम्भिक दशक काफी हलचल भरे रहे। सम्पूर्ण भारत में अत्यन्त तीव्र गति से राजनीतिक परिवर्तन हुए। भारतीय स्वाधीनता आन्दोलन की प्रत्येक घटना में प्रतिबन्धित पत्र-पत्रिकाओं ने महत्त्वपूर्ण भूमिका निभाई। स्वदेश, सैनिक, कल्याण, बुन्देलखंड केसरी, क्रान्ति, चाँद, शंखनाद, विप्लव आदि अनेक प्रतिबन्धित पत्र थे, जिन्होंने अपने लेखों, कविताओं और सम्पादकीयों के माध्यम से स्वतन्त्रता आन्दोलन को एक स्पष्ट दिशा दी।

हिन्दी की प्रतिबन्धित पत्र-पत्रिकाओं में प्रकाशित विभिन्न लेखों और रचनाओं से स्वाधीनता आन्दोलन की विभिन्न प्रवृत्तियों का पता चलता है। दैनिक, साप्ताहिक, पाक्षिक एवं मासिक पत्र-पत्रिकाओं से राष्ट्रीय जागरण में सहयोग की जितनी आशा की जा सकती थी उसकी तुलना में इनका योगदान कहीं ज़्यादा रहा। उपर्युक्त पत्रों ने राजनीतिक आन्दोलन के अनेक महत्त्वपूर्ण पक्षों पर लेख एवं टिप्पणियाँ प्रकाशित कीं और हिन्दी-भाषी जनता को उत्साहित और जागृत किया। गोरखपुर से प्रकाशित होनेवाले साप्ताहिक पत्र 'स्वदेश' ने भारतीय जनमानस को उद्वेलित किया। 'स्वदेश' के विजयांक में प्रकाशित श्री अनूप शर्मा की निम्नलिखित कविता देशभक्तों के लिए प्रेरणा-स्रोत रही-

क्रान्ति की ऊषा से होगा रक्त भारतीय व्योम,
ताप भरा नेह का तरणि तमके ही गा।
कायरो! क्यों लेते हो कलंक को अकारथ ही
भारत के भाग्य का सितारा चमके ही गा।[169]

इस कविता की प्रत्येक पंक्ति का अनुवाद अंग्रेजी भाषा में किया गया तथा अंग्रेज अधिकारियों के पास उसकी प्रतियाँ भेजी गईं ताकि भारत के देशभक्तों की उग्र राष्ट्रीयता का पता चल सके। 'स्वदेश' के इसी अंक में प्रकाशित एक अन्य कविता 'माँ' में विदेशी शासन को अत्याचारी की संज्ञा प्रदान की गई है—

वे नृशंस दर्शन से ही मर जाएँ बस आँखें मूँदे।
अत्याचारी बधिक विदेशी छाती पर न अधिक कूदें।
एक बार माँ! एक बार तू नाच काम बन जाएगा।
तांडव की बस एक कला में रक्त-पात्र भर जाएगा।[170]

हिन्दी पत्र 'स्वदेश' ने अपनी टीका-टिप्पणियों, लेखों और कविताओं के माध्यम से हिन्दी-क्षेत्र की जनता में क्रान्तिमय विचारों को प्रवाहित करने और उन्हें क्रान्तिकारी कार्यों की ओर उन्मुख करने में महत्त्वपूर्ण भूमिका का निर्वाह किया।

भारतीय स्वाधीनता आन्दोलन के दौरान भारतीय जनता का मुख्य अन्तर्विरोध विदेशी शासन से था। उससे मुक्ति के लिए सन 1885 ई. से ही भारत का बुद्धिजीवी वर्ग कांग्रेस के झंडे तले संगठित हुआ। कालान्तर में इसका जनाधार विस्तृत होता गया। इसके नेतृत्व में सभी विचारधारा के

लोग आकर शामिल हुए। हिन्दी की प्रतिबन्धित पत्र-पत्रिकाओं में राजनीति से सीधे सम्बन्ध रखनेवाले लेखों की संख्या बहुत कम है, लेकिन विश्व की महत्त्वपूर्ण राजनीतिक, आर्थिक, सामाजिक और सांस्कृतिक घटनाओं का विवेचन अधिक किया गया। पत्रों के सम्पादकीय में मुख्य रूप से भारतीय राजनीति की चर्चा एवं समीक्षा की गई है। राजनीतिक टिप्पणियों के अतिरिक्त भारत की राजनीति से सम्बन्धित अलग-अलग विशेषज्ञ विद्वानों से स्वतन्त्र लेख लिखवाए गए हैं। इन लेखों के माध्यम से अंग्रेजी शासन के नापाक एवं तानाशाह चेहरे को बेनकाब किया गया है। साथ ही कांग्रेस की गतिविधियों को भी प्रमुखता से छापा गया है। इनमें कांग्रेस के वार्षिक अधिवेशन के अध्यक्षीय भाषणों तथा अधिवेशन में पारित प्रस्तावों की समीक्षा है।

कांग्रेस के प्रस्ताव के प्रति 'नया हिन्दुस्तान' पत्र की प्रतिक्रिया द्रष्टव्य है— साम्राज्यवादी युद्ध की तरफ कांग्रेस का रुख उसके विभिन्न प्रस्तावों से बिलकुल साफ कर दिया गया है। जब तक ब्रिटेन कांग्रेस की माँग को पूरी नहीं कर देता, उनमें किसी तरह परिवर्तन नहीं हो सकता।[171] 'नया हिन्दुस्तान' के इसी अंक में सज्जाद ज़हीर का लेख 'समझौता किस बात का' प्रकाशित हुआ है जिसमें भारतीय जनता का आह्वान किया गया है—भाइयो, साथियो! इंकलाब के और आज़ादी के इस पैगाम को हर हिन्दुस्तानी तक पहुँचाओ। अपने एका, संगठन, इंकलाबी हिम्मत और जोश से मुल्क को आन्दोलन की तरफ ले चलो। याद रखो कि गैरकानूनी होने पर भी हमें कांग्रेस और दूसरी संस्थाओं के जरिये अपनी तहरीक चलाना है।[172]

प्रतिबन्धित पत्र-पत्रिकाओं के माध्यम से देशभक्तों का राजनीतिक ज्ञान बढ़ता गया। संसार की विभिन्न शासन-व्यवस्थाओं और लोकमत के साथ उसके घनिष्ठ सम्बन्ध का पता चला। अंग्रेजी शासन की निरंकुशता पर जनता का आक्रोश और असन्तोष बढ़ता गया। पत्रिकाओं ने यह विश्वास पैदा किया कि जनान्दोलनों में काफी शक्ति होती है; वे कभी व्यर्थ नहीं जाते। कानपुर से प्रकाशित होनेवाले मासिक पत्र 'वालंटियर' ने गाँधी जी द्वारा चलाए जा रहे सत्याग्रह आन्दोलन को अपना पूरा समर्थन दिया। बीच में आन्दोलनों के ढीला पड़ने पर टोडर सिंह तोमर ने अपने लेख 'गाँधी के इक्कीस दिन' में लिखा—संसार-सागर पार करने को मल्लाह एवं नाव सब अनुकूल मिल गए थे, मगर शोक है कि जब हमारी नैया ठीक मँझधार में पहुँची, तभी हम यात्री पागल होकर (धार्मिक वाद-विवाद के बहाने आपस की लड़ाई) उसका पेंदा फोड़ने लगे। हम नाव और केवट को डुबाकर खुद ही न डूबेंगे बल्कि

सम्पूर्ण अपकार का पाप सिर धर भारत-सन्तान को सदा के लिए कलंकित बना देंगे।[173]

प्रतिबन्धित पत्रों में 'चाँद' का फाँसी अंक काफी महत्त्वपूर्ण है। इस अंक में अंग्रेजों द्वारा दिल्ली में किए गए भीषण दमन और अत्याचारों के कृत्यों का प्रभावपूर्ण वर्णन किया गया है। साथ ही जिस प्रकार देशद्रोहियों को अपनी ओर मिलाकर धोखे से अपना काम निकाला, उसका प्रभावपूर्ण चित्रण मिलता है। बादशाह बहादुरशाह जफर, बेगम जीनत महल और शहजादे कैसे गिरफ्तार हुए? शहजादे कैसे हडसन द्वारा गोली से मारे गए? कैसे शहजादे के कटे सर थाल में रखकर हडसन ने बादशाह के सामने पेश किए? इसका वर्णन करते हुए ख्वाजा हसन निजामी ने अपने लेख में लिखा—हडसन ने कहा कि यह आपकी नजर है, जो बन्द हो गई थी और जिसको जारी करने के लिए आपने गदर में शिरकत की थी।[174] बादशाह बहादुर शाह जफर के प्रति इलाहीबख्श और रज्जब अली के विश्वासघात का मार्मिक वर्णन भी इसमें है। भारतीयों में राजनीतिक चेतना जागृत करने में मासिक पत्र 'क्रान्ति' की उल्लेखनीय भूमिका रही। अपने लेखों एवं कविताओं के माध्यम से इस पत्र ने राष्ट्रीयता का प्रचार-प्रसार किया। स्वराज्य प्रसाद द्विवेदी की कविता 'बन्दी की बेड़ी बोल उठी' इस सन्दर्भ में उल्लेखनीय है—

निर्भीक सिपाही या बन्दी साहस की उसमें क्षमता थी,
उसकी बातों में एक नई, मेंहदी की-सी मादकता थी,
वह जकड़ गया था लोहों से, पर क्या विचार भी बन्दी थे?
वह था बन्दी, वह था कैदी, आदर्श न उसके बन्दी थे।[175]

भारतीय स्वाधीनता के लिए संघर्ष करनेवाले बहुत-से भारतीय अंग्रेजी शासन-सुधार के प्रति आशान्वित और उत्साहित थे। शायद वे साम्राज्यवाद के वास्तविक चरित्र से परिचित नहीं थे, जिसका, खुलासा प्रतिबन्धित पत्र-पत्रिकाओं ने अपने लेखों में किया है और तथाकथित प्रजातन्त्र के वास्तविक स्वरूप को भारतीय जनता के सामने रखा। भारतीयों को यह याद दिलाया गया कि अंग्रेजों के देश में तो वास्तव में प्रजातन्त्र है, लेकिन भारत में उन्होंने साम्राज्यवाद कायम कर रखा है। 'विप्लव' पत्र के सम्पादक यशपाल ने स्पेन पर अपने विचार व्यक्त करते हुए सम्पादकीय टिप्पणी में लिखा है कि—इंग्लैंड और फ्रान्स की सरकारें प्रजातन्त्र का समर्थक होने का दम भरती हैं, परन्तु स्पेन में हिटलर और मुसोलिनी की सहायता से तानाशाही कायम करनेवाले जनरल फ्रांको की इन सरकारों ने निष्पक्षता की आड़ में किस

प्रकार की सहायता की और इस सहायता का उद्देश्य क्या था?[176] इसके अलावा 'बुन्देलखंड केसरी' पत्र की 'उनकी भावना' कविता तत्कालीन पत्र-पत्रिकाओं की राजनीतिक घटनाओं के प्रति व्यक्त हुई जागरूकता को रेखांकित करती है—

इस ओर तड़पते पिता भ्रात, उस ओर तड़पती माता हो।
पत्नी भी खड़ी सिसकती हो, और आँसू पुत्र बहाता हो।
देख दशा भारत की हमने निश्चय मन में ठाना है।
मातृभूमि की बलिवेदी पर निज बलिदान चढ़ाना है।
निर्वासिन का खौफ नहीं, तपोभूमि है कारागार।
जीवन फूल चढ़ा देने से, माता लेगी गोद पसार।[177]

'बलिदान' पत्रिका के प्रतिबन्धित अंक में प्रकाशित कविता 'उठ जाग' में लेखक रामरत्न गुप्त ने भारतीय जनों को जगाया है—

वीर! उठ जाग-जाग
मातृभूमि के लिए हृदय में, ला फिर वह अनुराग।
वीर! उठ जाग-जाग
सोच-सोच इतिहास पुराना, कर्ण भीम अर्जुन और राणा।
गा भारत माता का गाना, हो उसमें मधुराग।
वीर! उठ जाग-जाग।[178]

सत्यव्रत विद्यालंकार का लेख 'मृत्यु में जीवन' भी उल्लेखनीय है। इसमें जीवन की व्याख्या की गई है। आदर्श जीवन-प्रणाली की महत्ता को समझाया गया है। राष्ट्रीय भावना की आवश्यकता पर जोर दिया गया है। इसी लेख में महात्मा मसीह, ब्रूनो, दयानन्द सरस्वती, श्रद्धानन्द एवं राजपाल की शहादत को याद किया गया है। बलिदान को परिभाषित करते हुए कविराज हरिकृष्ण सहगल ने लिखा है—देश, जाति और धर्म के नाम पर जीवन न्योछावर करना ही बलिदान कहलाता है। देश, जाति और धर्म से प्रेम, देश, जाति और धर्म की उन्नति तथा रक्षा के भाव ही किसी व्यक्ति के बलिदान के कारण हो सकते हैं।[179]

वस्तुत: पूँजीवाद अपने देश के आन्तरिक संकट को समाप्त करने के लिए साम्राज्यवादी तरीके अपनाता है। अंग्रेज सरकार के इसी साम्राज्यवादी तरीकों को प्रतिबन्धित पत्र-पत्रिकाओं ने भारतीय जनता के सामने रखा। राष्ट्रीय आन्दोलन की जानकारी देने तथा राजनीतिक प्रश्नों को हिन्दी-भाषी जनता के सामने रखने तथा उन्हें जागरूक बनाने के लिए जिस प्रकार के

लेख, कविताएँ एवं टिप्पणियाँ प्रतिबन्धित पत्र-पत्रिकाओं में प्रकाशित होती थीं, उसके कुछ उदाहरण ऊपर दिये गए हैं। इनके अतिरिक्त राजनीतिक एवं अन्य आन्दोलनों से सम्बन्धित अनेक ऐसे प्रश्न हैं जिन पर हिन्दी की प्रतिबन्धित पत्र-पत्रिकाओं ने अपनी प्रतिक्रिया समय-समय पर व्यक्त की। यदि प्रतिबन्धित पत्र-पत्रिकाओं के राजनीतिक लेखों, कविताओं और टिप्पणियों को समग्र रूप से विस्तार से विवेचन का विषय बनाया जाए तो एक स्वतन्त्र ग्रन्थ तैयार हो सकता है।

हिन्दी की प्रतिबन्धित पत्र-पत्रिकाओं ने साम्राज्यवादी शासन की उन सारी कमियों को भारतीय जनता के सामने उजागर किया है जिनके कारण साम्राज्यवाद के अधीन रहनेवाले देश का आर्थिक, सामाजिक एवं सांस्कृतिक विकास अवरुद्ध हो जाता है। भारत की जनता में राजनीतिक एकता की भावना जागृत करने में ये पत्र-पत्रिकाएँ सफल रहीं। वस्तुत: भारत को राजनीतिक स्वतन्त्रता दिलाए बिना न तो इसका आर्थिक विकास सम्भव था और न ही सामाजिक, सांस्कृतिक उत्थान की आशा थी। राजनीतिक आज़ादी के बगैर हम अपनी जातीय चेतना के अवरोधों को भी समाप्त नहीं कर सकते थे। भारतीय जनता को राजनीतिक तौर पर प्रशिक्षित करने के क्रम में प्रतिबन्धित पत्र-पत्रिकाओं ने आर्थिक समस्याओं को भी सामने रखा, जिसकी चर्चा आगे की जाएगी।

आधुनिक युग में मानव-समाज का चक्र आर्थिक धुरी से जुड़ा हुआ है। व्यापारिक प्रतिष्ठानों के विज्ञापन, उनकी नीतियों, रोजगार सम्बन्धी समाचार, विज्ञापन तथा औद्योगिक अशान्ति में निष्पक्ष मध्यस्थ की भूमिका का निर्वाह तो पत्र-पत्रिकाएँ करती ही हैं, साथ ही वित्तीय समाचारों पर वे सर्वेक्षणात्मक रिपोर्ट प्रकाशित कर उनके प्रति जनता के विचार को भी स्पष्ट करती हैं। वे आर्थिक समस्याओं की ओर ध्यान आकर्षित करते हुए उनके समाधान के लिए एक उपयुक्त वातावरण का निर्माण करती हैं।

भारत में अंग्रेजी उपनिवेशवादी शासन का मुख्य उद्देश्य था आर्थिक शोषण करना। यह तथ्य है कि बिना राजनीतिक पराधीनता के किसी भी देश का आर्थिक शोषण नहीं किया जा सकता। आर्थिक दोहन की अनिवार्य शर्त है राजनीतिक प्रभुत्व कायम करना। प्रसिद्ध अमरीकी विद्वान जैक वाडिस ने उपनिवेशवाद की व्याख्या करते हुए लिखा है— 'उपनिवेशवाद का राजनीतिक सारतत्त्व है—राजसत्ता के आधार पर एक देश द्वारा दूसरे

देश को प्रत्यक्ष रूप से पूरी तरह अधीन रखना। इसमें राजसत्ता प्रभुत्वशाली विदेशी शक्ति के हाथ में होती है।'[180] एशिया एवं तीसरी दुनिया के अन्य देशों पर पश्चिमी देशों ने पिछली शताब्दी में जो राजनीतिक पराधीनता कायम की, उसके उद्‌देश्यों को रेखांकित करते हुए जैक वाडिस ने लिखा कि, 'इस प्रत्यक्ष राजनीतिक प्रभुत्व के दो उद्‌देश्य थे : उपनिवेशों की जनता को राजनीतिक दृष्टि से गुलाम बनाकर रखना तथा जनता एवं उस देश के संसाधनों का यथासम्भव शोषण करना।[181] भारत में अंग्रेजी उपनिवेशवादी सरकार ने जो भी कानून पारित किए, उनमें यह बात स्पष्ट रूप से देखी जा सकती हैं।'

भारत में अंग्रेजी उपनिवेशवाद के पीछे मुख्य उद्‌देश्य आर्थिक हितों से प्रेरित थे। उपनिवेश में रहनेवाली जनता के सीधे शासन की आवश्यकता सिर्फ इसलिए नहीं थी कि इसके कारण उपनिवेश की जनता का शोषण आसानी से किया जा सकता था, बल्कि सम्भावित प्रतियोगिता के लिए भी शासन की आवश्यकता थी। साम्राज्यवाद का अर्थ स्पष्ट करते हुए लेनिन ने लिखा है कि, 'साम्राज्यवादी शक्तियों ने उपनिवेशवाद को इसलिए वरीयता दी क्योंकि यही एकमात्र जरिया था जिसमें एकाधिकारियों को प्रतियोगियों के साथ संघर्ष के खतरे में सफलता की पूरी गारंटी मिलती थी। चूँकि उपनिवेशों के बाजार में एकाधिकारी तरीके से प्रतियोगिता को समाप्त करना सरल होता है, आदेश (खरीद के) सुनिश्चित होते हैं, आवश्यक सम्बन्धों को सुदृढ़ किया जा सकता है, आदि।'[182] उपनिवेशवाद के माध्यम से अंग्रेजों ने भारत की जनता को तरह-तरह से लूटा। अपनी ताकत के बल पर उन्होंने उपनिवेशों से सस्ती जमीनें, सस्ता श्रम और सस्ते संसाधन उपलब्ध किए। जिन कच्ची सामग्रियों का निर्यात किया जाता था, किसानों को उनकी कीमत जबरन दी जाती थी। जिस तैयार माल का साम्राज्यवादी देश से आयात किया जाता था, उनमें से अधिकांश चीजें उपनिवेश से लिये गए कच्चे माल से बनी होती थीं। इनके लिए उपनिवेशों में उनका एकाधिकार नियन्त्रित बाजार उपलब्ध होता था।[183]

भारतीय जनता अंग्रेजी शासन के अन्तर्गत अपना श्रम तथा उत्पादन कम कीमत पर बेचने के लिए मजबूर थी, साथ ही इंग्लैंड में बने सामान को अधिक कीमत पर खरीदने के लिए अभिशप्त थी। अर्थशास्त्र की शब्दावली में भारतीयों पर विनिमय की प्रतिकूल शर्तें थोपी गईं।[184] अंग्रेजों की विध्वंसकारी नीति के कारण भारतीय उद्योग-धन्धा और कृषि व्यवस्था दोनों ही चौपट हो

गए तथा भारतीय अर्थव्यवस्था तहस-नहस हो गई, जिससे भारतीय जनता की शिक्षा, संस्कृति तथा मानव-गतिविधियों के अन्य क्षेत्र भी प्रभावित हुए। भारतीय उद्योग एवं कृषि के आर्थिक शोषण का आभास स्वतन्त्रता आन्दोलन के शुरुआती दौर से ही भारतीय बुद्धिजीवियों को था। भारतीय राष्ट्रीय कांग्रेस के वार्षिक अधिवेशन एवं उनमें पारित किए गए प्रस्तावों में इस आर्थिक शोषण को रेखांकित किया गया है, किन्तु बीसवीं शताब्दी में आकर इस आर्थिक शोषण के कुपरिणाम यथार्थ रूप से भारतीय जनता के सामने आए। दादाभाई नौरोजी ने इस क्षेत्र में आगे आकर अपना योगदान दिया। बीसवीं शताब्दी के आरम्भिक दशकों में कविता-कहानी के अतिरिक्त स्वतन्त्र रूप से भारत की आर्थिक समस्याओं पर बहस तथा विचार-विमर्श आरम्भ हुआ।

हिन्दी की प्रतिबन्धित पत्र-पत्रिकाओं में आर्थिक समस्याओं को लेकर अनेक लेख, कविताएँ एवं सम्पादकीय प्रकाशित हुए जो इस बात के प्रमाण हैं कि बिना आर्थिक संघर्ष के राजनीतिक संघर्ष को पूर्णता नहीं प्राप्त हो सकती। स्वाधीनता आन्दोलन के समय प्रकाशित होनेवाली पत्र-पत्रिकाओं (सैनिक, चाँद, स्वदेश, वर्तमान, विप्लव, क्रान्ति, अभ्युदय) की फाइलें इस बात की गवाह हैं। अर्थशास्त्र के नियमों और भारत की आर्थिक समस्याओं को स्पष्टता के साथ भारतीय जनता के सामने रखने तथा उनका विश्लेषण करनेवाले जो लेख और टिप्पणियाँ समय-समय पर प्रतिबन्धित पत्र-पत्रिकाओं में प्रकाशित होती रही हैं, वे उल्लेखनीय हैं।

'स्वदेशी आन्दोलन' भारतीय स्वाधीनता आन्दोलन की उल्लेखनीय घटना है। हिन्दी के लगभग सभी पत्र-पत्रिकाओं ने इस आन्दोलन को आगे बढ़ाने में महत्त्वपूर्ण भूमिका निभाई। प्रतिबन्धित पत्र 'चाँद' ने अपनी 'स्वदेशी आन्दोलन' शीर्षक विज्ञप्ति में विभिन्न आँकड़े प्रस्तुत करते हुए लिखा— भारतवर्ष में अंग्रेज सत्ता के विस्तार की प्रत्येक घटना इस बात की साक्षी है कि भारतवर्ष का शासन इंग्लैंड के आर्थिक लाभ की दृष्टि से किया जाता है। अब विदेशी वस्त्र पहननेवाले हमारे भाई और बहिनें हृदय पर हाथ रखकर अपने अन्तःकरण से पूछकर देखें कि अपने तैंतीस करोड़ भाइयों को नरक की यन्त्रणा देकर, भारत के पड़ोसी राष्ट्रों की स्वतन्त्रता को खतरे में डालकर, शासक जाति के आत्मिक पतन का साधन उपस्थित कर और स्वयं अपनी ही सन्तति को मृत्यु के मुख में फेंककर भी विदेशी वस्त्र चाहते हैं या नहीं?[185] प्रतिबन्धित पत्र 'वालंटियर' में प्रकाशित गंगानारायण अवस्थी की 'चरखा महात्म' शीर्षक कविता भी उल्लेखनीय है—

कै मारू बाजन की, शब्द प्रतिध्वनि होवे।
सूरा को उत्साह क्रूर कायर दल रोवें।
कै काली कर रोष, उच्च स्वर से हुंकार्‌यो।
कै हनुमान महान असुर दल को ललकार्‌यो।[186]

हिन्दी पत्रिका 'अलंकार' का दृष्टिकोण पूर्णतया समाजवादी था। पूँजीवादी व्यवस्था के विरोध में अनेक रचनाएँ इसमें अकसर स्थान पाती रही हैं। 'पूँजीपतियों के प्रति' की निम्नलिखित पंक्तियाँ द्रष्टव्य हैं—गुलाम भारत के पूँजीपतियो! तुम अपनी पूँजी कैसे-कैसे व्यापारों में लगा रहे हो? संसार के वर्तमान विचारों की प्रबल वायुधाराओं में तरंगित हुआ मेरा हृदय व्याकुलता से पूछता है कि तुम अपनी पूँजी किधर लगा रहे हो? तुम्हारे सब नामधारी व्यापार देश को अधिक-अधिक गुलाम बनाने में खत्म हो रहे हैं। इस समय तो एक ही व्यापार है जिसमें तुम्हें, हमें, सबको, अपनी सब पूँजी लगानी चाहिए, यह है स्वाधीनता को उत्पन्न करने का व्यापार।[187] मजदूर-वर्ग पूँजीवादी व्यवस्था की उपज है। पूँजीवादी व्यवस्था में मजदूर की दयनीय स्थिति का चित्रण 'विप्लव' में प्रकाशित प्रभाकर माचवे की कविता 'शनीचर' की निम्नलिखित पंक्तियाँ करती हैं—

एक मजदूरों की गन्दी-सी 'चाल'
वहाँ रोशनी भी बड़ी मुश्किल से जा सकती
हवा को तो है देशनिकाला-सा मिला
और बहती है सड़ायँध बदबू-भरी नाली
रहते हैं वहाँ कई कुटुम्ब एक साथ।[188]

'स्वदेश' के विजयांक में प्रकाशित लेख 'मजदूर दल और भारतवर्ष'[189] में इंग्लैंड में मजदूर-दल के सत्ता में काबिज होने पर खुशी जाहिर की गई है। भारत की स्थिति का बयान किया गया है तथा इंग्लैंड के साम्राज्यवादी स्वरूप का खुलासा किया गया है। इस लेख के लेखक कृष्णदेव प्रसाद गौड़ हैं। 'स्वदेश' के इसी अंक में 'लाल क्रान्ति के पंजे में' शीर्षक एकांकी प्रकाशित हुआ है, जिसके रचयिता पत्र के सम्पादक पांडेय बेचन शर्मा 'उग्र' हैं। रूस में ज़ारशाही शासन के सत्ताच्युत होने पर अपनी प्रतिक्रिया व्यक्त की गई है। पूरा एकांकी आठ दृश्यों में विभाजित है। एकांकी का अन्तिम वाक्य उल्लेखनीय है—कैसा शुभ संवाद है! अत्याचारी को उसके कुकर्मों का फल मिल गया। रावण का नाश हो गया। पूँजीवाद का समर्थक कुत्तों की मौत्र मार डाला गया। आज हमारा प्यारा रूस पवित्र हो गया। आज प्यारी

मातृभूमि के मुख पर मुस्कराहट दिखाई पड़ रही है। माँ, इतने से ही सन्तोष कर लो। ज़ार के ही खून से संसार के अन्धों की आँखें खुल जाएँ और गरीबों को उनकी झोंपड़ियाँ लौटा दें।[190] 'पूँजीवाद के अन्धकार में साम्यवाद का दिव्य प्रकाश'[191] पंडित विश्वम्भरनाथ जिज्जा का महत्त्वपूर्ण लेख है जो कि 'स्वदेश' के विजयांक में प्रकाशित हुआ है। इस लेख में पूँजीवाद की विषमताओं का लेखा-जोखा प्रस्तुत किया गया है तथा साम्यवाद की वकालत की गई है।

पूँजीवाद और फासीवाद आपस में घनिष्ठ सम्बन्ध रखते हैं। 'नया हिन्दुस्तान' नामक हिन्दी पत्र में 'फासिज़्म का जनाज़ा बँध गया' शीर्षक से सम्पादकीय प्रकाशित हुआ है जिसकी निम्नलिखित पंक्तियाँ द्रष्टव्य हैं—पूँजीवाद और फासीवाद के विघटन से, उनकी जली हुई राख से एशिया और यूरोप में एक नया समाज, एक नया संसार उदय होगा। मजदूरों का संसार, किसानों का संसार, दुनिया के शान्तिप्रिय और तरक्कीपसन्द मेहनतकशों का संसार जिसमें न शोषण होगा, न अन्याय, न युद्ध का नरसंहार।[192] 'नया हिन्दुस्तान' के इसी अंक में 'विदेशी माल बायकाट'[193] शीर्षक के अन्तर्गत कलकत्ता कांग्रेस 1928 ई. का प्रस्ताव छापा गया है जिसमें कांग्रेस निश्चित करती है कि कांग्रेस को आम तौर पर सब विदेशी कपड़े और खास तौर से ब्रिटिश माल के बहिष्कार के लिए आन्दोलन करना चाहिए।

हिन्दी की प्रतिबन्धित पत्र-पत्रिकाओं ने किसान-आन्दोलन से सम्बन्धित लेखों एवं कविताओं को प्रमुखता से छापा है। अंग्रेज शासन ने भारतीय किसान की कमर तोड़कर रख दी। असहाय किसान पर चौतरफा आर्थिक हमला किया गया। हिन्दी का साप्ताहिक पत्र 'अभ्युदय' जो कि इलाहाबाद से प्रकाशित होता था जिसने 18 नवम्बर, 1937 को अपना किसान अंक प्रकाशित किया, उसमें किसानों से सम्बन्धित अनेक रचनाएँ प्रकाशित हुईं। उसकी विस्फोटक सामग्री के कारण प्रान्तीय सरकार ने 'अभ्युदय' के इस अंक को जब्त कर लिया।[194] 'वालंटियर' पत्र में टोडरसिंह तोमर ने 'कानूनी चकमा' शीर्षक लेख के अन्तर्गत किसानों को एकजुट होने का आह्वान किया है—किसानों का भला तभी हो सकता है जब एक किसान दूसरे की पूरी और सच्ची हमदर्दी करे, बातों की नहीं किन्तु अमल की! इसलिए जब तक किसान उनकी मदद (पैसे की नहीं, बल्कि संगठन की) न करेंगे, अत्याचारों से छुटकारा कठिन है। भाई किसानो! सोचो और शर्माओ।[195]

हिन्दी की प्रतिबन्धित पत्र-पत्रिकाओं ने उन्हीं लेखों एवं अन्य रचनाओं को अपनी विषयवस्तु के रूप में चुना, जिनका सीधा सम्बन्ध उपनिवेशकालीन भारत की आर्थिक समस्याओं से था। उपनिवेशकालीन भारतीय अर्थव्यवस्था की स्थिति को सामने रखनेवाले दो पक्षों—कृषि एवं उद्योग पर अनेक लेख लिखे गए। इस तरह के सभी लेख सम्पादकीय सूझ-बूझ और परिस्थितियों के प्रति सजगता के परिचायक हैं। इन लेखों को भारतीय जनता के लिए आम बोलचाल की भाषा में प्रकाशित किया गया है। भारतीय कृषकों की आर्थिक दशा और कृषि-सुधार पर अनेक महत्त्वपूर्ण लेख प्रकाशित हुए। तत्कालीन हिन्दी की पत्र-पत्रिकाओं के अध्ययन से हम भारत की आर्थिक दशा और दिशा को समझ सकते हैं।

साम्राज्यवाद के विनाशकारी और शोषण से पूर्ण स्वरूप को सामने लाने के लिए हिन्दी की पत्र-पत्रिकाओं ने भारतीय कपड़ा-उद्योग का ऐतिहासिक विवेचन किया है। यह आज भी स्वीकार किया जाता है कि अंग्रेज शासन शुरू होने से पहले भारत का गृह-उद्योग तथा हस्तशिल्प उन्नत अवस्था में थे। विश्व की प्रमुख मंडियों तक भारतीय माल की पहुँच थी। यूरोप के बाजारों में ढाका में बनी सिल्क तथा मलमल की बड़ी माँग थी। मगर उपनिवेशवादी शासन ने धीरे-धीरे भारत के उद्योग-धन्धों के वर्चस्व की स्थिति को समाप्त कर दिया। यही कारण है कि पत्र-पत्रिकाओं ने अपने स्तर पर भारतीय मानस की ओर ले जाने की कोशिश की, जिससे देशवासी अपनी प्राचीन समृद्धि को समझें और आत्मगौरव का अनुभव करें। कहने की आवश्यकता नहीं कि हिन्दी की प्रतिबन्धित पत्र-पत्रिकाओं ने अपनी रचनाओं के जरिये तत्कालीन आर्थिक दुर्दशा के लिए अंग्रेजी राज को जिम्मेदार ठहराया। ये पत्र-पत्रिकाएँ जहाँ एक ओर भारतीय उद्योगों के विनाश की कथा कहती हैं, वहीं दूसरी ओर उससे निजात पाने के तरीके भी सामने लाती हैं; इससे वे स्वदेशी आन्दोलन का मार्ग प्रशस्त करती हैं।

वस्तुत: उपनिवेशवादी अंग्रेज शासकों की यह सुनिश्चित नीति थी कि उपनिवेश कच्चे माल के आपूर्तिकर्ता बने रहें जिससे उनका वाणिज्य तथा उद्योग चलता रहे। वे अपना कच्चा माल कम कीमत पर बेचते रहें और तैयार माल अधिक कीमत पर उपनिवेशों में खपाते रहें।[196] उपनिवेशों में शोषण के जितने भी तरीके थे, उनमें प्रमुख तरीका यही था। इन तरीकों का पत्र-पत्रिकाओं ने भारतीय जनता के सामने खुलासा किया। साथ ही

यह भी प्रचारित किया गया कि भारतीय घेरलू उद्योगों को बन्द कराकर साम्राज्यवादियों ने उनके बाजारों पर कब्जा कर लिया है।

हिन्दी की पत्र-पत्रिकाओं ने भारतीय पूँजीपतियों को भी आड़े हाथों लिया। उनको सुझाव दिया गया कि यदि वे नए यन्त्र लगाते हैं तो इसका लाभ भारतीयों को मिलेगा, विदेशों में नहीं जाएगा। अत्याधुनिक मशीनों को लगाने का सुझाव दिया गया जिससे विश्व-बाजार में स्पर्धा में पीछे न रह जाएँ। कृषि भारतीय अर्थव्यवस्था की रीढ़ है—यह पत्र-पत्रिकाओं के सम्पादकों को अच्छी तरह मालूम था, इसलिए उन्होंने उद्योगों के साथ ही कृषि से सम्बन्धित समस्याओं पर पर्याप्त ध्यान दिया। गाँव के किसानों की खराब आर्थिक स्थिति के लिए अंग्रेज शासन को दोषी ठहराया गया। उन्होंने स्पष्ट लिखा है कि भारतीय कृषकों की वर्तमान अवनति ब्रिटिश नीति का परिणाम है। अतीत की ओर बार-बार लौटकर एवं उनकी महान उपलब्धियों से प्रेरणा ग्रहण कर आर्थिक समस्याओं के निदान खोजने की कोशिश की गई। यह बात पत्र-पत्रिकाओं के माध्यम से ही भारतीयों ने समझी कि हम अंग्रेज के वाणिज्यिक साम्राज्य के परिशिष्ट-मात्र बनकर रह गए हैं।

प्रतिबन्धित पत्र-पत्रिकाओं के उपर्युक्त विवेचन से हम यह निष्कर्ष निकाल सकते हैं कि भारतीय अर्थव्यवस्था की बदहाली को भारतीय जनता के सामने इन पत्र-पत्रिकाओं ने सफलतापूर्वक रखा और साम्राज्यवादी, पूँजीवादी, उपनिवेशवादी एवं फासीवादी शक्तियों को पहचानने में मदद की। साथ ही उन्होंने स्वदेशी आन्दोलन को आगे बढ़ाया तथा किसानों को समाधान की ओर अग्रसर किया। उद्योग-धन्धों एवं हस्तशिल्प को भी पत्रिकाओं ने प्रोत्साहित किया। पत्र-पत्रिकाओं ने भारत की प्रत्येक आर्थिक समस्या के प्रति सतर्कता दिखलाई और उन पर होनेवाली प्रतिक्रियाओं के हर पहलू से हिन्दी-भाषी जनता को अवगत कराया। अपनी आर्थिक समस्याओं से पूरी तरह परिचित होने के बाद भारतीय जनता में निरंकुश शासन के प्रति विद्रोह का भाव ध्वनित हुआ।

व्यक्ति, समाज एवं सरकार तीनों के लिए पत्र-पत्रिकाएँ उपयोगी हैं। वाल्टर लिपमैन के अनुसार पत्र-पत्रिकाएँ समाज और अन्य संस्थाओं के लिए एक सेवक और अभिभावक के रूप में होती हैं, परन्तु यदि वे गलत हाथों में पड़ जाएँ तो सामाजिक अव्यवस्था और शोषण का कारण भी बन सकती हैं।[197] पाश्चात्य देशों के अलावा भारत में भी उन्नीसवीं शताब्दी

के समाजसुधार-आन्दोलन एवं राष्ट्रीयता के विकास में पत्र-पत्रिकाओं का महत्त्वपूर्ण योगदान रहा। भारतीय समाजसुधार-आन्दोलन के आदिजंनक राजा राममोहन राय एवं अन्य सुधारकों ने पत्र-पत्रिकाओं के माध्यम से ही अपने सुधारवादी एवं प्रगतिवादी विचारों को जनता तक पहुँचाया था।[198]

प्रतिबन्धित हिन्दी पत्र-पत्रिकाओं ने राष्ट्रीयता और सुधारवादी दृष्टिकोण को अपनाया। वे मात्र राजनीतिक समस्याओं को ही नहीं, अपितु सामाजिक समस्याओं को लेकर चलनेवाली पत्र-पत्रिकाएँ थीं जिनका मुख्य उद्देश्य था हिन्दू समाज में व्याप्त कुरीतियों, भ्रष्टाचार एवं विशेषत: सती-प्रथा जैसी रूढ़ियों का खंडन करना। शुरुआती दौर की पत्र-पत्रिकाओं के उत्तरदायित्व को रेखांकित करते हुए राजा राममोहन राय ने लिखा है कि—मेरा मात्र यही उद्देश्य है कि मैं जनता के सामने ऐसे बौद्धिक निबन्ध उपस्थित करूँ जो उनके अनेक अनुभवों को बढ़ाएँ और सामाजिक प्रगति में सहायक सिद्ध हों। मैं अपनी शक्ति-भर शासकों को उनकी प्रजा की परिस्थितियों का सही परिचय देना चाहता हूँ और प्रजा को उनके शासकों द्वारा कानून और तौर-तरीकों से परिचित कराना चाहता हूँ जिससे शासक जनता को अधिक-से-अधिक सुविधा देने का अवसर पा सकें और जनता उन उपायों से परिचित हो सके जिनके द्वारा शासकों से सुरक्षा पाई जा सके और उचित माँगें पूरी कराई जा सकें।[199] प्रतिबन्धित पत्र-पत्रिकाओं ने सामाजिक सुधारों के लिए अथक प्रयत्न किया। राजा राममोहन राय एवं अन्य सुधारवादी नेताओं के नेतृत्व में सामाजिक सुधार आन्दोलन का सूत्रपात हिन्दी पत्र-पत्रिकाओं द्वारा ही हुआ।

भारतीय स्वाधीनता आन्दोलन के दौरान सामाजिक सुधार, धार्मिक सुधार एवं राजनीतिक सुधार एक-दूसरे से सम्बद्ध थे। स्वतन्त्रता आन्दोलन का आरम्भिक दौर ही सामाजिक सुधारों का दौर है। प्रसिद्ध समाजशास्त्री एम. एन. श्रीनिवास ने लिखा है कि—उन्नीसवीं शताब्दी के सामाजिक इतिहास का एक अदना विद्यार्थी भी इस बात से परिचित है कि समाजसुधार-आन्दोलनों की शुरुआत राष्ट्रीय आन्दोलन से पहले हुई। नए पढ़े-लिखे अभिजन समाज के लोगों ने अपने समाज की बुराइयों को दूर करने की ओर पहले ध्यान दिया। उन्नीसवीं शताब्दी के उत्तरार्ध में आकर राष्ट्रीय जागरण में स्वतन्त्रता-प्राप्ति की आकांक्षा ने जन्म लिया। 1890 ई. तक आते-आते स्थिति यहाँ तक पहुँची कि इस बात को लेकर विद्वानों के बीच बहस चलने लगी कि स्वतन्त्रता-प्राप्ति को प्राथमिकता दी जाए अथवा समाज-सुधार को।[200]

वस्तुत: उन्नीसवीं शताब्दी के उत्तरार्ध और बीसवीं शताब्दी के आरम्भिक दशकों में सामन्तवाद-विरोधी संघर्षों के दौरान सामाजिक सुधार और धार्मिक सुधार एक-दूसरे से परस्पर जुड़े थे। इस सन्दर्भ में के. दामोदरन ने लिखा है— राष्ट्रीय जागरण की अभिव्यक्ति धार्मिक और राष्ट्रीय चेतना का प्रतिबिम्ब थी। सामाजिक और राजनीतिक धारणाएँ, जनतान्त्रिक तथा देशभक्तिपूर्ण आकांक्षाएँ, एक श्रेष्ठ जीवन के लिए आशाएँ—ये सब धार्मिक रूपों में प्रकट हुई थीं। इस प्रकार उन्नीसवीं शताब्दी के समाज-सुधारकों ने जिस भारतीय नवजागरण का सूत्रपात किया, उसका लक्ष्य धर्म से पूर्णत: सम्बन्ध विच्छेद कर लेना नहीं था। यह नवजागरण एक ओर पुराने धार्मिक रीति-रिवाजों के अनुरूप धर्म की नई व्याख्या करने पर आधारित था।[201] सामाजिक सुधार राजनीतिक चेतना के विकास के लिए आवश्यक था। समाजसुधार-आन्दोलन किसी-न-किसी रूप में अन्त तक स्वाधीनता आन्दोलन से जुड़ा रहा।

हिन्दी की प्रतिबन्धित पत्र-पत्रिकाओं के सम्पादकों ने सामाजिक आन्दोलनों को उचित महत्त्व प्रदान किया तथा अनेक सामाजिक विषयों पर लेख और टिप्पणियाँ प्रकाशित कीं। हिन्दी की प्रतिबन्धित पत्र-पत्रिकाओं में प्रकाशित कुछ महत्त्वपूर्ण सामाजिक विषयों के लेखों की सूची से यह बात प्रमाणित हो जाएगी। इनमें प्रकाशित सामाजिक लेखों के शीर्षक इस प्रकार हैं—स्त्री समाज की समस्याएँ, स्त्रियों की आज़ादी और साम्यवाद, स्त्रियों की आज़ादी और साम्यवादी, शराबखाने में, समाज में स्त्रियों का स्थान, हिन्दू-मुसलमान एका, सतीत्व अबला का या सबला का, अछूत समस्या, मृत्यु में जीवन, पशुबलि और महात्मा बुद्ध, प्रेम में ही सुख और कल्याण है, हमारा अनाचार, असली भारतवर्ष, आदि पर तथा इन जैसी अन्य समस्याओं पर जो बातें इन लेखों में सामने लाई गई हैं, वे विचारणीय हैं।

पत्रकारिता वास्तव में एक ऐसा दर्पण है जिसमें समाज अपनी सम्पूर्णता के साथ प्रतिबिम्बित होता है। भारतीय पत्रकारिता ने अपने आरम्भिक दौर में तद्‌युगीन जीवन को नवचेतना का मूल मन्त्र दिया। इसी नवचेतना से मानव-जीवन में सामाजिक, राजनीतिक एवं धार्मिक क्षेत्र का विकास हुआ। सोई हुई चेतना जागृत हुई, जिसने साहसिक संघर्षों की प्रेरणा दी और राष्ट्र को स्वाधीनता दिलाई। भारतीय नारी का समाजसुधार-आन्दोलन से घनिष्ठ सम्बन्ध है। यही कारण है कि भारतीय समाज-सुधारकों का ध्यान सर्वप्रथम स्त्रियों की दशा सुधारने पर गया। स्त्रियों की दयनीय दशा का इतिहास बड़ा विस्मयकारी है। इस दयनीय दशा के लिए अनेक तत्त्व जिम्मेदार रहे।

व्यक्तिगत कानून और धार्मिक मान्यताओं ने स्त्री को हमेशा नीचे रखा। सामन्तीय समाज-व्यवस्था का भी इसमें काफी योगदान रहा। स्त्री न तो व्यक्तिगत रूप से स्वतन्त्र थी और न ही अपने स्वतन्त्र व्यक्तित्व-विकास के लिए सक्षम थी। एक ओर समाज में विधवाओं की समस्या थी तो दूसरी ओर पुनर्विवाह की अनुमति भी नहीं थी। इतिहास इस बात का गवाह है कि काफी पहले से स्त्री सती और बालहत्या जैसी बर्बर और क्रूर परम्पराओं की शिकार थी। सती-प्रथा की समाप्ति के बाद भी विधवाओं को पुनर्विवाह की सुविधा नहीं मिली। इतना ही नहीं, मन्दिरों में देवदासी-प्रथा जो वेश्यावृत्ति का ही दूसरा रूप थी, प्रचलित थी।[202]

स्वाधीनता आन्दोलन के दौरान एक आवेग के साथ हिन्दी पत्र-पत्रिकाएँ सामने आईं। उनकी विषय-सामग्री ने जीवन को एक दूसरी दिशा की ओर मोड़ा। हिन्दी पत्रकारिता ने जहाँ एक ओर सुप्त मानव-चेतना को जगाया, वहीं समाज में व्याप्त अन्धविश्वास, छूआछूत आदि पर चोट की। पुरानी मान्यताओं को समय के अनुसार बदला। नित्यप्रति पत्र-पत्रिकाओं ने ऐसे समाचारों को यथोचित स्थान दिया जो न केवल सड़ी-गली मान्यताओं के प्रति अविश्वास पैदा करते हैं, अपितु विद्रोह की आग भी भड़काते हैं। स्वाधीनता आन्दोलन के दौरान की प्रतिबन्धित पत्रकारिता ने समाज को न केवल बाहर से बदलने का कार्य किया, अपितु उसे अन्दर से भी बदला। उसने भारतीय जनता में नवोन्मेष, नवजागृति और नवचेतना का संचार किया।

हिन्दी के साप्ताहिक पत्र 'स्वदेश' में 'हिन्दू समाज की स्थिति'[203] शीर्षक से पं. लक्ष्मीधर वाजपेयी का लेख प्रकाशित हुआ है, जिसमें आज के समाज और पुरातन समाज का तुलनात्मक अध्ययन प्रस्तुत किया गया है। लेखक प्रस्तुत लेख में यह बताना चाहता है कि आज का समाज किन सन्दर्भों में पतन की ओर जा रहा है। मनुष्य के नैतिक मूल्यों में ह्रास आ रहा है। इस स्थिति से उबरने के उपाय भी लेखक अपने उपर्युक्त लेख में सुझाता है। 'स्वदेश' के इसी अंक में एक अन्य लेख स्त्री-समस्या पर प्रकाशित हुआ। लेख का शीर्षक है 'समाज में स्त्रियों का स्थान'[204] जिसके लेखक पं. छविनाथ पांडेय हैं। हमारे समाज में नारी की क्या उपयोगिता है? प्रस्तुत लेख में यही सवाल उठाया गया है। सामन्तवादी समाज-व्यवस्था की कड़े शब्दों में आलोचना की गई है। समाज के तथाकथित शुभचिन्तकों द्वारा संकीर्ण विचारों को छोड़ने की बात की गई है तथा स्त्री-शिक्षा की वकालत की गई है। स्त्री-शिक्षा की समस्या पर सामाजिक विश्लेषण प्रस्तुत किया गया है।

राष्ट्रीय नेताओं तथा समाज-सुधारकों द्वारा इस समस्या के प्रति उपेक्षा-भाव पर अफसोस भी जाहिर किया गया है। सामाजिक बुराई भारतीय समाज की सामाजिक-आर्थिक संरचना में निहित थी। इसी कारण स्त्रीवर्ग शिक्षा से वंचित था। स्त्री-शिक्षा नारी-मुक्ति की समस्या का प्रधान अंग थी। सामाजिक कुरीतियों एवं आर्थिक विवशता के कारण भारतीय स्त्री अशिक्षित रहने के लिए अभिशप्त थी। प्रतिबन्धित पत्र-पत्रिकाओं के सम्पादकों तथा लेखकों का ध्यान इस सामाजिक समस्या की ओर गया और इस मुद्दे पर उन्होंने अपने पाठकों को यथासम्भव सजग और सचेत करने का प्रयास भी किया।

हिन्दी की अधिकतर प्रतिबन्धित पत्र-पत्रिकाओं (वर्तमान, अभ्युदय, हलधर, सुधा, सैनिक, विप्लव, नया हिन्दुस्तान, कल्याण) ने मनुष्य के मन में स्वाभिमान, आत्मरक्षा का भाव, अस्तित्व के प्रति चिन्ता और बौद्धिक क्षमता जैसी भावनाओं को विकसित किया। पत्रकारिता ने यह काम सीधी और सरल भाषा में कर दिखाया। प्रतिबन्धित पत्र-पत्रिकाओं ने जनजागरण का सन्देश दिया तथा समाज-सुधार एवं परिष्कार का कार्य भी किया। समानता, भ्रातृत्व, स्वतन्त्रता और उन्मुक्तता की नींव पर निर्मित मानव-समाज का ढाँचा खड़ा करने और उसे मजबूत बनाने में पत्रकारिता का विशेष योगदान रहा। उस दौर की शायद ही ऐसी कोई पत्रिका रही हो जिसमें मानवता, स्वतन्त्रता और मानवीय सम्बन्धों की सुदृढ़ और यथार्थ स्थिति को किसी-न-किसी रूप में विश्लेषित न किया गया हो।

हिन्दी की प्रतिबंन्धित पत्र-पत्रिकाओं ने हमेशा समाज की कुरीतियों एवं गलत प्रथाओं पर अपनी पैनी नजर रखी। उनको भारतीय समाज के सामने समय-समय पर उजागर भी किया। 'अलंकार' मासिक पत्र में 'हमारा अनाचार'[205] शीर्षक से लेख प्रकाशित हुआ जिसके लेखक प्रभुदास गाँधी हैं। लेख बड़ा ही विचारोत्तेजक और सामयिक है। उपर्युक्त शीर्षक लेख में लेखक ने भारतीय समाज की कुरीतियों पर जमकर प्रहार किया है। मुख्य समस्या अस्पृश्यता की है जिसे लेखक ने केन्द्र में रखा है। लेख को अत्यधिक प्रामाणिक बनाने के लिए महात्मा गाँधी के पत्र 'हरिजन' के उद्धरण भी यथास्थान रखे गए हैं। इस प्रकार सम्पूर्ण लेख भारतीय समाज की छूआछूत जैसी मानवीय समस्या पर बेबाक टिप्पणी है। लेखक अपने प्राचीन भारतीय समाज को भी याद करता है, जहाँ मानवीय सम्बन्ध बहुत प्रगाढ़ थे। 'अलंकार' के इसी अंक में अन्यत्र 'असली भारत'[206] स्तम्भ के अन्तर्गत अनेक समस्याओं को उठाया गया है। गाँवों में व्याप्त दरिद्रता की चर्चा की

गई है। बेकारी की समस्या को भी सामने रखा गया है। इसको दूर करने के उपाय भी सुझाए गए हैं।

भारतीय नवजागरण का अनुभव सर्वप्रथम 'बंगभूमि' ने किया, इसलिए स्वाभाविक रूप से हिन्दी पत्रकारिता नवजागरण, सुधार एवं परिष्कार जैसी प्रवृत्तियों से ओत-प्रोत रही। पत्र-पत्रिकाओं ने विधवा-पुनर्विवाह को एक आन्दोलन का रूप प्रदान किया और अन्ततः विधवा-पुनर्विवाह की अनुमति मिल गई। सभी कुप्रथाओं के कुपरिणामों और त्रासद परिणामों का विवेचन छोटी-बड़ी सभी पत्र-पत्रिकाओं ने खूब किया है। अपने स्थायी स्तम्भों में दहेज-प्रथा एवं विधवा-विवाह से सम्बन्धित सामग्री प्रकाशित की। हिन्दी पत्रकारिता ने जनजीवन में अनेक प्रकार से नवचेतना का संचार किया। स्वाधीनता आन्दोलन के दौरान पत्र-पत्रिकाओं का मुख्य ध्येय राष्ट्रीय स्वाधीनता का संघर्ष और प्रजा की समस्याओं का समाधान करना ही था। इसके अलावा उसने देश एवं समाज के सर्वांगीण विकास में योगदान दिया। जनजागृति, समाज-सुधार एवं परिष्कार उसके मूल में रहे।

स्त्रियों की आर्थिक गुलामी को अनेक पत्र-पत्रिकाओं ने अपने लेखों में स्थान दिया। स्त्रियों की बदहाली का मुख्य कारण उनका आर्थिक रूप से स्वतन्त्र न होना था। मासिक हिन्दी पत्रिका 'विप्लव' में 'सतीत्व अबला का या सबला का' शीर्षक लेख प्रकाशित हुआ, जिसके लेखक सर्वदानन्द वर्मा हैं। उन्होंने स्त्रियों की आर्थिक गुलामी को रेखांकित करते हुए लिखा है कि—यदि स्त्रियों को अपना अस्तित्व कायम रखना है और ऐसे अवसरों पर पद-पद पर अपमानित व लांछित होने से बचना है और अपना जीवन सुखी, सन्तुष्ट और हरा-भरा बनाना है तो उन्हें व्यर्थ की सामाजिकता का ढोंग छोड़कर आर्थिक पहलू से स्वतन्त्र होने की कोशिश करनी चाहिए।[207] साम्यवादी मासिक पत्रिका 'क्रान्ति' में श्यामबिहारी शुक्ल 'तरल' का लेख 'स्त्री समाज की समस्याएँ'[208] एक महत्त्वपूर्ण लेख है। लेखक की यह मान्यता है कि पुरुष से स्त्री की समानता का तात्पर्य टकराव नहीं, बल्कि आपसी समझदारी है। हालाँकि स्त्री के साथ अनेक तरह की समस्याएँ हैं, पर उसे अपने प्रयत्न और पुरुष के सहयोग से आगे आना चाहिए। 'क्रान्ति' पत्रिका के एक अन्य लेख 'स्त्रियों की आज़ादी और साम्यवाद' (अर्जुन अरोड़ा) में कुछ इसी प्रकार के विचार व्यक्त किए गए हैं—स्त्रियों को पुरुषों के बराबर ही हक देना और समाज में उनकी एक-सी इज्जत कायम करना यदि कोई अपराध है तो हम साम्यवादी अवश्य दोषी हैं। अपराधी तो वे हैं जो

समाज की अधाई को दूसरे हिस्सों के बराबर नहीं मानते। समाज के भले के लिए दोनों की एक-सी जरूरत हैं, दोनों में एक के नाकाबिल होने से समाज का अमंगल होता है और हमारी उन्नति में रुकावट होती है।[209]

हिन्दी की प्रतिबन्धित पत्र-पत्रिकाओं का नारी-मुक्ति-आन्दोलन से गहरा सम्बन्ध रहा है। स्त्री की समस्याओं से सम्बन्धित बहुत ज़्यादा लेख प्रकाशित नहीं हुए, फिर भी जो लेख प्रकाशित हुए हैं उनमें स्त्री-समस्या पर गम्भीरता से विचार किया गया है। 'क्रान्ति' के सितम्बर, 1939 के अंक में श्रीमती शकुन्तला श्रीवास्तव का लेख 'स्त्रियों की आज़ादी और साम्यवादी' प्रकाशित हुआ, जिसकी निम्नलिखित पंक्तियाँ द्रष्टव्य हैं—स्त्रियों की आज़ादी की समस्या केवल साम्यवाद के सिद्धान्त बतानेवाले लेख लिखने या लेक्चर देने से हल नहीं हो सकती। उन्हें कार्यरूप में परिणत करने की आवश्यकता है। स्त्रियों से मौखिक सहानुभूति दिखाने का जमाना अब गया। आज आवश्यकता उन महानुभावों की है जो अपने विचारों को कार्यरूप में परिणत करने का साहस कर सकते हैं। केवल सिद्धान्तों से कोई कार्य पूरा नहीं हुआ।[210]

भारतीय स्वाधीनता आन्दोलन के दौरान इस प्रकार के लेखों की भूमिका लोगों को स्त्रियों की समस्याओं के प्रति सचेत करना था। यही कारण है कि समाज के आर्थिक कारणों को इन लेखों में गम्भीरता से उठाया गया है। उपर्युक्त सभी लेख तत्कालीन भारतीय जनता की सामाजिक चेतना के स्तर को उजागर करते हैं। यह पत्र-पत्रिकाओं का ही प्रयास था कि स्त्रियाँ गृहस्थी के कामकाजों तक ही सीमित नहीं रह गई थीं। शिक्षित महिलाओं की संख्या कम होते हुए भी महिलाओं ने घर से बाहर निकलकर नए-नए कार्यों में भाग लेना आरम्भ कर दिया था। उस समय के शिक्षित समाज में स्त्रियों की इस नई भूमिका को लेकर यह प्रश्न विचार का विषय बन गया था कि समाज में स्त्रियों का क्या स्थान है? उनकी समाज में क्या भूमिका होनी चाहिए? उन्हें गृहस्थी के कार्य-भार सँभालने तक ही सीमित रहना चाहिए अथवा गृहस्थी के बाहर भी इनकी कोई भूमिका हो सकती है? आदि।

स्वतन्त्रता आन्दोलन के दौरान समाज-सुधारकों ने मध्ययुगीन समाज-व्यवस्था के आधारभूत ढाँचे पर प्रहार किया। यह आधारभूत ढाँचा वर्णाश्रम-व्यवस्था के रूप में विद्यमान था और कालान्तर में इसी के अन्दर से जाति-प्रथा का जन्म हुआ। इस जाति-प्रथा को कमजोर करने में हिन्दी पत्रकारिता की बहुत बड़ी भूमिका रही। जैसे-जैसे विदेशी शासन के विरुद्ध राष्ट्रीय

संघर्ष में व्यापकता आई, वैसे-वैसे संकीर्ण स्थानीय, प्रान्तीय, जातिगत और साम्प्रदायिक चेतना कमजोर हो गई।

धर्म के आधार पर न तो लौकिक जीवन की आवश्यकताओं को पूरा किया जा सकता है और न सांस्कृतिक, सामाजिक जीवन के क्षेत्र में एकरूपता का निर्माण सम्भव है और न ही इसके आधार पर कोई राष्ट्र अपना स्वरूप ग्रहण करता है। कहने का तात्पर्य यह कि साम्प्रदायिक दृष्टि संकीर्ण तो है ही, अवैज्ञानिक भी है। वास्तव में एक धार्मिक समुदाय के एक विशेष वर्ग के ही हितों की इसके द्वारा रक्षा हो सकती है। साम्प्रदायिक समस्या को लेकर हमारी पत्र-पत्रिकाएँ हमेशा जागरूक रही हैं। साम्प्रदायिक समस्या को लेकर अनेक लेख एवं कविताएँ प्रकाशित हुई हैं, जिनका उद्देश्य हिन्दू-मुस्लिम एकता रहा है। 'स्वदेश' के विजयांक में प्रकाशित कविता की निम्नलिखित पंक्तियाँ द्रष्टव्य हैं—

बने एक ही मिट्टी के दो पुतले हैं भाई-भाई।
हिन्दू-मुस्लिम लड़े देश पर विपद घनघटा घिर आई।
अरे! आज तो परम तपस्वी का सिंहासन डोल उठा।
पशुता के प्रांगण में वह यों सकरुण स्वर से बोल उठा।
जल पीकर ही रहूँ ईश आराधन व्रत मैं कर पाऊँ।
सूने सिंहासन पर अपने मालिक को बिठला आऊँ।[211]

'स्वदेश' के उपर्युक्त अंक में ही कृष्णदत्त पालीवाल लिखित लेख 'हिन्दू मुसलमान एका'[212] में हिन्दू-मुस्लिम एकता की बात की गई है एवं अंग्रेजों की दोहरी नीति का खुलासा किया गया है। 'कल्याण' मासिक पत्र में हनुमानप्रसाद पोद्दार का लेख 'प्रेम में ही सुख और कल्याण है' प्रकाशित हुआ है जिसकी निम्नलिखित पंक्तियाँ उल्लेखनीय हैं—'असल में हिन्दू हो या मुसलमान, वे पहले मनुष्य हैं, उसके बाद हिन्दू और मुसलमान हैं। यदि मनुष्यत्व ही खो गया तो फिर पशु या पिशाच में न हिन्दुत्व रहेगा और न मुसलमानत्व। इस समय जैसी कार्यवाहियाँ हो रहीं हैं, उनसे तो यही सिद्ध होता है कि हम लोग मनुष्यत्व की हत्या पर तुले हुए हैं और करते भी हैं धर्म के पवित्र नाम पर।'[213]

उपर्युक्त विवेचन से हम यह निष्कर्ष निकाल सकते हैं कि हिन्दी की प्रतिबन्धित पत्र-पत्रिकाओं ने मानव-समाज को नई धारा की ओर उन्मुख किया। वास्तव में हिन्दी की प्रतिबन्धित पत्र-पत्रिकाओं ने समाज में फैली हुई अनेक सामाजिक बुराइयों के विरुद्ध अपना सशक्त अभियान चलाया।

शिशु-हत्या, बाल-विवाह, वैधव्य का दुःख, विधवा-पुनर्विवाह, दहेज-प्रथा, वेश्यावृत्ति, छूआछूत एवं साम्प्रदायिकता जैसी कुप्रथाओं को दूर करने में हिन्दी पत्रकारिता ने उल्लेखनीय योगदान किया। पत्रकारिता ने सामाजिक, आर्थिक, राजनीतिक एवं साहित्यिक अर्थात-समग्र राष्ट्रीय चेतना को प्रभावित किया।

सामाजिक क्रान्ति के साथ ही सांस्कृतिक क्रान्ति में भी पत्र-पत्रिकाओं का महत्त्वपूर्ण योगदान है। स्वस्थ सांस्कृतिक मनोरंजन के साथ ही पत्र-पत्रिकाएँ व्यक्ति के बौद्धिक विकास की प्रक्रिया में भी योगदान देती हैं। विभिन्न भाषाओं की पत्र-पत्रिकाओं द्वारा विभिन्न क्षेत्रों, प्रान्तों एवं भाषाओंवाले नागरिकों का मनोरंजन तो होता ही है, साथ ही उनमें सांस्कृतिक समन्वय की भावना भी जागृत होती है। हिन्दी की पत्र-पत्रिकाएँ अपने आरम्भिक दौर से ही सामाजिक, साहित्यिक और सांस्कृतिक गतिविधियों की प्रसारक व विश्लेषिका रही हैं। स्वाधीनता आन्दोलन के दौरान अनेक ऐसी पत्र-पत्रिकाएँ प्रकाश में आईं, जिन्होंने जनजीवन में सांस्कृतिक छवि को विकसित किया है। सांस्कृतिक विकास का तात्पर्य बाह्य की अपेक्षा आन्तरिक गुणों के विकास से है। इस विकास की शुरुआत हिन्दी पत्र-पत्रिकाओं ने की। हिन्दी पत्रकारिता ने प्रारम्भ से ही समाज में व्याप्त रूढ़िवादी परम्पराओं का विरोध करते हुए सांस्कृतिक धरोहर की सभी तरह से बाह्य आक्रमणों से रक्षा की और उसे सदैव सजाया-सँवारा तथा उसे निखारकर राष्ट्रीय जीवन के महत्त्वपूर्ण अंग बनने में योग दिया और विश्व-स्तर पर भारतीय संस्कृति को शिल्प, कला, नृत्य, संगीत, योग और आत्मिक उत्कर्ष के प्रमुख माध्यम के रूप में प्रस्तुत किया।

हिन्दी की प्रतिबन्धित पत्र-पत्रिकाओं ने हमारी सांस्कृतिक अभिरुचियों को विकसित किया है। सांस्कृतिक अभिरुचि के अन्तर्गत धर्म, नीति, दर्शन, समाज, साहित्य, खेलकूद अथवा मनोरंजन के साधनों को सम्मिलित किया जाता है। चाँद, सैनिक, सुधा, कल्याण, स्वदेश, अभ्युदय, वर्तमान, अलंकार आदि अनेक प्रतिबन्धित पत्र-पत्रिकाओं ने इस दिशा में अपनी महत्त्वपूर्ण भूमिका निभाई। सांस्कृतिक अभिरुचि के अलावा उपर्युक्त पत्र-पत्रिकाओं ने नैतिक आदर्शों और धार्मिक मूल्यों के प्रति भी समाज को प्रेरित किया। इन पत्र-पत्रिकाओं ने बौद्धिक, भौतिक और वैज्ञानिक चेतना को सांस्कृतिक आचरण प्रदान किया।

इस सांस्कृतिक चेतना को विकसित करने के लिए ज्ञान-क्षेत्र एवं भाव-क्षेत्र के जितने उपकरण सम्भव थे, उन्हें भारतीय जनता को देकर

पत्र-पत्रिकाओं के सम्पादकों ने मध्ययुगीन जड़ता से भाव-क्षेत्र एवं ज्ञान-क्षेत्र दोनों को मुक्त किया। सम्पादकों ने सांस्कृतिक चेतना के विस्तार को प्राथमिकता दी। तत्कालीन लेखकों एवं कवियों ने सामन्तीय भावबोध को छोड़कर नए भावबोध को ग्रहण किया। स्वाधीनता आन्दोलन के दौरान की पत्र-पत्रिकाओं ने पाठकों के बोध का समुचित विस्तार करने का प्रयास किया। उसकी सांस्कृतिक चेतना को एक विशाल आधार प्रदान किया जिस पर आगे का रास्ता सुगम हुआ। हिन्दी की प्रतिबन्धित पत्र-पत्रिकाओं में जो कहानियाँ, लेख और कविताएँ आदि प्रकाशित हुईं, वे हमारे सांस्कृतिक मूल्यों को विकसित करने में सहायक सिद्ध हुईं। ये पत्रिकाएँ हमारे आत्मिक परिष्कार के लिए उपयोगी सिद्ध हुईं। इन पत्र-पत्रिकाओं ने स्वस्थ सांस्कृतिक सन्दर्भ सामने प्रस्तुत किया।

सन 1919 से सन 1937 ई. तक पूर्वी उत्तर प्रदेश की साहित्यिक एवं सांस्कृतिक गतिविधियों का नियामक साप्ताहिक पत्र 'स्वदेश' ही था। अगणित साक्षरों को लेख, कविता, कहानी लिखने के लिए सम्पादक श्री दशरथ प्रसाद द्विवेदी ने प्रेरित किया। आज जो मूर्धन्य साहित्यकार माने जाते हैं, उनकी प्रारम्भिक रचनाएँ 'स्वदेश' में ही देखी जा सकती हैं। कवियों में मुख्यत: त्रिशूल, मैथिलीशरण गुप्त, अयोध्यासिंह उपाध्याय, रूपनारायण पांडेय, अंकुश, रामअधार त्रिपाठी 'जीवन', मुकुटधर पांडेय, गयाप्रसाद शुक्ल 'सनेही', बेढब बनारसी, जयशंकर प्रसाद, पांडेय बेचन शर्मा 'उग्र', मन्नन द्विवेदी, रामचरित उपाध्याय, रामशंकर शुक्ल 'हृदय', बालकृष्ण शर्मा 'नवीन' की राष्ट्रीय एवं साहित्यिक रचनाएँ 'स्वदेश' के विभिन्न अंकों में प्रकाशित हुईं।

'स्वदेश' में निबन्ध-लेखन की एक समृद्ध परम्परा देखने को मिलती है। निबन्ध लेखकों में कृष्णदत्त पालीवाल, मन्नन द्विवेदी, रामनाथ 'सुमन', बाबूराव विष्णु पराडकर, पांडेय बेचन शर्मा 'उग्र' और गौरीशंकर मिश्र के विविध विषयों पर लिखे गए लेख 'स्वदेश' की पुरानी फाइलों में देखे जा सकते हैं। कहानीकार प्रेमचन्द की कहानी 'सेवामार्ग' का प्रकाशन, 'स्वदेश' के प्रथम प्रेमोपहार अंक में हुआ। विश्वम्भरनाथ शर्मा 'कौशिक' का 'संकेत' इस पत्रिका के प्रथम अंक में छापा गया। श्री सीताराम वर्मा का 'अभिमान और अनुग्रह', 'स्वदेश' में स्थान पा चुका है। इस तरह कविता, लेख और कहानी के प्रकाशन द्वारा 'स्वदेश' ने हिन्दी साहित्य की श्रीवृद्धि की तथा पूर्वी उत्तर-प्रदेश के ही नहीं, उत्तर भारत के असंख्य साक्षरों में साहित्यिक

अभिरुचि उत्पन्न करने में सहायता प्रदान की। स्वदेश के सम्पादकीय लेख सार्वकालिक महत्त्व के हैं, जिनका साहित्यिक अवदान काफी महत्त्वपूर्ण है। अपने 'गोरखधन्धा' स्थायी स्तम्भ के माध्यम से इस पत्र ने हास्य-व्यंग्य के क्षेत्र का विस्तार किया।

'स्वदेश' के विजयांक में जयशंकर प्रसाद की कविता 'प्रमाण'[214] प्रकाशित हुई। 'स्वदेश' के इसी अंक में रामनाथलाल 'सुमन' का लेख 'हिन्दी के साप्ताहिक पत्र'[215] प्रकाशित हुआ है, जिसमें बनारस गजट, सुधाकर, कविवचन सुधा, मतवाला, प्रताप, अभ्युदय आदि की विस्तृत चर्चा की गई है। लेख में भारत में पत्रों की शुरुआत कैसे हुई—इसकी भी समीक्षा की गई है। 'विजयादशमी' लेख में भारत के विभिन्न त्योहारों की महत्ता को रेखांकित किया गया है। 'स्वदेश' में अध्यात्म-चर्चा से सम्बन्धित लेख भी प्रकाशित होते थे। ऐसा ही एक लेख श्री द्वारका प्रसाद शर्मा द्वारा लिखित 'परलोक विद्या'[216] प्रकाशित हुआ, जिसमें ईश्वर के अस्तित्व, आत्मा का अमरत्व, मरणोत्तर सूक्ष्म शरीर का मानवी अस्तित्व, परलोकगत मनुष्यों से वार्तालाप, कर्म-फलोपभोग, पुनर्जन्म आदि विषयों पर चर्चा की गई है।

'कल्याण' मासिक के नियम पढ़ने पर ज्ञात होता है कि भक्ति, ज्ञान और वैराग्य तथा सदाचार का अधिकाधिक प्रचार-प्रसार ही इसका प्रधान उद्देश्य था। इस पत्र के सामने कोई आर्थिक लाभ का प्रश्न नहीं था। वस्तुत: तत्कालीन सामाजिक तथा राजनीतिक अवस्था से इस पत्र का कोई सम्बन्ध नहीं था, पर इस पत्र के प्रतिबन्धित हुए इस अंक में सामयिक घटनाओं का महत्त्वपूर्ण विवरण प्रस्तुत किया गया है। 'कल्याण' का मुखपृष्ठ रंग-बिरंगे चित्ताकर्षक धार्मिक चित्रों से सुशोभित होता था। विषय के अनुरूप ही सुन्दर चित्र छापे जाते थे। विशेषांकों के मुखपृष्ठ सारगर्भित वाक्यों एवं शब्दों से अलंकृत होते थे। गोरखपुर का यह गरिमापूर्ण पत्र आज भी प्रकाशित हो रहा है। 'कल्याण' के प्रारम्भिक अंकों से इस पत्र की विषय-सामग्री एवं लेखकों की जानकारी प्राप्त की जा सकती है। 'कल्याण' में अध्यात्म के अतिरिक्त तत्कालीन राजनीतिक समस्याएँ भी प्रकाशित हुई हैं, जो पत्रिका का मानदंड हैं।

प्रतिबन्धित पत्र 'कल्याण' में प्रकाशित कविताओं के अलावा उसके प्रथम पृष्ठ पर सूरदास एवं तुलसीदास की रचनाएँ छपती थीं। व्यावसायिक पत्रकारिता के बीच अव्यावसायिक पत्रकारिता का बीजारोपण पूर्वांचल के मासिक पत्र 'कल्याण' द्वारा ही हुआ। बाहरी कोई भी विज्ञापन न देना तथा

पुस्तकों की समालोचना न छापना इस पत्र के नियमों के अन्तर्गत आता था। सम्पादक ने इस सन्दर्भ में लिखा है—अतएव आरम्भ से ही यह नियम बना लो कि बाहरी विज्ञापन स्वीकार करना ही नहीं है। समालोचना के बारे में यह बात है कि जो लोग समालोचना के लिए अपनी पुस्तक तुम्हारे पास भेजेंगे, उनमें से अधिकांश इसलिए भेजेंगे कि तुम्हारे पत्र में उस ग्रन्थ की प्रशंसा निकले। यथार्थ समालोचना कराने के लिए अपनी पुस्तकें भेजनेवाले विरले ही होते हैं। ऐसी स्थिति में पुस्तक चाहे जैसी हो, या तो झूठी प्रशंसा करनी होगी या उन साहित्यकारों, लेखकों से झगड़ा मोल लेना होगा, इसलिए समालोचना मत छापना![217]

लखनऊ से प्रकाशित होनेवाली 'सुधा' का मुख्य उद्देश्य सत्साहित्य प्रकाशित करके उसका प्रचार करना था। उसमें उच्च कोटि के विविध विषयों के मौलिक लेख प्रकाशित होते थे। प्रतिभावान नए लेखकों की प्रतिभा को प्रोत्साहित किया जाता था। पत्रिका में समयानुसार स्तम्भों का प्रकाशन होता था जिनके विषय समाजोपयोगी एवं साहित्योपयोगी होते थे। स्वतन्त्रता-आन्दोलन के दौरान की साहित्यिक पत्रकारिता का अत्यन्त महत्त्व है क्योंकि उसकी शक्ति एवं सम्पन्नता के कारण हमारे विचारों और साहित्य में एक अभिनव क्रान्ति का आगमन हुआ। यही नहीं, हिन्दी साहित्य की प्रत्येक विधा को सम्पन्न और समृद्ध करने में उसका अनन्य योगदान है। हिन्दी भाषा को परिष्कृत कर उसे समृद्ध और विकसित करने तथा राजभाषा के रूप में जो प्रतिष्ठा उसे आज मिली है, उसका अधिकाधिक श्रेय स्वाधीनता आन्दोलन के दौरान की पत्र-पत्रिकाओं को है। इन पत्र-पत्रिकाओं ने हमारे तत्कालीन राष्ट्र की आकांक्षाओं, प्रेरणाओं तथा विचारों को स्थान दिया। साहित्य की अनेकानेक प्रवृत्तियाँ पत्रकारिता के माध्यम से ही देश के कोने-कोने में फैलीं। सामाजिक, राजनीतिक, सांस्कृतिक समस्याओं एवं विशिष्ट घटनाओं और गतिविधियों को जनसामान्य तक प्रेषित करना इन पत्र-पत्रिकाओं का मुख्य ध्येय रहा। इनके अतिरिक्त मनोरंजन, ज्ञान-संवर्धन, विज्ञापन, सुधार, प्रचार-प्रसार भी इनके उद्देश्य रहे।

उच्च कोटि की साहित्यिक पत्रिकाएँ ही उत्कृष्ट कोटि के साहित्य का सृजन करती हैं। ऐसी पत्रिकाओं में इलाहाबाद से प्रकाशित 'चाँद' एवं लखनऊ से प्रकाशित होनेवाली 'सुधा' विशेष रूप से उल्लेखनीय हैं। इन दोनों पत्रिकाओं ने अपने समय की साहित्यिक प्रतिभाओं का सम्पोषण किया। साहित्यिक प्रतिभा को जितना प्रोत्साहन पत्रिकाओं से मिलता है,

उतना पुस्तक-प्रकाशन से नहीं मिलता। छायावादी कवियों की अधिकाधिक रचनाएँ उपर्युक्त दोनों पत्रिकाओं के माध्यम से पाठकों के सामने आईं। सूर्यकान्त त्रिपाठी 'निराला' तो सीधे तौर पर 'सुधा' पत्रिका से जुड़े थे। जयशंकर प्रसाद एवं सूर्यकान्त त्रिपाठी 'निराला' की अधिकांश महत्त्वपूर्ण रचनाओं का प्रकाशन-दौर यही था। सुमित्रानन्दन पन्त की कविताएँ भी इसी युग की पत्र-पत्रिकाओं में प्रकाशित होकर सामने आईं। महादेवी वर्मा का अधिकांश काव्य 'चाँद' और 'सुधा' में ही प्रकाशित होकर सामने आया।

स्वाधीनता आन्दोलन के दौरान की अधिकांश पत्र-पत्रिकाओं में गद्य-साहित्य की प्रमुख विधा निबन्ध का भी नियमित रूप से प्रकाशन होता रहा। इन पत्र-पत्रिकाओं ने ही निबन्ध की भाषा-शैली को परिमार्जित किया। फलस्वरूप अनेक प्रकार की निबन्ध-शैलियों का विकास हुआ। निबन्धों के लिए नए-नए विषयों की खोज हुई। इन पत्रिकाओं ने लेख के क्षेत्र में अभूतपूर्व क्रान्ति को जन्म दिया। तत्कालीन पत्रों में छायावाद को लेकर जो आलोचनाएँ और प्रत्यालोचनाएँ प्रकाशित की गईं, वे उल्लेखनीय हैं। निबन्धों के माध्यम से तत्कालीन विविध उपलब्धियों के जो निष्कर्ष प्रस्तुत किए गए, वे मानवीय चिन्तन से ओत-प्रोत हैं। अधिकांश पत्रों में वैज्ञानिक, ऐतिहासिक तथा राजनीतिक लेख, संस्मरणात्मक यात्रा-वृत्तान्त, जीवनी, विविध सामाजिक वाद, सामयिक समस्याएँ और उनके निराकरण, स्मृति, दर्शन, नारी जीवन, भूगोल, मनोविज्ञान, विविध प्रकार के आविष्कार, ग्रह, नक्षत्र आदि ऐसा कोई विषय नहीं था जिस पर लेख प्रकाशित न हुए हों। धार्मिक, दार्शनिक और सांस्कृतिक विषयों में साम्प्रदायिकता, हिन्दुत्व बनाम आर्यसमाज का विवाद, भाग्यवाद, रहस्यवाद, अध्यात्मवाद, पुनर्जन्मवाद, परलोकवाद, विकासवाद, अस्तित्ववाद आदि विषयों पर समय-समय पर लेख प्रकाशित हुए। सम्पादकीय टिप्पणियों के विषय सांस्कृतिक, साहित्यिक समस्याओं से भी सम्बद्ध होते थे।

हिन्दी की प्रतिबन्धित पत्र-पत्रिकाओं के सम्पादकों ने हिन्दी-भाषी जनता को संस्कृत-साहित्य से परिचित कराने के लिए कुछ लेख प्रकाशित किए हैं। इन लेखों द्वारा मुख्य ध्येय भारत की प्राचीन साहित्यिक-सांस्कृतिक विरासत से हिन्दी-भाषी जनता का परिचय कराना रहा है, इसके साथ ही उनकी वर्तमान काल में सार्थकता को रेखांकित करना भी है। साहित्य के स्तर पर यह काल सीधी, सरल और साहित्यिक दृष्टि से साधारण किन्तु सामाजिक जागरण और सांस्कृतिक दृष्टि से उत्थान की आकांक्षा से परिपूर्ण काव्य-सृजन

का काल था। पौराणिक, आख्यानाश्रित और राजनीतिक काल-रचनाओं की जगह, राजनीतिक तथा सामाजिक स्थितियों को चित्रित करनेवाली छोटी-छोटी कविताएँ प्रकाश में आईं। इस राष्ट्रीय काव्यधारा का विकास आगे चलकर अधिक सांस्कृतिक सम्पन्नता के साथ हुआ। ज़ातीय स्वाभिमान, आत्म-गौरव और विदेशी शासन से मुक्ति दिलाने के लिए भारतीय जनता के मन में उत्कट लालसा और आकांक्षा जगाने के लिए भी साहित्यिक उपकरण थे, उनका उपयोग राष्ट्रीय जागरण के सूत्रधारों ने किया।

नैतिक एवं धार्मिक मूल्यों की प्रतिष्ठा के लिए 'अलंकार' और 'कल्याण' जैसे पत्र सामने आए। इनमें धर्म, ईश्वर एवं अध्यात्मवाद की चर्चा होती थी कि किस तरह श्रद्धा, भक्ति, पूजा और आराधना जीवन की बहुत महत्त्वपूर्ण आवश्यकताएँ हैं। अनेक धार्मिक लोगों, ऋषि-मुनियों से सम्बन्धित प्रसंग, पौराणिक प्रसंगों पर आधारित त्याग, तपस्या के आदर्श लेख छपते थे। 'कल्याण' के अकसर 'पढ़ो समझो और करो' स्तम्भ के अन्तर्गत धर्म पर घटित छोटी-छोटी घटनाओं का विवरण होता था जो मनुष्य को धार्मिक ज्ञान देती हुई पूजा-उपासना का महत्त्व बताती हैं। इस प्रकार अनेक ऐसी पत्र-पत्रिकाएँ थीं जिनमें सांस्कृतिक मूल्यों की प्रतिष्ठा के लिए अनेक उपयोगी एवं मूल्यवान लेख रहते थे।

सांस्कृतिक अभिरुचि का विकास करना उपर्युक्त वर्णित पत्र-पत्रिकाओं का मुख्य उद्देश्य था। ऐसी पर्याप्त सामग्री होती थी जो व्यक्ति में नैतिक आदर्शों के प्रति निष्ठा जगाती थी। साथ ही इनमें स्वार्थ, ईर्ष्या, द्वेष एवं अन्य मनोवेगों से मुक्ति दिलानेवाली शिक्षाप्रद सामग्री को विशेष स्थान दिया जाता था। ऐसी अनेक लघुकथाएँ प्रकाशित होती थीं जो आत्मिक विकास के लिए तथा नैतिक मूल्यों की प्रतिष्ठा के लिए मार्गदर्शन का कार्य करती थीं। ये रचनाएँ मानसिक विकास में सहायक होती थीं।

पग-पग प्रतिवाद

हिन्दी पत्रकारिता का इतिहास भारत की सामाजिक एवं सांस्कृतिक जागृति और नवचेतना का प्रेरणाप्रद इतिहास है। यह राजनीतिक चेतना का भी इतिहास है। देश की स्वतन्त्रता की लड़ाई के इतिहास के लगभग समानान्तर ही हिन्दी पत्रकारिता का इतिहास है। राष्ट्रीय आन्दोलन के अनुरूप ही हिन्दी पत्रकारिता ने जन्म लिया और विकास किया। स्वतन्त्रता आन्दोलन के दौरान क्रमशः राजनीतिक चेतना बढ़ती जा रही थी और भारतीय मानस में राष्ट्रीय भावना का उदय हो रहा था। वस्तुतः पत्र-पत्रिकाएँ विचारों के प्रसारण में एक सशक्त और उपयोगी माध्यम होती हैं। भारतीय स्वतन्त्रता आन्दोलन के काल में जनसाधारण तक स्वतन्त्रता का सन्देश पहुँचाने में हिन्दी पत्र-पत्रिकाओं ने महत्त्वपूर्ण भूमिका निभाई।

हिन्दी पत्र-पत्रिकाओं के विकास का इतिहास भारतीय राष्ट्रीयता के विकास का समानान्तर एवं पूरक है और यही कारण है कि समकालीन हिन्दी-पत्र-पत्रिकाओं के अध्ययन के बिना स्वतन्त्रता आन्दोलन का इतिहास-लेखन यदि असम्भव नहीं तो अपूर्ण अवश्य होगा। इन पत्र-पत्रिकाओं में ब्रिटिश भारत की शोषित-पीड़ित जनता की दुःखभरी कहानी के साथ स्वतन्त्रता आन्दोलन के ऐतिहासिक दस्तावेज भी मिलेंगे। भारत में हिन्दी पत्र-पत्रिकाओं के विकास की सम्पूर्ण प्रक्रिया को हम राष्ट्रीयता के विकास और स्वतन्त्रता आन्दोलन की गतिविधियों से अलग करके नहीं देख सकते। हिन्दी पत्र-पत्रिकाओं ने स्वतन्त्रता आन्दोलन में व्यापक राष्ट्रीय संवेदनाओं से सम्बद्ध होकर भारतीय जनमानस को स्वतन्त्रता प्राप्ति हेतु आन्दोलित एवं उत्प्रेरित करने में महती भूमिका निभाई है। हिन्दी पत्र-पत्रिकाओं के माध्यम से ब्रिटिशकालीन भारत की शोषित-पीड़ित जनता की स्वातन्त्र्याकांक्षाओं और अभिलाषाओं की मूकवाणी को प्रखरता प्राप्त हुई।

किसी भी देश में पत्र-पत्रिकाओं की स्वतन्त्रता और स्वायत्तता आवश्यक है। प्रजातन्त्र में यदि पत्रों की स्वतन्त्रता पर किसी प्रकार का प्रत्यक्ष या अप्रत्यक्ष आघात लगता है तो यह प्रजातन्त्र की आत्मा के विरुद्ध होगा, क्योंकि पत्र-पत्रिकाओं की स्वतन्त्रता वास्तव में एक राजनीतिक स्वतन्त्रता है।[218] इसी सन्दर्भ में मार्टिन किंग्सले की मान्यता है कि 'पत्रों की स्वतन्त्रता प्रजातान्त्रिक व्यवस्था का पहला अनिवार्य नियम है, जिसे प्राप्त करने के लिए यह तत्त्व शताब्दियों से संघर्षरत है। पत्रों की स्वतन्त्रता का तात्पर्य बिना सेन्सर के समाचारों को प्रकाशित करने और बिना किसी दबाव के आलोचना की स्वतन्त्रता से है।'[219] किसी भी राजनीतिक या गैर-राजनीतिक आन्दोलन की उपलब्धि बहुत हद तक पत्र-पत्रिकाओं पर निर्भर करती है। सत्रहवीं, अठारहवीं एवं उन्नीसवीं शताब्दी में राष्ट्र के रूप में समन्वित होने के लिए तत्कालीन व्यवस्था के विरुद्ध संघर्ष हेतु और आधुनिक राज्य, समाज और संस्कृति की स्थापना के लिए यूरोप में पत्र-पत्रिकाओं के दुर्जेय अस्त्र का उपयोग किया गया।

राजनीतिक गतिविधियों में पत्र-पत्रिकाओं की उपयोगिता को रेखांकित करते हुए अमेरिका के जेफरसन ने कहा कि, 'यदि मुझे समाचार-पत्रों के बिना सरकार के अस्तित्व अथवा समाचार-पत्रों-सहित सरकार में से एक चुनने को कहा जाए, तो मैं बिना एक भी क्षण हिचके समाचार-पत्रों-सहित सरकार को प्राथमिकता दूँगा।'[220] नेपोलियन बोनापार्ट का यह वक्तव्य था कि 'उसे हजारों संगीनें उतना भयभीत नहीं करतीं, जितना कि एक समाचार-पत्र।'[221] भारतीय स्वतन्त्रता आन्दोलन के विकास और उसको संचालित करने का दायित्व भारतीय पत्रकारिता ने उठाया। स्वतन्त्रता आन्दोलन प्रारम्भ होने के पूर्व ही भारतीय पत्र-पत्रिकाओं ने राजनीतिक समस्याओं को अपनी विषयवस्तु के रूप में चुना। प्रख्यात पत्रकार ए. ई. चार्लटन ने लिखा कि 'जब से भारतीय सम्पादकों ने देश की स्वतन्त्रता के लिए लेखनी का उपयोग करना आरम्भ किया, उसके पहले से ही समाचार-पत्रों ने राजनीतिक विषयों में गहरी दिलचस्पी लेना प्रारम्भ कर दिया।'[222]

भारतीय पत्रकारिता के प्रति ब्रिटिश सरकार का रवैया आरम्भ से ही दुर्भावनापूर्ण रहा। भारत में मुद्रण-कला और पत्रकारिता के उद्भव एवं विकास को उसने हमेशा प्रतिकूल शक्ति का अशुभ विकास माना। वस्तुतः भारतीय पत्रकारिता के जन्मदाता यूरोपीय पत्रकार थे। इसके बावजूद ब्रिटिश सरकार ने इन सजातीय पत्रकारों के प्रति असहिष्णुता का व्यवहार किया।

तत्कालीन परिस्थिति का ज़िक्र करते हुए बंगाल के प्रख्यात पत्रकार क्षेमेन्द्र प्रसाद घोष ने लिखा है कि, 'तत्कालीन सरकार समाचार-पत्रों से बचने के लिए सावधान रहती थी।'[223] भारतीय पत्रकारिता की स्वाधीनता पर ब्रिटिश सरकार का पहला आक्रमण प्रथम भारतीय समाचार-पत्र 'हिक्कीज गज़ट' (बंगाल गजट) पर ही हुआ। भारतीय पत्रकारिता के आदिजनक हिक्की को एक वर्ष की कैद और दो हजार रुपये जुर्माना की सजा हुई।[224] भारतीय पत्रकारिता की स्वाधीनता पर जन्मत: ब्रिटिश सरकार की कोपदृष्टि रही।

गवर्नर-जनरल वेलेजली का भारत-आगमन भारतीय पत्रकारिता के उस दौर में हुआ जब ब्रिटिश शासक पत्रकारों की आलोचना के विषय बन चुके थे। वेलेजली आरम्भ से ही समाचार-पत्रों की स्वतन्त्रता का विरोधी थी। अगैल, 1799 में समाचार-पत्रों के प्रति अपनी विचारधारा को व्यक्त करते हुए अपने सेना के सर्वोच्च अधिकारी इल्यूरेड क्लार्क को स्पष्ट किया कि, 'मैं सम्पादकों की इस पूरी जाति के लिए आचरण के नियम प्रेषित करने का अवसर शीघ्र ही निकालूँगा। इस बीच यदि इन हानिकर प्रकाशन को शान्त नहीं कर सकते तो इतना करने की कृपा करें कि उनके पत्रों को बलपूर्वक बन्द कर दें और उन्हें यूरोप रवाना कर दें।'[225] भारतीय पत्रकारिता की स्वाधीनता को बाधित करनेवाला प्रथम प्रेस-अधिनियम वेलेजली के शासनकाल में 13 मई, 1799 को सामने आया। इस प्रेस-अधिनियम के अनुसार पत्र के मुद्रक के लिए पत्र के अन्त में अपना नाम प्रकाशित करना, पत्र के सम्पादक और संचालक को अपना नाम और निवास-स्थान का पता सरकार के सेक्रेटरी को प्रेषित करना, सरकारी अधिकारी के निरीक्षण के पूर्व पत्र न प्रकाशित करना तथा रविवार को पत्र का प्रकाशन न करना, अनिवार्य कर दिया गया।[226] साथ ही इसमें यह भी व्यवस्था की गई कि जो नियमों का पालन नहीं करेगा, उसे दंड एवं निर्वासन की सज़ा भुगतनी होगी। मेटकाफ़ की जीवनी के निम्नलिखित उद्धरण से ब्रिटिश सरकार की नीति का और खुलासा होता है। उन दिनों हमारी यह नीति थी कि भारत के लोगों को जहाँ तक हो सके, बर्बरता और अन्धकार में रखा जाए और देशी जनता में ज्ञान फैलाने के किसी भी प्रयत्न का कड़ाई से विरोध किया जाए।[227]

गवर्नर जनरल वेलेजली द्वारा भारतीय पत्रकारिता की स्वतन्त्रता पर लगाए गए अंकुश के परिणामस्वरूप प्रेस से सम्बन्धित जो नियम बनाए गए, वे प्राय: 1818 तक चलते रहे, जिसके कारण भारतीय पत्रकारिता के विकास की प्रक्रिया पर प्रतिकूल प्रभाव पड़ा। वेलेजली के पश्चात आए

गवर्नर जनरल लॉर्ड हेस्टिंग्स के दौर में भारतीय समाचार-पत्रों को थोड़ी स्वतन्त्रता हासिल हुई। वेलेजली की अपेक्षा हेस्टिंग्स कुछ उदार प्रकृति का था। 19 अगस्त को लॉर्ड हेस्टिंग्स ने पत्रों के सम्पादकों के मार्गदर्शन हेतु कुछ साधारण नियम बनाए, साथ ही सेन्सर-प्रथा को समाप्त कर दिया। अब पत्रों में उन विषयों की चर्चा वर्जित थी जिनसे सरकार की सत्ता पर प्रभाव पड़ता हो अथवा जिनसे सार्वजनिक हितों की हानि होती हो।[228]

भारतीय पत्रकारिता का इतिहास उसकी स्वाधीनता के अनवरत ह्रास का इतिहास रहा है। जिस अनुपात में भारतीय राष्ट्रीयता का विकास हुआ, उसी अनुपात में भारतीय समाचार-पत्रों की स्वतन्त्रता पर आघात हुआ।[229] लॉर्ड हेस्टिंग्स के कार्यकाल में पत्रों के प्रति उसकी उदारतावादी नीति के फलस्वरूप भारतीय पत्रकारिता के विकास को जो नई गति प्राप्त हुई, वह अधिक समय तक स्थिर नहीं रह सकी। सन 1822 में ब्रिटिश सरकार ने सर टॉमस मुनरो को समाचार-पत्रों की समस्या पर सुझाव प्रेषित करने के लिए कहा। टॉमस मुनरो ने अपनी 'डेंजर ऑफ ए फ्री प्रेस इन इंडिया' शीर्षक टिप्पणी में समाचार-पत्रों की स्वतन्त्रता को भारत में ब्रिटिश सरकार के लिए अत्यन्त हानिकारक बताया।[230] लॉर्ड हेस्टिंग्स का परवर्ती जॉन एडम भारतीय समाचार-पत्रों के लिए ह्रास का कारण साबित हुआ। टॉमस मुनरो की टिप्पणी को कार्यरूप में परिणत करते हुए 14 मार्च, 1823 को उसने कठोर प्रेस-नियम निर्धारित किए जो वेलेजली से भी एक कदम आगे थे। अब लाइसेन्स या अनुमति-पत्र प्राप्त किए बगैर पुस्तकों व पत्रों को प्रकाशित करना तथा प्रेस का प्रयोग करना अपराध माना गया। प्रकाशन-सम्बन्धी सरकारी लाइसेन्स के लिए प्रार्थना-पत्र देते समय एक हलफनामा देना भी आवश्यक कर दिया गया। इस हलफनामा में पत्रिका, समाचार-पत्र या पुस्तिका के प्रकाशक का नाम एवं पूरा पता देना आवश्यक था। इन नियमों के विरुद्ध कार्य करने पर जुर्माना एवं कारावास के दंड की व्यवस्था थी।[231] जॉन एडम द्वारा भारतीय समाचार-पत्रों की स्वतन्त्रता पर किए गए आघात ने भारतीय जनमानस में आक्रोश की सृष्टि की।

गवर्नर-जनरल लॉर्ड अमहर्स्ट के शासनकाल में सन 1925 में प्रेस से सम्बन्धित एक नया कानून बना जिसके अनुसार किसी पत्र के किसी भी सरकारी कर्मचारी का किसी प्रकार का सम्बन्ध निषिद्ध घोषित किया गया।[232] इसके बाद आए भारत के नए गवर्नर जनरल विलियम बैंटिंक का दृष्टिकोण भारतीय प्रेस के प्रति उदारवादी था। उसने समाचार-पत्रों के साथ सहिष्णुता

का व्यवहार किया। 'भारतीय प्रेस का मुक्तिदाता' नाम से ख्यात मेटकाफ़ ने पत्र-पत्रिकाओं की स्वतन्त्रता में सक्रिय रुचि दिखलाई। समाचार-पत्रों को जनमत-जागरण, विचार-अभिव्यक्ति तथा दर्शन एवं ज्ञान के आदान-प्रदान तथा उसके प्रसार का एक सशक्त माध्यम मानते हुए उसकी स्वतन्त्रता का समर्थन किया।[233] डॉ. रामरतन भटनागर की टिप्पणी इस प्रसंग में उल्लेखनीय है। उन्होंने लिखा—'भारतीय पत्रकारिता के पूरे इतिहास में पत्रों की स्वतन्त्रता के लिए अथक परिश्रम करनेवाला मेटकाफ़ के समान ईमानदार दूसरा कोई अंग्रेज व्यक्ति नहीं मिलेगा।'[234] 3 अगस्त, 1835 के एक विधेयक द्वारा मेटकाफ़ ने न केवल बंगाल और बम्बई में समाचार-पत्रों एवं प्रेस पर लगे प्रतिबन्ध को समाप्त कर दिया, वरन पुस्तकों एवं समाचार-पत्रों के मुद्रण के लिए सरकारी लाइसेन्स लेने की आवश्यकता से भी मुक्त कर दिया।[235]

प्रथम स्वतन्त्रता-युद्ध यानी सन 1857 से पूर्व भारत में पत्रकारिता का विकास तो हुआ, परन्तु वह मूलत: फारसी या उर्दू भाषा में था, चूँकि सन 1836 तक फारसी ही न्यायालय की भाषा रही। तत्पश्चात उर्दू ने उसका स्थान ले लिया। फलत: हिन्दी पत्रकारिता को विकसित करने का अवसर प्राप्त नहीं हुआ। इस प्रकार उन्नीसवीं शताब्दी के पूर्वार्ध में पत्रकारिता का विकास तो हुआ, परन्तु यह अधिकार अंग्रेजी, फारसी एवं उर्दू भाषाओं में था। यह स्थिति लगभग 1857 तक बनी रही। उन्नीसवीं शताब्दी की हिन्दी पत्र-पत्रिकाओं के सामने विषम परिस्थितियाँ थीं। हिन्दी पत्र-पत्रिकाओं के बढ़ते चरणों में उर्दू एवं अंग्रेजी आदि भाषाएँ तथा सरकारी मशीनरी मुख्यतया रुकावटें पेश कर रही थी। ब्रिटिश सरकार आए दिन नए-नए प्रशासनिक एवं वैधानिक कानून बनाकर इसे पंगु बना रही थी।

सन 1857 के प्रथम स्वतन्त्रता-संग्राम की असफलता ने ब्रिटिश सरकार को चौकन्ना कर दिया, जिससे अंग्रेजी सरकार का दमनचक्र तीव्र हो गया। इसी दौरान 13 जून, 1857 को समाचार-पत्रों की स्वाधीनता पर पुन: आघात हुआ। लॉर्ड कैनिंग द्वारा प्रतिपादित प्रेस-सम्बन्धी एक कानून जिसे गेंगिंग ऐक्ट (गलाघोंटू कानून) कहते हैं, के द्वारा समाचार-पत्रों की स्वतन्त्रता पर पुन: प्रहार किया गया। प्रेस-अधिनियम में यह प्रावधान रखा गया कि सरकार मुद्रणालयों की स्थापना पर नियन्त्रण एवं पुस्तकों तथा समाचार-पत्रों के वितरण पर प्रतिबन्ध भी लगा सकती थी। इसी के द्वारा प्रेस-स्थापना और समाचार-पत्रों के प्रकाशन के लिए लाइसेन्स लेना अनिवार्य कर दिया।[236]

यद्यपि इस प्रेस-अधिनियम की अवधि मात्र एक वर्ष थी, फिर भी अनेक हिन्दी पत्र-पत्रिकाएँ इससे प्रभावित हुईं।[237]

सन 1857 की क्रान्ति की असफलता ने भारतीय मन:स्थिति को अवसादपूर्ण बना दिया, जिसका स्पष्ट प्रभाव भारतीय सामाजिक और राजनीतिक स्थिति के साथ हिन्दी पत्रकारिता पर भी पड़ा। अंग्रेजी सरकार के दमन, अत्याचार एवं आतंक ने हिन्दी पत्रकारिता के विकास को लगभग अवरुद्ध कर दिया। कैनिंग के दमनकारी कानून की अवधि समाप्त होने एवं राजनीतिक चेतना में नई उमंग आने पर हिन्दी पत्रकारिता भी पुन: जागृत होकर अग्रसर हुई। 1857 के दौर की हिन्दी पत्रकारिता का स्वर राष्ट्रीयता से परिपूर्ण था। स्वाधीनता, स्वदेशी एवं मातृभूमि की सेवा की इन्हीं विचार-भावनाओं से अभिभूत इस युग यानी उन्नीसवीं शताब्दी के परवर्ती काल में हिन्दी में कई ऐसे यशस्वी एवं विचारशील पत्र प्रकाशित हुए जिन्होंने पत्रकारिता के विकास एवं राष्ट्रीय चेतना के निर्माण में महत्त्वपूर्ण भूमिका निभाई। वस्तुत: इस दौर में भी हिन्दी पत्रकारिता अंग्रेजी सरकार के दमन-चक्र से पूर्णत: मुक्त नहीं रही। 1867 के 'प्रेस ऐंड रजिस्ट्रेशन ऑफ बुक्स ऐक्ट' के द्वारा समाचार-पत्रों और पुस्तकों के मुद्रण एवं प्रकाशन पर पुन: नियन्त्रण लगाया गया।[238] परन्तु भारतीय पत्रकारों ने संक्रान्ति की इस चुनौती को भी स्वीकार कर पत्रकारिता के विकास के साथ ही भारतीय मानस-मनीषा में जागृति उत्पन्न करने में महत्त्वपूर्ण भूमिका प्रस्तुत की।

लिटन के शासनकाल में सूखा, अकाल और द्वितीय अफगान युद्ध के कारण सम्पूर्ण भारत में अशान्ति का वातावरण था। साथ ही सरकारी दमनचक्र का जोर चल रहा था। भारतेन्दु-युग में हिन्दी पत्र-पत्रिकाओं का मुख्य उद्देश्य था—तत्कालीन सामाजिक, धार्मिक व्यवस्था में व्याप्त अन्धविश्वासों व कुरीतियों आदि का खुलासा करना। जातीय सुधार की इस प्रक्रिया में राजनीतिक चेतना भी काम कर रही थी। दलित और पराजित भारत में स्वाधीनता की आकांक्षा पुन: जोर पकड़ रही थी। असहाय एवं पीड़ित भारतीय जनता के विचारों की अभिव्यक्ति का माध्यम हिन्दी पत्र-पत्रिकाएँ थीं, जो प्रमुख अस्त्र के रूप में कार्य कर रही थीं। हिन्दी पत्र-पत्रिकाओं में अचानक वृद्धि, उनकी बढ़ती लोकप्रियता एवं भारतीय जनता पर उसके प्रभाव को देखकर सरकार ने फिर दमन का मन बनाया। इसके फलस्वरूप लॉर्ड लिटन के शासनकाल में भारतीय भाषा के समाचार-पत्रों पर अंकुश लगाने के लिए 14 मार्च, 1878 में 'वर्नाक्युलर प्रेस ऐक्ट' की घोषणा की गई

जो मद्रास के अतिरिक्त सभी प्रान्तों में प्रभावी हुआ।[239] इस प्रेस-अधिनियम के द्वारा जिला मजिस्ट्रेट तथा पुलिस कमिश्नर को ऐसी शक्ति प्राप्त हो गई, जिससे वह समाचार-पत्रों से जमानत माँग सकते थे तथा किसी भी प्रकाशित सामग्री को जब्त कर सकते थे।[240] तत्कालीन हिन्दी पत्र-पत्रिकाओं ने भी अपने दायित्व का पूर्ण पालन करते हुए इसके विरुद्ध गहरा क्षोभ व्यक्त किया। 'वर्नाक्युलर प्रेस ऐक्ट' भारतीय पत्रों के अस्तित्व पर प्रश्नचिह्न था। इसीलिए सभी पत्र-पत्रिकाओं ने इसका खुलकर विरोध किया। भारतीय राष्ट्रीय कांग्रेस के जन्म से एक वर्ष पूर्व जिस नवीन राजनीतिक चेतना का विकास हो रहा था, उसके परिणामस्वरूप हिन्दी पत्र-पत्रिकाओं के प्रकाशन में एक नए युग की शुरुआत हुई।

सन 1886 से 1898 के बीच भारत में अशान्ति का वातावरण था। अकाल और प्लेग जैसी बीमारियाँ आम थीं। सरकार की लापरवाही से स्थिति और खराब होती गई। सरकार द्वारा किए गए अपर्याप्त उपायों का घोर विरोध भारतीय हिन्दी पत्र-पत्रिकाओं ने किया। ब्रिटिश सरकार की गलत नीतियों से भारतीय समाज में गहरा असन्तोष व्याप्त था जिसकी परिणति आतंकवाद के रूप में हुई। सरकारी दमनचक्र पुन: तेज हुआ और इसी के कारण सरकारी नीतियों की आलोचना करनेवाली हिन्दी पत्र-पत्रिकाओं पर भी दमनात्मक कार्यवाही की गई। हिन्दी पत्र-पत्रिकाओं के प्रति अंग्रेजी सरकार का दमनपूर्ण रवैया होने के बावजूद हिन्दी के राष्ट्रवादी पत्रों ने सरकार की प्रत्येक गलत कार्यवाही पर जमकर प्रहार किया। अत: 1898 में पुन: एक बार हिन्दी पत्रों की स्वतन्त्रता को कुंठित करने का प्रयास किया गया। भारतीय दंड संहिता के अनुभाग 124-अ को संशोधित करके इसमें अनुभाग 53-अ जोड़ा गया। साथ ही भारतीय दंड संहिता का अनुभाग 505 भी संशोधित किया गया जिससे ब्रिटिश सरकार को यह अधिकार प्राप्त हुआ कि यदि कोई समाचार-पत्र ऐसे लेख या भाषण प्रकाशित करता है जिससे भारतीय सेना में अशान्ति फैले, या लोग सरकार के विरुद्ध कोई हिंसात्मक कार्यवाही करें, तो ऐसे समाचार-पत्रों के सम्पादकों को दंडित या उन पर जुर्माना, दोनों किए जा सकते हैं।[241]

ब्रिटिश सरकार के अन्तर्गत हिन्दी पत्र-पत्रिकाओं पर दमन का शिकंजा कसता जा रहा था। उसी के अनुरूप हिन्दी पत्र-पत्रिकाएँ भी राष्ट्रीय भावना से ओत-प्रोत तथा मातृभूमि की सेवा के लिए अदम्य उत्साह के साथ विकास-पथ पर अग्रसर थीं। हिन्दी पत्र-पत्रिकाओं के विकास की दृष्टि से उन्नीसवीं शताब्दी तेजस्वी पत्रकारिता का युग था। यही कारण था कि

उन्नीसवीं शताब्दी के उत्तरार्ध में भारतीय भाषाओं में बड़ी संख्या में अनेक महत्त्वपूर्ण पत्र विभिन्न प्रान्तों में प्रकाशित हुए।[242] उन्नीसवीं शताब्दी में भारतीय जनमानस में जिस व्यापक असन्तोष की व्याप्ति थी, वह बीसवीं शताब्दी के प्रथम दशक में एक जन-आन्दोलन के रूप में सामने आया।

सन 1857 से 1905 के बीच हिन्दी पत्रकारिता का विकास संकुचित रहा। परन्तु क्रान्ति की अग्नि शान्त होने पर हिन्दी पत्रकारिता में नई चेतना मुखरित हुई जो राष्ट्रीयता एवं स्वतन्त्रता से पूरित हुई। वस्तुतः स्वाधीनता आन्दोलन के इस दौर में हिन्दी की किसी प्रतिबन्धित पत्रिका का ब्योरा प्राप्त नहीं हुआ। किन्तु अनेक ऐसी पत्रिकाएँ थीं जिन्होंने स्वाधीनता आन्दोलन की अगुआई की, जिनमें भारत प्रकाश (मुरादाबाद), भारतोदय (कानपुर), रसिक पथ एवं प्रयोग मित्र (इलाहाबाद), बुद्धिप्रकाश (लखनऊ), भारत भूषण (बनारस), बुन्देलखंड पन्थ (झाँसी) आदि उल्लेखनीय हैं। इसके अलावा हिन्दी प्रदीप (प्रयाग), ब्राह्मण (कानपुर), हिन्दुस्तान (कालाकाँकर) प्रमुख राजनीतिक पत्र थे जिन्होंने कांग्रेस की नीतियों का समर्थन किया।

भारतीय स्वाधीनता आन्दोलन में बीसवीं शताब्दी के प्रथम दशक ने एक नया आयाम जोड़ा। लॉर्ड कर्जन भारत में ब्रिटिश सरकार के प्रतिनिधि के रूप में आए। कर्जन ने आते ही भारतीयों में व्याप्त राष्ट्रीय भावना को देखकर बंगाल को दो हिस्सों में बाँट देने की योजना बनाई, जिससे विद्रोह का एवं विरोध का स्वर और तेज हुआ। यही वह समय था जब 1905 में रूस पर जापान की विजय हासिल हुई और इटली को पराजय का मुँह देखना पड़ा। सम्पूर्ण एशिया में एक नई आशा और उत्साह का जन्म हुआ। भारतीयों ने अपनी हीन भावना का परित्याग किया और एक विश्वास पैदा हुआ कि ब्रिटिश शासन से भारत की मुक्ति सम्भव है। जापान की विजय ने सम्पूर्ण भारत और विशेषकर बंगाल को एक नई शक्ति और प्रेरणा प्रदान की।[243]

बंगाल को दो हिस्सों में बाँट देने के फलस्वरूप अखिल भारतीय स्तर पर इसका विरोध हुआ, जिसकी परिणति स्वराज्य, स्वदेशी, विदेशी वस्तुओं के बहिष्कार और राष्ट्रीय शिक्षा के प्रचार-प्रसार के रूप में हुई। प्रमुख राष्ट्रवादी नेता बालगंगाधर तिलक, लाला लाजपत राय, विपिन चन्द्र पाल और अरविन्द ने इस आन्दोलन को पत्र-पत्रिकाओं से जोड़कर एक वैचारिक भूमिका प्रदान की। साथ ही उसे भारतीय जनजीवन से सम्बद्ध कर दिया। आन्दोलन ने देशव्यापी रूप धारण कर लिया, जिसने भारतीय जनता की चेतना को झकझोरा। पूरे भारत में उत्तेजना की लहर दौड़ गई और स्वदेशी

आन्दोलन की लोकप्रियता दिनोंदिन बढ़ती गई। सभी जगहों पर प्रदर्शन एवं सभाओं का आयोजन किया गया। स्वदेशी वस्तु और वस्त्र भंडार खुलने लगे। आन्दोलन की व्यापकता ने सम्पूर्ण भारत को प्रभावित किया। हिन्दी पत्र-पत्रिकाओं में राष्ट्रीय चेतना की इस भावना का प्रतिबिम्बित होना अनिवार्य था। हिन्दी पत्र-पत्रिकाओं ने देश के हृदय की प्रतिच्छाया उपस्थित की तथा आन्दोलन को प्रेरणा एवं शक्ति प्रदान की।

वस्तुत: बीसवीं शताब्दी के प्रथम दशक की हिन्दी-पत्रकारिता का मूल स्वर साहित्यिक होते हुए भी राजनीतिक था। हिन्दी पत्र-पत्रिकाओं ने हिन्दी साहित्य के विकास में योगदान दिया ही, साथ ही राजनीतिक चेतना के निर्माण का कार्य भी किया। भारतीय राजनीति में बीसवीं शताब्दी के आरम्भिक दो दशकों में केन्द्रबिन्दु के रूप में बालगंगाधर तिलक रहे। तिलक के प्रभाव से नए राजनीतिक दर्शन की प्रस्तुति क्रान्तिकारी और आतंकवादी आन्दोलन के रूप में हुई। क्रान्तिकारी आन्दोलन का आरम्भ महाराष्ट्र से हुआ था, पर इसका प्रधान केन्द्र बंगाल था।[244] बंगाल में इस आन्दोलन के पुरस्कर्ता वारीन्द्र कुमार घोष, भूपेन्द्रनाथ दत्त थे। बंगाल में क्रान्तिकारियों का पहला प्रमुख संगठन 'अनुशीलन समिति' था। क्रान्तिकारी एवं आतंकवादी राजनीति के प्रचार-प्रसार हेतु बंगाल के क्रान्तिकारियों ने पत्र-पत्रिकाओं को अपना माध्यम बनाया। 'अनुशीलन समिति' के क्रान्तिकारी गुट ने खुलकर क्रान्ति के प्रचार हेतु मार्च, 1906 में 'युगान्तर' नामक पत्र निकाला।[245] भारतीय स्वतन्त्रता आन्दोलन के इस दौर में क्रान्तिकारी आतंकवाद के प्रचार हेतु हिन्दी पत्र-पत्रिकाओं को माध्यम बनाया गया। भारतीय जनता को धार्मिक एवं राजनीतिक शिक्षा देकर क्रान्ति के लिए प्रोत्साहित किया गया। सरकारी अफसरों की हत्या, बम-कांड जैसी हिंसक कार्यवाहियाँ क्रान्तिकारियों के लिए आम हो गईं। क्रमश: क्रान्तिकारी आन्दोलन विकसित होता रहा। फलत: अनेक गुप्त एवं क्रान्तिकारी संगठनों का जन्म हुआ।

क्रान्तिकारियों द्वारा स्वाधीनता-प्राप्ति हेतु आरम्भ की गई हिंसापरक राजनीतिक धारा ने देश में नवीन राष्ट्रीय चेतना को जागृत किया। फलस्वरूप ब्रिटिश सरकार अत्यधिक चौकन्नी हो गई। सरकारी दमनचक्र तेज हुआ और ब्रिटिश सरकार ने क्रान्तिकारी आन्दोलनों के दमन के लिए विभिन्न प्रकार के सरकारी दमनकारी कानूनों की घोषणा की। 1907 में 'सेडीशियस मीटिंग्स ऐक्ट', 1908 का 'एक्सप्लोसिव सब्सटेंट ऐक्ट' और 'क्रिमिनल लॉ' (अमेंडमेंट) ऐक्ट जैसे कानून पर इस दौर में सरकारी दमन-चक्र के

हथियार साबित हुए। हिन्दी पत्रकारिता पर आघात करनेवाले दो कानून 1908 में 'न्यूजपेपर्स ऐक्ट' (इनसाइटमेंट अफेन्सेज) और 1910 में 'इंडियन प्रेस ऐक्ट' पास किए गए। प्रथम कानून समाचार-पत्रों द्वारा हिंसा को उत्तेजना प्रदान करने से सम्बद्ध था जिसके अनुसार हत्या या अन्य उत्तेजक गतिविधियों के प्रकाशन पर रोक लगाई जा सकती थी। यह कानून विशेषत: बंगाल, महाराष्ट्र तथा अन्य प्रान्तों में सक्रिय क्रान्तिकारी गतिविधियों के दमन हेतु बनाया गया था। दूसरे कानून की सीमाएँ अत्यधिक व्यापक थीं। इसके अनुसार यदि किसी छापेखाने में प्रकाशित किसी समाचार-पत्र में सरकार के प्रति घृणा या द्वेष पैदा करनेवाली कोई बात प्रकाशित हो तो सरकार छापाखानों तथा समाचार-पत्रों से पाँच हजार रुपये तक की जमानत माँग सकती थी तथा जमानत-जब्ती की दशा में पुन: नई जमानत माँगने का भी कानून में प्रावधान था।[246]

बीसवीं शताब्दी के प्रारम्भ में ही हिन्दी समाचार-पत्रों की स्वतन्त्रता पर तीव्र आघात हुआ। समाचार-पत्रों की सजीवता को ब्रिटिश कानूनों ने नष्ट किया। कानून इतने व्यापक थे कि पत्रों की प्रक्रिया प्रभावित हुई। लगभग सभी उग्रवादी पत्रों का प्रकाशन क्रमश: बन्द होने लगा। प्रथम विश्वयुद्ध के दौरान देश में जो राजनीतिक प्रतिक्रिया आरम्भ हुई, उसका व्यापक प्रभाव हिन्दी पत्र-पत्रिकाओं पर पड़ा। युद्ध-काल के समाचारों को जानने की सामान्य जन की उत्कंठा ने हिन्दी-भाषी क्षेत्रों की हिन्दी पत्रकारिता पर व्यापक उत्तरदायित्व का बोझ डाल दिया। सम्भवत: इन्हीं आवश्यकताओं के फलस्वरूप इस वर्ष देश से हिन्दी के उच्च कोटि के राजनीतिक साप्ताहिक पत्रों का प्रकाशन हुआ। यद्यपि प्रथम विश्वयुद्ध के आरम्भ होते ही ब्रिटिश सरकार द्वारा भारत रक्षा अधिनियम जैसे कानूनों द्वारा समाचार-पत्रों की सीमा को और संकुचित कर दिया गया, परन्तु इस तरह की दमनात्मक कार्यवाहियों के बावजूद पत्रों के विकास की प्रक्रिया अग्रसर रही।

प्रथम विश्वयुद्ध की समाप्ति पर भारतीय स्वाधीनता आन्दोलन का एक नया युग प्रारम्भ हुआ। यह हिन्दी पत्रकारिता के विकास का चरमोत्कर्ष-काल था। इस बीच उसे अनेक दमनकारी कानूनों और विपरीत परिस्थितियों से जूझना पड़ा। गाँधी-युग के पूर्व की हिन्दी पत्रकारिता का मूल स्वर राजनीतिक कम, साहित्यिक अधिक था। गाँधी जी के आने पर हिन्दी पत्रकारिता को नवीन स्वर मिला। पत्रकारिता में नए जीवन-मूल्यों और आदर्शों की स्थापना हुई जिसमें तत्कालीन विचार-संकल्पों एवं उस युग की राजनीतिक

परिस्थितियों का प्रभाव देखा जा सकता है। गाँधी-युग के प्रारम्भ में व्यापक राष्ट्रीय संवेदना और शाश्वत मूल्यों को विद्रोह के स्तर पर समन्वित करने में तत्कालीन प्रतिबन्धित पत्र-पत्रिकाओं ने महत्त्वपूर्ण भूमिका निभाई।

सन 1919 के आरम्भिक दौर में रौलट विधेयक-विरोधी आन्दोलन को जनमानस से जोड़ने के लिए महात्मा गाँधी ने सत्याग्रह सभा की स्थापना की। 27 फरवरी, 1919 को उन्होंने 'सत्याग्रह प्रण' जारी किया जिसमें घोषणा थी कि 'यह विधेयक अन्यायपूर्ण, स्वतन्त्रता तथा न्याय के सिद्धान्तों का विध्वंसक है और नागरिकों के मूलभूत अधिकारों पर कुठाराघात है।'[247] इसके सक्रिय प्रतिरोध हेतु उन्होंने सत्याग्रह आन्दोलन के प्रथम चरण में सरकारी कानूनों की अवज्ञा हेतु निषिद्ध पुस्तकों की बिक्री एवं बिना रजिस्ट्रेशन के समाचार-पत्रों के प्रकाशन का सुझाव दिया।[248] राष्ट्रीय आन्दोलन में जन-जन को राष्ट्रीय चेतना में समन्वित करने हेतु स्वदेशी की भावना से ओत-प्रोत प्रतिबन्धित साप्ताहिक 'स्वदेश' ने स्वतन्त्रता के प्रति संकल्प की भावना को उत्प्रेरित किया। पत्र के प्रथम अंक में 'स्वदेश का संकल्प' शीर्षक सम्पादकीय उसके नीति-विषयक सिद्धान्त को और भी स्पष्ट करता है—'हम चाहते हैं कि संसार के अन्य स्वाधीन देशों के मनुष्यों की भाँति हिन्दुस्तानियों की गणना भी मनुष्यों में ही हो, इसलिए जो स्वत्व और स्वतन्त्रता एक स्वाधीन राष्ट्र के व्यक्ति को प्राप्त है, उतनी ही स्वतन्त्रता हिन्दुस्तानियों को भी प्राप्त हो।'[249] इसमें सन्देह नहीं कि 'स्वदेश' अपने संकल्प पर जीवन-पर्यन्त दृढ़ रहकर स्वतन्त्रता का शंखनाद करता रहा। सम्पादकीय के अतिरिक्त 'स्वदेश' में सार्वजनिक समाचार, समालोचनाएँ एवं स्वदेशी की भावनाओं को उत्तेजित करनेवाली कविताएँ भी प्रकाशित होती थीं। प्रकाशन के कुछ ही समय बाद इसकी प्रसार संख्या काफी हो गई थी।[250] प्रतिबन्धित हुए हिन्दी के साप्ताहिक पत्र 'स्वदेश' को हिन्दी के प्रख्यात लेखकों एवं साहित्यकारों का सहयोग प्राप्त था। इसका प्रभाव देश एवं विदेश में ही नहीं था, वरन उसे विदेशों में भी भारतीयों द्वारा मँगाया जाता था।[251]

भारतीय जनमानस में जब स्वाधीनता के प्रति नई लहर जोर पकड़ रही थी, उस समय तक हिन्दी की पत्र-पत्रिकाएँ राजनीतिक दृष्टि से परिपक्व हो चुकी थीं। भारत के राजनीतिक क्षितिज पर महात्मा गाँधी के आविर्भाव से स्वाधीनता आन्दोलन को जो नई दिशा प्राप्त हुई, उसे जनजीवन से सम्पृक्त करने तथा राजनीतिक चेतना के विकास के साथ ही ब्रिटिश सरकार के कार्यों एवं नीतियों की कटु आलोचना एवं भर्त्सना करके लोक-भावना को उत्तेजित

करने में हिन्दी की प्रतिबन्धित पत्र-पत्रिकाओं ने प्रभावी ढंग से काम किया। रौलट ऐक्ट के विरोध में हिन्दी पत्र-पत्रिकाओं ने देशव्यापी अभियान छेड़ा। अधिकांश हिन्दी पत्र-पत्रिकाओं ने उत्तेजक लेखों एवं टिप्पणियों के माध्यम से नौकरशाही के क्रूर अत्याचारों एवं मनमाने तरीकों के विरुद्ध रोष व्यक्त करते हुए विधेयक के विरुद्ध जनता को संघर्ष के लिए प्रेरित किया। महात्मा गाँधी द्वारा प्रारम्भ किए गए सत्याग्रह आन्दोलन को हिन्दी पत्रकारिता ने आगे बढ़ाया, साथ ही उपयुक्त वातावरण का निर्माण किया। विभिन्न हिन्दी पत्र-पत्रिकाओं में लेख, टिप्पणियाँ एवं कविताएँ प्रकाशित होती रहीं।

भारतीय प्रेस-मंच एवं काउन्सिल ने रौलट विधेयक का खुलकर विरोध किया। इसके बावजूद उसे पास कर दिया गया। सत्याग्रह आन्दोलन-सम्बन्धी महात्मा गाँधी की घोषणा ने राष्ट्रवादी हिन्दी पत्र-पत्रिकाओं के राष्ट्रीय चरित्र को बलवती बनाया। हिन्दी की पत्र-पत्रिकाओं का स्वाधीनता अभियान और तेज हो गया। अनेक हिन्दी पत्र-पत्रिकाओं ने राष्ट्रीय अंकों का प्रकाशन किया जिनमें आन्दोलन को प्रेरित करने हेतु अनेक रचनाएँ प्रकाशित हुआ करती थीं।

अमृतसर के जलियाँवाला बाग का नरसंहार भारतीय इतिहास में एक लोमहर्षक एवं अविस्मरणीय घटना है। 13 अप्रैल, 1919 को अमृतसर के जलियाँवाला बाग में सरकारी नीतियों के विरोध में लगभग बीस हजार निहत्थी जनता की सभा पर जनरल डायर की आज्ञानुसार सैनिकों द्वारा किए गए गोलीकांड में एक हजार दो सौ पचास राउंड गोलियाँ चलाई गईं, तीन सौ नवासी व्यक्ति मारे गए और लगभग एक हजार दो सौ व्यक्ति घायल हुए।[252] पंजाब में प्रवेश एवं निकास पर प्रतिबन्ध लगा दिया। तत्कालीन स्थिति का चित्रण करते हुए जवाहरलाल नेहरू ने लिखा है— 'पंजाब भारत के शेष भागों से पूर्णत: अलग-थलग हो गया था। शेष देश से उसके सम्बन्ध काट दिये गए थे। उस पर मोटा परदा डाल दिया गया था जिससे बाहर की निगाहें उसे देख न सकें।'[253] पंजाब से देश के अन्य भागों में समाचारों के प्रसार पर रोक के लिए हर प्रकार के प्रयत्न किए गए, फिर भी भारतीय पत्रों तक समाचार पहुँचे और उन्होंने इन कुकृत्यों के प्रति निन्दनीय दृष्टिकोण अपनाया।[254] हिन्दी की पत्र-पत्रिकाओं ने जनरल डायर और ओ डायर के कार्यों की कटु आलोचनाएँ कीं, जबकि अंग्रेजी पत्रों ने न केवल डायर के कार्यों को क्षमा प्रदान की, अपितु फौजी शासन को उचित भी ठहराया।[255] हिन्दी पत्र-पत्रिकाओं ने अपने कर्तव्यों का निर्वाह पूरी तत्परता से किया।

हिन्दी की प्रतिबन्धित पत्रिका 'स्वदेश' ने सरकारी दमननीति, अत्याचार एवं निरंकुशता का घोर विरोध किया एवं सरकार के अमानुषिक कार्यों की भर्त्सना करते हुए उत्तेजक लेख, कविताएँ एवं टिप्पणियाँ प्रकाशित कीं।[256]

प्रतिबन्धित पत्र 'स्वदेश' के अग्रलेखों में वस्तुतः स्वाधीनता आन्दोलन की भावनाओं की सम्पूर्ण अभिव्यक्ति होती थी। 'स्वदेश' का स्वर उग्र तो था ही, परन्तु उसमें क्रोध, विरोध एवं व्यंग्य का भी पुट होता था। 'कत्लेआम' शीर्षक सम्पादकीय की निम्नलिखित पंक्तियाँ द्रष्टव्य हैं—

वाह रे।
उनका कलेजा
कत्लेआम, और वह खयाल?
कोई क्या कर लेगा मुझ पर
करके दावा खून का?[257]

'स्वदेश' के इसी अंक में ब्रिटिश सरकार को धिक्कारती हुई कविता की अधोलिखित पंक्तियाँ पत्र के उग्र स्वरूप को स्पष्ट करती हैं—

जब हुक़्म हो गया तो
किसी ने किया न उज्र।
जाने को सब लड़ाई पै
तैयार हो गए।
इतना दिया है हमने, इसी बार फंड में
बच्चे गदाये कूच-ओ
बाजार हो गए
अतएव
रौलट का तुमने कर दिया
कानून कैसे पास?
इन्साफ़वाले हो के दिले-आज़ार हो गए
हैं हम कि यह हमारी
वफ़ाओं का सिला
बेजुर्म आप क़त्ल को तैयार हो गए?[258]

पंजाब से सर माइकेल ओ डायर के निरंकुश प्रशासन एवं सत्याग्रह आन्दोलन के दमन पर तीव्र प्रहार इस पत्र (स्वदेश) द्वारा हुआ।[259] सैनिक शासन की तीव्र आलोचना करते हुए पत्र 'स्वदेश' ने लिखा—'हम समझते थे कि भारत सरकार सर ओ डायर के कूटनीति-रूपी बैल को अपनी शीतल

छाया में और अधिक न बढ़ने देगी, परन्तु ऐसा नहीं। भारत सरकार ने सर ओ डायर की पीठ ठोक दी है और अब उसका दिमाग सातवें आसमान पर चढ़ गया है। त्राहि-त्राहि की सदाओं से आसमान गूँज उठा है। देश के सुख और शान्ति के नाम पर आज जिस स्वेच्छाचारिता से लोग जिबह हो रहे हैं, उस सुख और शान्ति का रूप बड़ा बेढब है। हम तिलमिला उठते हैं।[260]

सरकारी हिंसा और दमन-नीति पर उत्तेजक लेखों के अलावा हिन्दी की प्रतिबन्धित पत्र-पत्रिकाओं ने स्वातन्त्र्य आन्दोलन को प्रेरणा प्रदान करने तथा राजनीतिक प्रचार हेतु अपने अभियान को जारी रखा। प्रतिबन्धित पत्र-पत्रिकाओं द्वारा जहाँ तक एक तरफ सरकारी दमन-नीति एवं क्रूर नौकरशाही के अत्याचारों तथा अन्यायों के विरुद्ध लोक-चेतना का निर्माण हुआ, वहीं अंग्रेजी दमनचक्र की गति और तीव्र हो गई। प्रेस-ऐक्ट रूपी तलवार का प्रयोग पत्र-पत्रिकाओं पर और अधिक तेज हो गया। पत्रकारिता के विरोध में देशव्यापी दमनचक्र प्रारम्भ हो गया। उन्हें जब्त किया गया, उनसे जमानतें माँगी गईं। उनके प्रसार पर रोक लगाई गई। सेन्सरशिप, पत्रकारों का निर्वासन एवं चेतावनियाँ आदि की कार्यवाही करके हिन्दी पत्र-पत्रिकाओं का मुँह बन्द करने का प्रयास किया गया।[261] अनेक भाषाओं की देश-विदेश में ख्यात पत्र-पत्रिकाओं से भारी-भरकम जमानतें वसूल की गईं, जब्त की गईं एवं उनका प्रकाशन रोका गया और सम्पादकों को सज़ाएँ दी गईं।[262]

सन 1919 में पंजाब के अन्तर्गत 'प्रेस ऐक्ट' को बड़ी कठोरता से लागू किया गया। देश के अन्य भागों से प्रकाशित होनेवाले समाचार-पत्रों का प्रवेश पंजाब में निषिद्ध कर दिया गया जिसमें उत्तर प्रदेश का एकमात्र हिन्दी साप्ताहिक 'स्वदेश' भी था।[263] 13 मई, 1919 को पंजाब सरकार के आदेशानुसार सार्वजनिक सुरक्षा के लिए अहितकर मानते हुए 'स्वदेश' के पंजाब में प्रवेश पर रोक लगा दी गई थी।[264] अंग्रेजी नौकरशाही की इन करतूतों ने 'स्वदेश' को और भी अधिक उग्र बना दिया। राष्ट्रीय पथिक द्वारा लिखित 'कयामत होनेवाली है' शीर्षक कविता की निम्नलिखित पंक्तियाँ 'स्वदेश' की चरम उग्रता की परिचायक हैं-

सितमगर! सोच ले दम भर, तेरी दरख्वास्त जाली है।
महज़ ताबूत है, बेजान है, मुर्दार डाली है।
नहीं हैं ये सुलह के ढंग, नहीं क़ौमी तरक्की के।
अरे! टुक झाँक, नीचे तो तेरी बुनियाद खाली है।
ये खूँ है बेगुनाहों का, दबाया जा नहीं सकता।

हश्र तक वह पुकारेगा कि, ये तजवीज काली है।
सम्हल जा वक़्त है, अब भी बदल यह चाल बेढंगी।
तेरी रफ्तार पर बरपा क़यामत होनेवाली है।[265]

उपर्युक्त कविता अंग्रेजी सरकार की दृष्टि में अत्यधिक आपत्तिजनक और राजद्रोहात्मक थी, जिसके फलस्वरूप हिन्दी साप्ताहिक पत्र 'स्वदेश' के सम्पादक को सरकार द्वारा 13 जून, 1919 को चेतावनी दी गई।[266] पंजाब सरकार पर प्रहारात्मक स्वर के कारण पत्र को पुनः 30 जून, 1919 को चेतावनी दी गई।[267]

अंग्रेजी सरकार के दमनचक्र के परिणामस्वरूप हिन्दी पत्र-पत्रिकाओं की अभिव्यक्ति पर भी प्रहार किया गया। हिन्दी पत्रकारिता के विरुद्ध अंग्रेजी सरकार द्वारा प्रेस-अधिनियम के माध्यम से जिस प्रकार पत्र-पत्रिकाओं की स्वतन्त्रता और उनकी अभिव्यक्ति-क्षमता पर आघात हुआ, उसी के अनुरूप हिन्दी पत्र-पत्रिकाओं ने अपनी प्रतिक्रिया दर्ज की। सन 1919 में नई राजनीतिक चेतना के विकास के परिणामस्वरूप अंग्रेजी शासन के विरुद्ध जो आन्दोलन हुए, उनकी जानकारी के लिए हिन्दी-भाषी क्षेत्रों में स्वाभाविक रूप से उत्सुकता बढ़ी। अतएव सरकारी प्रतिबन्ध के बावजूद हिन्दी पत्र-पत्रिकाओं के प्रकाशन में तेजी आई। सन 1919 में हिन्दी पत्रकारिता के विकास की प्रक्रिया में तत्कालीन राजनीतिक परिस्थितियों का विशेष प्रभाव पड़ा। राष्ट्रीय जागृति एवं राजनीतिक आन्दोलन के फलस्वरूप इस वर्ष की हिन्दी पत्रकारिता का स्वर वस्तुतः सरकार की कटु आलोचनाओं से भरा हुआ था। पंजाब की घटनाओं ने प्रायः सभी पत्र-पत्रिकाओं को उग्र बना दिया था।[268]

सन 1920 भारतीय स्वतन्त्रता आन्दोलन में एक युगान्तकारी परिवर्तन लेकर आया। अंग्रेजी सरकार की दमन-नीति और उसके अत्याचारों ने महात्मा गाँधी की दृष्टि में परिवर्तन ला दिया। उनका रवैया अंग्रेजी सरकार के प्रति कठोरतापूर्ण हो गया। जलियाँवाला बाग हत्याकांड के बाद गाँधी जी ने सरकार से औचित्य की माँग की थी किन्तु अपेक्षित और उचित परिणाम न देखकर उन्होंने उभरते हुए जनान्दोलनों का नेतृत्व और भारतीय जनशक्ति को ब्रिटिश सरकार के विरुद्ध प्रभावी आन्दोलन से जोड़ने हेतु सरकार के प्रति अहिंसात्मक असहयोग की योजना तैयार की थी। एक सर्वथा नया कार्यक्रम प्रस्तुत किया गया। खिताबों का परित्याग करना, सरकारी स्कूल और कॉलेजों तथा सरकार से सहायता प्राप्त या इसके नियन्त्रण को स्वीकार

करनेवाले विद्यालयों से अपने लड़कों को निकाल देना, राष्ट्रीय विद्यालयों की स्थापना करना, सरकारी अदालतों का बहिष्कार इस कार्यक्रम के प्रधान अंग थे।[269] कलकत्ता कांग्रेस द्वारा स्वीकृत असहयोग आन्दोलन के प्रस्ताव का हिन्दी पत्रकारिता ने अपने राष्ट्रीय चरित्र के अनुसार स्वागत किया। पत्रों से सम्बन्धित गोपनीय सरकारी टिप्पणियों के अध्ययन से यह स्पष्ट होता है कि तत्कालीन पत्र-पत्रिकाओं ने भी कलकत्ता कांग्रेस के निर्णय का स्वागत किया और उसके अनुरूप जनता को कार्य करने के लिए प्रेरित किया।[270]

सन 1920 भारतीय स्वतन्त्रता आन्दोलन के साथ-साथ हिन्दी पत्रकारिता की विकास की दृष्टि से भी अत्यधिक उल्लेखनीय वर्ष रहा। डॉ. रामरतन भटनागर की मान्यता है कि यहीं से राजनीतिक पत्रकारिता का नया युग प्रारम्भ होता है।[271] गाँधी और गाँधी के असहयोग आन्दोलन ने क्षेत्रीय पत्रकारिता को गहरे तक प्रभावित किया। फलस्वरूप इस दौरान अनेक भाषाओं में नई पत्र-पत्रिकाओं का जन्म हुआ जिन पर गाँधी-विचार का प्रभाव था और जो सत्याग्रह आन्दोलन के प्रतिश्रुति थे।[272] हिन्दी पत्रकारिता के प्रकाशन में गत वर्ष जो तेजी आई थी, वह इस वर्ष के प्रारम्भ में उग्र राजनीतिक गतिविधियों के कारण और गतिशील हो गई। गाँधीवादी आदर्शों की स्थापना एवं भारतीय स्वतन्त्रता आन्दोलन में प्रभावकारी भूमिका के निर्वाह हेतु कानपुर से दैनिक 'वर्तमान' का प्रकाशन आरम्भ हुआ, जिसके सम्पादक, प्रकाशक, कानपुर के प्रसिद्ध स्वतन्त्रता संग्राम सेनानी पंडित रमाशंकर अवस्थी थे। सरकारी सूत्रों के अनुसार 'वर्तमान' का प्रकाशन 22 अक्टूबर, 1920 को असहयोग आन्दोलन को व्यापक समर्थन प्रदान करने हेतु हुआ था।[273] सरकार ने इस पत्र को उग्रवादी पत्रों की सूची में रखा था। यह उग्रवादी प्रकाशनों के लिए विख्यात था।[274] राजनीतिक चेतना के परिणामस्वरूप इस दौरान पत्र-पत्रिकाओं के प्रकाशन में तेजी आई। साथ ही उनकी प्रसार-संख्या में बढ़ोतरी हुई। सन 1920-21 के दौर में भारी संख्या में हिन्दी पत्र-पत्रिकाओं के प्रकाशन का उद्‌देश्य वस्तुतः स्वाधीनता आन्दोलन को सहयोग प्रदान करना था।

भारतीय काउन्सिलों के प्रति देशवासियों के दृष्टिकोण को परिवर्तित करने में तत्कालीन हिन्दी पत्र-पत्रिकाओं ने प्रभावकारी भूमिका का निर्वाह किया। काउन्सिल-बहिष्कार पर प्रतिबन्धित हिन्दी पत्र 'स्वदेश' का 'वोटरो सावधान' शीर्षक सम्पादकीय की पंक्तियाँ इन्हीं भावनाओं को उजागर करती हैं—'प्यारे भारतवासियो! सँभल जाओ! यह तुम्हारी पहली परीक्षा है। देखो,

अपने पैर पर अपने हाथों कुल्हाड़ी मत चलाओ। याद रखो कि काउन्सिल में जाकर अथवा किसी को भेजकर तुम अपने देश के लिए पुण्य नहीं कमा रहे हो, बल्कि पाप बटोर रहे हो। अब तक तो आप खुद दासता की जंजीरों में जकड़े थे, अब आप इस प्रकार अपनी आगे आनेवाली सन्तानों को भी उसी बन्धन में बाँध रखना चाहते हो।'[275] स्वतन्त्रता आन्दोलन को गति प्रदान करने हेतु हिन्दी पत्र-पत्रिकाओं ने विविध रूपों में रचनाएँ प्रकाशित कर, जनजीवन को आन्दोलित किया। आन्दोलन के प्रारम्भ होते ही हिन्दी पत्र 'वर्तमान' ने एक कविता प्रकाशित की, जिसमें बड़े ही भावनात्मक एवं मार्मिक शब्दों में लोगों से असहयोग आन्दोलन में भाग लेने का आह्वान किया गया।[276] 'वर्तमान' के ही एक अन्य अंक में विद्यार्थियों को उत्तेजित करते हुए कहा गया कि वे कर्मक्षेत्र में आगे बढ़ें और वीरों की तरह अपना बलिदान कर दें।[277] स्वाधीनता आन्दोलन की गतिविधियाँ ज्यों-ज्यों तेज होती गईं, उसी अनुपात में हिन्दी पत्र-पत्रिकाओं का स्वर भी राष्ट्रीय आकांक्षा को उद्वेलित करने में तीव्रतर होता गया।

भारतीय स्वाधीनता आन्दोलन का यही वह दौर था जब आन्दोलन को जनशक्ति से जोड़ने हेतु हिन्दी पत्र-पत्रिकाओं में राष्ट्रीयता से परिपूर्ण रचनाओं की भरमार हो गई। हिन्दी पत्र-पत्रिकाओं ने न केवल राष्ट्रीय जीवन की धारा को असहयोग आन्दोलन से जोड़ने में महत्त्वपूर्ण भूमिका का निर्वाह किया, वरन असहयोग-विरोधियों को भी आड़े हाथों लिया। हिन्दी पत्र-पत्रिकाओं की अंग्रेजों के विरुद्ध टीका-टिप्पणियों, लेखों एवं कविताओं ने भारतीय जनता, विशेषत: हिन्दी-भाषी क्षेत्रों की जनता को स्वाधीनता आन्दोलन के यज्ञ में पूर्णाहुति हेतु उत्प्रेरित करने में महत्त्वपूर्ण योगदान दिया। इस दौर की हिन्दी पत्रकारिता की एक प्रमुख विशेषता सरकारी दमन-नीति के परिप्रेक्ष्य में विभिन्न रचनाएँ प्रकाशित कर उसकी निन्दा करना तथा देशवासियों को अहिंसात्मक संग्राम में जुड़े रहने को प्रेरित करना भी था।

हिन्दी के प्रतिबन्धित पत्र 'स्वदेशी' ने अपने अग्रलेख 'अमन एवं दमन' शीर्षक के अन्तर्गत नौकरशाही अत्याचारों पर तीखा प्रहार किया—'हम जानते हैं कि इनके कहर का मक़सद क्या है। अगर इनका मक़सद देश में अमन करना है तो क्या हम इसे भारत की नौकरशाही की बुद्धि का खात्मा और उसके हरबों और हथियारों का दिवाला निकल गया मान लें?[278] 'स्वदेश' के अगले अंकों में सम्पादकीय स्वर अति उग्र हो गया। 'परीक्षा का समय' शीर्षक अग्रलेख में देशवासियों को सम्बोधित करते हुए कहा

गया है कि, ''हमें भलीभाँति जान लेना चाहिए कि अहिंसा में पूरे नम्बर लाने पर हम पास समझे जाएँगे साथ-ही-साथ तैयारशुदा परीक्षार्थियों को हजारों और लाखों की तादाद में मस्ताना राग गाते हुए जेल में भीतर जाने के लिए पूरे तौर से तैयार हो जाना चाहिए।[279] असहयोग आन्दोलन के इस दौर में आन्दोलन के प्रति ब्रिटिश सरकार की दमनात्मक नीति का स्पष्ट परिचय 17 नवम्बर, 1921 को मिला, जिस दिन 'युवराज प्रिन्स ऑफ वेल्स' का भारत-आगमन हुआ। उस दिन के प्रभावपूर्ण बहिष्कार एवं देशव्यापी हड़ताल हेतु कांग्रेस द्वारा पारित प्रस्ताव का हिन्दी पत्रों ने समर्थन करते हुए युवराज के स्वागत का बहिष्कार करने की आवश्यकता पर बल दिया। पत्र-पत्रिकाओं द्वारा बहिष्कार हेतु जनमत-निर्माण का वातावरण पर अनुकूल प्रभाव पड़ा।

अंग्रेजी सरकार की दमनात्मक कार्यवाहियों के सन्दर्भ में हिन्दी पत्र-पत्रिकाओं की टीका-टिप्पणियों एवं प्रकाशनों ने जहाँ आन्दोलन की गतिविधियों को भारतीय जनता तक पहुँचाकर जन-चेतना में उत्तेजना उत्पन्न की, वहीं उन्हें साहसपूर्ण स्थिति का सामना करने के लिए प्रेरित भी किया। परन्तु स्वाधीनता आन्दोलन को यथेष्ट प्रेरणा देते हुए भी पत्र-पत्रिकाओं ने इस बात का सतत प्रयास किया कि कहीं आन्दोलनकारियों की तरफ से हिंसा न उमड़ जाए। सन 1920-21 के दौरान असहयोग आन्दोलन की गतिविधियों में जैसे-जैसे बढ़ोतरी हुई, उसी के अनुरूप अंग्रेजी सरकार ने पूरी शक्ति से आन्दोलन को दबाने की कोशिश की। इसी क्रम में अंग्रेजी सरकार ने अनेक हिन्दी पत्र-पत्रिकाओं की स्वतन्त्रता का हनन किया। यद्यपि सन 1920 में असहयोग आन्दोलन की गति मन्द ही थी, तथापि हिन्दी पत्र-पत्रिकाओं को दी जानेवाली सरकारी चेतावनियाँ यथावत जारी रहीं। 1921 में आन्दोलन की तीव्रता के साथ ही दमनचक्र भी तीव्र हो गया। 'स्वदेश' (गोरखपुर) की सूचना के अनुसार 1921 में उससे पन्द्रह सौ की अतिरिक्त जमानत माँगी गई थी,[280] परन्तु इसका विवरण सरकारी दस्तावेजों में नहीं मिला। हिन्दी पत्र-पत्रिकाओं पर सरकारी दमन-नीति का प्रहार 1920 की अपेक्षा 1921 में अधिक हुआ।

भारतीय स्वाधीनता आन्दोलन और उससे जुड़ी राष्ट्रीय पत्र-पत्रिकाओं के प्रति अंग्रेजी सरकार की दमनात्मक कार्यवाहियों के बावजूद राजनीतिक आन्दोलन 1922 में उग्रता की चरम सीमा तक पहुँच गया। इसी वर्ष हिन्दी 'चाँद' (इलाहाबाद) का प्रकाशन भी हिन्दी साहित्य और भारतीय स्वतन्त्रता

आन्दोलन के इतिहास में एक ऐतिहासिक घटना है। साहित्यिकता के आवरण में राजनीति, स्त्री-शिक्षा, सामाजिक सुधार आदि विषयों पर उत्कृष्ट सामग्रियों का प्रकाशन कर 'चाँद' ने हिन्दी पत्रकारिता में महत्त्वपूर्ण भूमिका निभाई। इसके सम्पादक रामरख सिंह सहगल थे।

सन 1921-22 के अन्तिम दौर में अंग्रेजी सरकार की दमनात्मक कार्यवाहियों ने भारतीय स्वाधीनता आन्दोलन को और उग्र बना दिया। कांग्रेस और खिलाफत-आन्दोलन के सभी बड़े नेताओं की गिरफ्तारी के साथ ही जनवरी, 1922 के अन्त तक राजनीतिक बन्दियों की संख्या तीस हजार तक पहुँच गई। सन 1922 में जो हिंसात्मक घटनाएँ घटित हुईं उनमें चौरी-चौरा (गोरखपुर) की इतिहास-प्रसिद्ध घटना उल्लेखनीय है। शान्तिमय भारतीय स्वतन्त्रता आन्दोलन के इस दौर में चौरी-चौरा-कांड के वीभत्स स्वरूप ने देश के राजनीतिक आन्दोलन को एक हिंसात्मक अध्याय का रूप प्रदान कर दिया। भारतीय स्वाधीनता आन्दोलन की इस हिंसक घटना की प्राय: सभी हिन्दी पत्र-पत्रिकाओं ने निन्दा की और आन्दोलन के अहिंसात्मक स्वरूप को बनाए रखने में लोगों की अक्षमता को स्वीकार किया।[281] गोरखपुर का 'स्वदेश' जिसका प्रकाशन इस घटना के समय स्थगित था, पुन: प्रकाशित होने पर प्रथम अंक में ही 'चौरी-चौरा की दुर्घटना' शीर्षक सम्पादकीय में इस हिंसक घटना की निन्दा की और घटना पर प्रायश्चित्त व्यक्त करते हुए लिखा—'गोरखपुर वास्तव में अपने कुकृत्य के लिए बहुत लज्जित है।'[282] हिन्दी पत्र-पत्रिकाओं का मूल स्वर विभिन्न प्रकार के लोगों को स्वतन्त्रता संग्राम के प्रति उत्प्रेरित कर उनमें राष्ट्रीयता की भावना का संचार करना था। उनकी प्रेरणा हमेशा ध्वंसात्मक नहीं, रचनात्मक रही।

सन 1919-1922 के चार वर्षों के दौरान विभिन्न हिन्दी पत्र-पत्रिकाओं के सर्वेक्षण और पत्रों से सम्बन्धित सरकारी गोपनीय टिप्पणियों के अध्ययन के अनुसार यह बात स्पष्ट होती है कि गाँधी-युगीन स्वाधीनता आन्दोलन के प्रारम्भिक दौर की हिन्दी की पत्रकारिता महात्मा गाँधी से प्रभावित रही। सम्पूर्ण देश में, विशेषतया सत्याग्रह एवं असहयोग आन्दोलन के प्रचार-प्रसार एवं उसकी सफलता का अधिकतम श्रेय हिन्दी की पत्र-पत्रिकाओं को है। राष्ट्रीय भावना से ओत-प्रोत बहुसंख्यक हिन्दी पत्र-पत्रिकाओं ने अपनी प्रभावशाली भूमिका से उसमें नवशक्ति का संचार किया। हिन्दी पत्रों में आन्दोलन की गतिविधियों, असहयोग के कार्यक्रम, सरकारी दमन, स्वयंसेवकों एवं नेताओं की गिरफ्तारी, राष्ट्रीय नेताओं के सन्देश, वक्तव्य,

आन्दोलन को उत्प्रेरित करनेवाले समाचार तथा सम्पादकीय अग्रलेखों को प्रमुखता से प्रकाशित किया जाता था।

अंग्रेजी शासन के अन्तर्गत काउन्सिल-प्रवेश के प्रश्न पर भारतीय राष्ट्रीय कांग्रेस में जिस अन्तर्विरोध की राजनीति का प्रारम्भ हुआ और उसके फलस्वरूप 'स्वराज्य दल' का गठन हुआ, इसका व्यापक प्रभाव हिन्दी पत्र-पत्रिकाओं पर भी देखा जा सकता है। गोरखपुर से प्रकाशित होनेवाले हिन्दी 'स्वदेश' का विचार था कि 'देशबन्धु दास, न्यायमूर्ति मोतीलाल नेहरू और हकीम अजमल खाँ साहब आदि का पक्ष चाहे कितना सबल क्यों न हो, उसका कांग्रेस के भीतर ही सही, एक अलग पार्टी खड़ा कर लेना देश के लिए शुभ और स्फूर्तिदायक नहीं कहा जा सकता।'[283] इसके ठीक विपरीत कुछ प्रमुख हिन्दी पत्रों का स्वर परिवर्तनवादियों का पक्ष प्रस्तुत करता है। उल्लेखनीय है कि 1922 में 1910 के प्रेस-अधिनियम के समाप्त हो जाने पर भारतीय पत्रकारिता को थोड़ी राहत का अनुभव हुआ। विभिन्न छापाखानों से ली गई जमानतें सरकार द्वारा सन 1922 में वापस कर दी गईं। देश में राजनीतिक चेतना के विकास और सन 1922 में प्रेस-सम्बन्धी कानूनों में शिथिलता के फलस्वरूप सन 1928 में हिन्दी पत्रों की न केवल प्रसार-संख्या में वृद्धि हुई, अपितु अनेक उच्चकोटि के राजनीतिक पत्रों का जन्म हुआ।

असहयोग-आन्दोलन के पश्चात देश की राजनीतिक पृष्ठभूमि में बहुतायत में हिन्दी पत्र-पत्रिकाओं का प्रकाशन इस तथ्य को उजागर करता है कि राजनीतिक चेतना एवं हिन्दी पत्रकारिता के विकास की प्रक्रिया का गति-क्रम प्राय: एक-साथ गतिशील था। यद्यपि प्रेस-अधिनियम में शिथिलता प्रदान कर दी गई थी, फिर भी अंग्रेज सरकार का दमनचक्र हिन्दी पत्र-पत्रिकाओं पर प्राय: यथावत था। सन 1923 की सरकारी रिपोर्ट के अनुसार आपत्तिजनक लेखों के प्रकाशन के सन्दर्भ में इस वर्ष हिन्दी के प्रतिबन्धित पत्र 'स्वदेश' एवं 'वर्तमान' दोनों को चेतावनी दी गई।[284] भारतीय स्वाधीनता आन्दोलन का यह दौर जहाँ संवैधानिक आन्दोलनकारियों के राजनीतिक उत्कर्ष का समय था, वहीं राष्ट्रीयता और राष्ट्रीय पत्रकारिता के विकास का भी उत्कर्ष-काल था।

सन 1925 भारतीय स्वाधीनता आन्दोलन में एक महत्त्वपूर्ण वर्ष के रूप में मान्य है। वह भारत की हिन्दी पत्रकारिता के इतिहास की श्रृंखला में भी एक नई कड़ी जोड़ता है। यद्यपि इस वर्ष अनेक हिन्दी पत्र-पत्रिकाओं का प्रकाशन हुआ, किन्तु अधिकतर मासिक पत्र थे। इसी वर्ष हिन्दी पत्र 'सैनिक' ने हिन्दी

की तेजस्वी पत्रकारिता की गतिशील परम्परा को अग्रसर करने में महत्त्वपूर्ण भूमिका का निर्वाह किया। सन 1923-24 की हिन्दी पत्रकारिता के केन्द्रबिन्दु महात्मा गाँधी थे। राष्ट्रवादी हिन्दी पत्र-पत्रिकाओं के प्राय: प्रत्येक अंक में उन पर रचनाएँ प्रकाशित होती रहती थीं। इनमें उनकी रिहाई के विषय प्रमुख होते थे। 1924 में हिन्दी पत्र-पत्रिकाओं का स्वर महात्मा गाँधी की कारावास से मुक्ति के प्रश्न पर और मुखरित हो उठा। प्राय: सभी राष्ट्रवादी हिन्दी पत्रों ने महात्मा गाँधी की अविलम्ब रिहाई की माँग की। 'स्वदेश' ने अपना मत व्यक्त करते हुए लिखा— "महात्मा गाँधी को अब कारावास में अधिक दिनों तक रहने की आवश्यकता नहीं है। सरकार को अविलम्ब और बिना शर्त उनकी रिहाई का आदेश कर देना चाहिए।"[285] अन्तत: हिन्दी पत्र-पत्रिकाओं द्वारा उत्प्रेरित व्यापक जनमत की अब और अधिक उपेक्षा करना सम्भवत: अंग्रेजी सरकार के लिए सम्भव नहीं था। फलस्वरूप सन 1924 में महात्मा गाँधी कैद से मुक्त किए गए। इस अवसर पर हिन्दी पत्र-पत्रिकाओं ने उनकी रिहाई के समाचार को अपनी पत्रिकाओं में प्रमुख स्थान प्रदान किया। उनकी स्तुति में निबन्ध और कविताएँ प्रकाशित की गईं।

गाँधी जी के असहयोग-आन्दोलन की असफलता ने भारतीय क्रान्तिकारियों की बिखरी हुई शक्ति को पुन: सजीवता एवं सक्रियता प्रदान की। बीसवीं शताब्दी के आरम्भिक दौर में जो क्रान्तिकारी आन्दोलन विद्रोही भावना का प्रतीक-मात्र था, वही अब उग्र विचारों से सन्तुष्ट होकर स्वाधीनता-प्राप्ति के आदर्श के रूप में स्थापित हो रहा था। असहयोग-आन्दोलन के स्थगित होने पर देश में क्रान्तिकारी गतिविधियाँ पुन: शुरू हुईं। आतंकवादी क्रियाकलापों से बंगाल सरकार सतर्क हुई और उसने सतर्कतामूलक कार्यवाहियों में पुन: दमनकारी कानूनों का आश्रय लिया। 25 अक्टूबर, 1924 को अंग्रेज सरकार ने अध्यादेश पारित किया, जिसमें 'भारत रक्षा अधिनियम' में वर्णित व्यापक अधिकारों को पुन: कार्यपालिका को सौंप दिया। फलत: बंगाल में दमनचक्र पुन: शुरू हो गया। बंगाल के क्रान्तिकारी आन्दोलन के दमन के प्रति देशव्यापी विरोध-प्रदर्शन के स्वर में हिन्दी पत्रकारिता ने अपना स्वर मिलाया।

असहयोग आन्दोलन के पश्चात सक्रिय हुई देशव्यापी क्रान्तिकारी गतिविधियों को उत्तेजना और सक्रियता वस्तुत: हिन्दी पत्र-पत्रिकाओं से ही प्राप्त हुई। हिन्दी पत्रकारिता के विशिष्ट उन्नायकों ने अपनी ओजपूर्ण लेखनी से क्रान्तिकारी आन्दोलन को जन-आन्दोलन से जोड़ने के साथ ही युवा-वर्ग

को स्वातन्त्र्य संघर्ष हेतु प्रेरित किया। क्रान्तिकारी आन्दोलन के परिप्रेक्ष्य में अधिकांश हिन्दी पत्र-पत्रिकाओं का दृष्टिकोण हिंसात्मक गतिविधियों के प्रति असहमति व्यक्त करते हुए भी उन्हें अप्रत्यक्ष समर्थन प्रदान करता था। वे क्रान्तिकारी आन्दोलन को अहिंसात्मक आन्दोलन के साथ सहायक तत्त्व के रूप में जोड़ना चाहती थीं। उनका प्रयास होता था कि क्रान्तिकारी आन्दोलन अहिंसात्मक आन्दोलन के सहायक एवं साधक हों। वे पूरक हों, बाधक नहीं। ब्रिटिश सरकार के कानूनी शिकंजे से बचते हुए उनका स्वर अहिंसा में हिंसा को प्रतिबिम्बित करना था। इस सन्दर्भ में हिन्दी के प्रतिबन्धित पत्र 'वर्तमान' की टिप्पणी उल्लेखनीय है— 'अब साम्राज्यवाद के दुर्गों को ध्वंस करने और स्वराज प्राप्त करने का निर्णय लिया गया है। युवक-समुदाय इस हेतु भारी-से-भारी कुर्बानी देने को तैयार बैठा है। अब क्रान्ति बहुत दूर नहीं। एक ही झटके में दासता की बेड़ियों को तोड़ दो। जेल और फाँसी के तख्ते तुम्हारे युद्ध-स्थल हैं। मजदूरों को राष्ट्रीय संग्राम में अपने पूरे शौर्य के साथ अपनी शक्ति को प्रदर्शित करने का समय आ गया है। यह वास्तविक संघर्ष का समय है। अब वह दिन दूर नहीं, जब हम जेलों के फाटक खोलेंगे।'[286] एक अन्य अंक में 'वर्तमान' में एक शीर्षक था—'हम क्रान्ति करेंगे' जिसमें लिखा गया—'हमारी प्रचंड क्रान्ति को हजारों नौकरशाह, रोक नहीं सकेंगे। हम गोपनीय ढंग से क्रान्ति की तैयारी करने में लीन हैं।'[287] हिन्दी पत्रकारिता के क्रान्तिकारी प्रकाशनों के इतिहास में गोरखपुर से प्रकाशित 'स्वदेश' के विजयांक का प्रकाशन उल्लेख्य है। 7 अक्टूबर, 1924 के 'स्वदेश' के विजयांक में ऐसी विद्रोह एवं क्रान्तिकारी पाठ्य सामग्री थी कि वह तत्काल सरकार द्वारा जब्त कर लिया गया।[288] इस प्रकार की दमनकारी नीति के बाद भी क्रान्तिकारी प्रकाशनों का क्रम अवरुद्ध नहीं हुआ।

हिन्दी पत्र-पत्रिकाओं की टीका-टिप्पणियों, लेखों और कविताओं ने भारतीय जनता में क्रान्तिमय विचारों को प्रवाहित करने और उन्हें क्रान्तिकारी विचारों की ओर उन्मुख करने में महत्त्वपूर्ण भूमिका का निर्वाह किया। असहयोग आन्दोलन की असफलता और कांग्रेस में बिखराव के पश्चात देश के राजनीतिक जीवन में अवसाद उत्पन्न हो गया था। ऐसी परिस्थिति में पत्र-पत्रिकाओं की कठोर समालोचनाएँ और क्रान्ति का सन्देश देती हुई रचनाएँ युवकों की प्रेरणास्रोत बनीं। क्रान्तिकारी गतिविधियाँ पुनः सक्रिय हुईं। असहयोग आन्दोलन के उपरान्त क्रान्तिकारी तत्त्वों की बिखरी हुई शक्ति के एकीकरण का परिचय एवं उनके द्वारा सशस्त्र क्रान्ति की दिशा में किए गए

प्रयासों की प्रथम परिणति इतिहास-प्रसिद्ध 'काकोरी ट्रेन डकैती' की घटना थी, जिससे सम्बन्धित चालीस व्यक्तियों को गिरफ्तार किया गया।

हिन्दी पत्र-पत्रिकाओं में काकोरी-कांड से सम्बन्धित गिरफ्तारियों की व्यापक प्रतिक्रिया हुई। गिरफ्तारियों की कटु निन्दा की गई। जेल में हो रहे अत्याचार की हिन्दी पत्र-पत्रिकाओं ने खुलेआम भर्त्सना की। प्रतिबन्धित हिन्दी पत्र 'सैनिक' ने लिखा कि—'गिरफ्तार व्यक्तियों को बेड़ियाँ पहनने तथा उन्हें तनहाई में रखने का अधिकारियों का कार्य अत्यन्त अमानवीय, बर्बर एवं निन्दनीय है।' 'सैनिक' ने शासन से अनुरोध किया कि जब तक अपराध प्रमाणित नहीं हो जाता, इस पर कोई रोक न लगाकर इन्हें जमानत पर छोड़ दिया जाना चाहिए।[289] हिन्दी के दैनिक एवं साप्ताहिक पत्रों में इस प्रकार की टीका-टिप्पणी ने जहाँ सरकार की दमन-नीति की निन्दा कर क्रान्तिकारिंयों के प्रति सुरक्षात्मक दृष्टिकोण को प्रस्तुत किया, वहीं मासिक पत्रिकाओं ने कारागार-बन्दियों की प्रशस्ति एवं सहानुभूति में अनेक तरह की रचनाएँ प्रकाशित कीं।

भारतीय स्वाधीनता आन्दोलन में सशस्त्र क्रान्ति के ध्वज को फहरानेवाले इन क्रान्तिकारियों को फाँसी और कारावास की सजा सुनाए जाने की देश में तीखी प्रतिक्रिया हुई। हिन्दी पत्र-पत्रिकाओं ने देशव्यापी प्रतिक्रिया को जन-स्वर प्रदान किया। इस स्वर में सज़ा के निर्णय के लिए क्षोभ, क्लेश और ब्रिटिश सरकार के प्रति तिरस्कार की भावना का समावेश था। फैसले पर अपनी प्रतिक्रिया व्यक्त करते हुए प्रतिबन्धित पत्र 'वर्तमान' ने लिखा कि—'सजा का निर्णय सामान्यतः चोट पहुँचानेवाला है। यह केवल इसी अभागे देश में हो सकता है कि दिग्भ्रमित देशभक्त को फाँसी पर लटका दिया जाए।'[290] परन्तु पराधीन भारत के अधिकांश समाचार-पत्रों की इन टिप्पणियों का अंग्रेजी सरकार के ऊपर कोई प्रभाव नहीं पड़ा।

भारतीय क्रान्तिकारी आन्दोलन के प्रति हिन्दी-पत्रकारिता की जागरूकता का परिचय इससे भी मिलता है कि काकोरी के शहीदों की फाँसी के बाद हिन्दी की पत्र-पत्रिकाओं ने फाँसी के समाचारों को मोटे शीर्षकों में जो अंक निकाला, वह पूरी तरह से फाँसी के समाचारों, राष्ट्र के नाम उनके सन्देश तथा अन्य टिप्पणियों से परिपूर्ण था। फाँसी पानेवालों की फाँसी कैसे हुई? 'खुश रहो अहले वतन हम तो सफर करते हैं' एवं अन्य लेख इस अंक की विशेषताएँ हैं।[291] अगले अंक में 'सरकार का रुख' शीर्षक सम्पादकीय में 'स्वदेश' की जो अन्तिम पंक्तियाँ द्रष्टव्य हैं—'क्या हुआ यदि उनका

मार्ग हमसे अलग था! क्या मुजायका है यदि परदेशी शासन ने उन्हें डाकू और हत्यारा घोषित कर दिया! उनके हृदय में असीम देश-भक्ति थी, बस केवल वह ही हमारे लिए स्तुत्य तथा उपासना के लिए पर्याप्त है। यह स्थिति पैदा हो जाने और उनको उस मार्ग का पथिक बनाने की ज़िम्मेदारी भी थोड़ी-बहुत हम शान्तिप्रिय लोगों के सर जरूर है, किन्तु अब क्या? अब तो बाकी है उन वीरों का आत्मोत्सर्ग, हमारी कायरता और सरकार की हृदयहीनता।'[292] क्रान्तिकारियों के प्रति 'स्वदेश' और 'स्वदेश' के प्रति क्रान्तिकारियों के पारस्परिक सम्बन्धों का परिचय इस तथ्य से भी होता है कि फाँसी के पूर्व गोरखपुर कारागार में लिखित अपनी आत्मकथा की पांडुलिपि को पं. रामप्रसाद बिस्मिल ने जेल-अधिकारियों की दृष्टि से बचाकर स्वदेश-सम्पादक श्री दशरथ प्रसाद द्विवेदी के पास भेजा था, जिसे बाद में श्री गणेश शंकर विद्यार्थी ने प्रताप प्रेस, कानपुर में 'काकोरी के शहीद' नामक पुस्तक के अग्रभाग में प्रकाशित किया।[293] उग्र विचारधारा के पत्र 'वर्तमान' ने लिखा है—'शान्ति और व्यवस्था के नाम पर हमारी आशाओं को मटियामेट कर दिया गया और हमारे आज़ादी के दीवाने सैनिकों को फाँसी पर लटका दिया गया। ओह! कैसी निष्ठुरता! कैसी निर्ममता है यह! भयानक क्रूरता! मनुष्य का हृदय टूटता जा रहा है और सहानुभूति समाप्त होती जा रही है!'[294]

काकोरी-कांड पर की गई कार्यवाहियों पर 'चाँद' का स्वर अन्य पत्रों की अपेक्षा अधिक उग्र, भाव-प्रधान एवं संवेदनशील है। 'चाँद' ने न केवल सरकारी पत्रों की खबर ली, वरन कांग्रेस एवं सरकारी व्यवस्था को फटकारते हुए अनेक प्रश्न भी उपस्थित किए। शहीदों के प्रति 'समाज का दायित्व' शीर्षक 'चाँद' के अग्रलेख की पंक्तियाँ हिन्दी पत्रकारिता के गौरवशाली पृष्ठ हैं, जिनमें इन बलिदानियों के प्रति समाज के कर्तव्यों का बोध कराया गया है।[295] हिन्दी पत्र-पत्रिकाएँ क्रान्तिकारी आन्दोलन के प्रति सतत जागरूक रहीं। इन्होंने कांग्रेस के अहिंसात्मक असहयोग आन्दोलन को समर्थन देकर भारतीय जनता में लोकप्रिय बनाया। साथ ही कानूनी शिकंजे से अपने-आपको बचाकर क्रान्तिकारियों और उनके हिंसात्मक कार्यों से असहमति प्रकट करते हुए उन्हें ब्रिटिश सरकार के कोप से बचाने और निर्दोष सिद्ध करने का अथक प्रयास भी किया। उन्हें अप्रत्यक्ष समर्थन प्रदान किया गया। इसी दौरान नई क्रान्तिकारी शक्तियों का उदय हुआ जिनसे भारतीय स्वाधीनता आन्दोलन को संघर्ष की नई प्रेरणा मिली। वह मजदूरों एवं किसानों की अपार शक्ति थी।

हिन्दी की पत्र-पत्रिकाओं को साम्यवादी एवं समाजवादी विचारधारा ने काफी प्रभावित किया। बोल्शेविक के प्रचार-प्रसार हेतु अनेक रचनाओं का प्रकाशन हुआ। समाजवादी विचारधारा के विस्तार के साथ ही उससे जुड़ी पत्र-पत्रिकाओं का प्रकाशन तीव्र गति से आरम्भ हो गया। हिन्दी पत्र 'वालंटियर' जिसे अंग्रेजी सरकार ने जब्त कर लिया था, इसी विचारधारा का पत्र था।[296] इसी सन्दर्भ में उल्लेखनीय है कि आगरा का 'सैनिक' भी बाद में साम्यवादी एवं बोल्शेविज़्म का समर्थन करने लगा था।[297] समाजवादी एवं साम्यवादी आन्दोलन के प्रति ब्रिटिश सरकार की दमन-नीति का हिन्दी पत्र-पत्रिकाओं ने खुलकर विरोध किया। सन 1924 के 'कानपुर' षड्यन्त्र केस' की चर्चा करते हुए 'वर्तमान' ने अपनी टिप्पणी में लिखा—'आरोप निराधार है। पूँजीवादी नौकरशाही यह कदापि नहीं चाहती कि इस देश में समाजवादी विचारों का प्रसार हो। लेकिन क्या यह कोई बता सकता है कि इस प्रकार के मुकदमों को प्रारम्भ कर कोई शक्ति ज्ञान-ज्योति को बुझा सकेगी?'[298] उग्र राजनीति से सम्बन्धित हिन्दी पत्र-पत्रिकाओं ने साम्यवादी विचारों के प्रचार-प्रसार में सहयोग प्रदान किया। साथ ही उदार विचारधारा के कुछ राष्ट्रवादी पत्रों ने इस आन्दोलन के प्रति सरकार की दमन-नीति की निन्दा की।

क्रान्तिकारी एवं उग्र राजनीति में भगतसिंह का अपना अलग महत्त्व है। उन्होंने छिन्न-भिन्न क्रान्तिकारी संगठन को एक सूत्र में बाँधा। 'साइमन कमीशन' के आगमन से राजनीतिक वातावरण में उत्तेजना आई। पंजाब-केसरी लाला लाजपतराय की मृत्यु क्रान्तिकारियों के आक्रोश का कारण बनी। प्रतिबन्धित हिन्दी पत्र 'स्वदेश' ने अपने 25 नवम्बर, 1928 के अंक में 'लाला लाजपतराय की मृत्यु को मुखपृष्ठ पर प्रकाशित किया' एवं 29 नवम्बर, 1928 को देशभर में 'लाला लाजपतराय दिवस मनाया जाए' शीर्षक अपील एवं 'ओ जानेवाले पथिक' शीर्षक सम्पादकीय में लाला लाजपतराय के प्रति हृदयस्पर्शी लेख प्रकाशित किया। अपने अगले अंक में 'घाव पर नमक' शीर्षक सम्पादकीय में ब्रिटिश सरकार पर व्यंग्य और युवकों का आह्वान किया—'सुनते हैं मुहम्मद तुगलक के जमाने में सरकारी आदमी मनुष्यों का शिकार करते थे'—यह सच है या झूठ, यह हम नहीं कह सकते, किन्तु इस ब्रिटिश साम्राज्य में हम जो कुछ भुगत रहे हैं उससे यह अवश्य स्पष्ट हो रहा है कि यदि तुगलकशाही की बातें सत्य हैं तो अवश्य ही यह ब्रिटिश उद्दंडशाही उसका संशोधित और मँजा हुआ रूप है। हम इन घायल सिंह युवकों से यह बताना चाहते हैं कि वे अपना-अपना अपमान, युवक

समाज का अपमान, राष्ट्रीय जीवन का अपमान और प्यारी मातृभूमि का अपमान घोलकर पी न जाएँ।'[299] हिन्दी पत्र-पत्रिकाओं की इस प्रकार की टीका-टिप्पणी ने क्रान्तिकारी आन्दोलन की अग्नि में घी का कार्य किया।

सैंडर्स की हत्या के बाद ब्रिटिश नौकरशाही और पुलिस-तन्त्र की दमनात्मक कार्यवाहियों में तेजी आई। अभियुक्तों की खोज और गिरफ्तारियाँ पूरे देश में शुरू हो गईं। इसी दौर में भगतसिंह एवं उनके साथियों द्वारा केन्द्रीय असेम्बली में बम फेंका गया। सम्पूर्ण देश में यह समाचार फैल गया। हिन्दी पत्र-पत्रिकाओं नें इसे प्रमुखता से छापा और सम्पादकीय लिखे। प्राय: सभी विचारधारावाले समाचार-पत्रों ने एक स्वर से इस कांड की निन्दा की, किन्तु उनमें से कई पत्रों ने इसके लिए सरकार की दमन-नीति को जिम्मेदार बताया।[300] न्यायालय में भगतसिंह एवं बटुकेश्वर दत्त ने जो ऐतिहासिक वक्तव्य दिया, उसे 'स्वदेश' आदि पत्रों ने विस्तारपूर्वक प्रमुखता के साथ प्रकाशित किया।[301] आजन्म कारावास के दंड के निर्णय पर 'प्रतिहिंसा का व्यवहार' शीर्षक सम्पादकीय लेख की 'स्वदेश' की पंक्तियाँ तत्कालीन हिन्दी पत्रकारिता के सम्पूर्ण मनोभावों को प्रकट करती हैं—

न देखा तूने मुड़कर, और
तड़पकर मर गया कोई।

असेम्बली बम केस का फैसला हो गया। जिन दो नवजवानों ने बहरे कानों में जोर की आवाज सुनाने तथा सरकार एवं जनता दोनों को जगाने का प्रयत्न किया था, उनको इस 'पाप' के बदले आजन्म कैद भोगने का हुक्म हो गया। घटनाक्रम पर विचार करने और मुकदमे की कार्यवाहियों पर दृष्टि दौड़ाने से यह बात छिपी नहीं रह जाती कि नि:सन्देह इन नवजवानों के साथ प्रतिहिंसा का व्यवहार किया गया। बल्कि हम इस प्रतिहिंसा शब्द को भी उपयुक्त नहीं समझते, क्योंकि घटनाक्रम से यह स्पष्ट हो गया है कि अभियुक्त कहे जानेवालों की मन्शा किसी को हानि पहुँचाने की नहीं थी। यदि भगतसिंह और बटुकेश्वर दत्त की गणना कायरों में की जाती है तो वीर उसे कहा जाए जिसने स्वर्गवासी लाला लाजपतराय पर प्रहार किया और जब उससे नाम पूछा गया तो उसने चुप्पी साध ली।[302] सैंडर्स-वध के पश्चात असेम्बली बम-कांड ने क्रान्तिकारियों की गिरफ्तारी में पुलिस को और सक्रियता प्रदान की। हिन्दी पत्र-पत्रिकाओं ने क्रान्तिकारियों के समर्थन में टिप्पणियाँ, लेख एवं कविताएँ प्रकाशित कर जनता के बीच उनके विचारों एवं क्रियाकलापों को रखकर उनके प्रति जनसमर्थन का आधार तैयार किया।

क्रान्तिकारी आन्दोलन एवं ब्रिटिश दमन-चक्र के विरोध में 'नौकरशाही का दमन' शीर्षक सम्पादकीय में 'स्वदेश' ने लिखा—'नौकरशाही का यह दमनचक्र फिर कुछ रंग लानेवाला है। पंजाबी वीर इस दमन का सामना करने के लिए हर तरह से तैयार हैं और देश के अन्य प्रान्तों की भी उनके साथ पूरी सहानुभूति है। नौकरशाही का दमन-चक्र पहले भी विफल हुआ है और इस बार भी वह निश्चय ही विफल होगा।[303] भगतसिंह और उनके साथियों द्वारा किए जा रहे अनशन के सन्दर्भ में उनकी प्रशंसा एवं स्तुति में 'स्वदेश' ने निम्न प्रकार से अपना समर्थन व्यक्त किया—

वाह ऐ दत्तो-भगत।
यह जज़्बए-हुब्बे-वतन।।
कि दिलेरी से हुए राहे-कज़ा में गामज़न।
वाह ऐ दत्तो-भगत! यह जज़्बए-हुब्बे-वतन।।
तर्क की खुराक, है मद्देनजर इसलाहे जेल।
पास इज्ज़त है, तुम्हारा असीराने वतन।।
नज़अ आलम है दम खिंचकर लबों पर आ गया।
हुब्बे-कौमी के वही तेवर, वही है बाँकपन।।
झेलते हैं सख्तियाँ कैसी मुफीदे-आम पर।
शोलाज़न इतनी है कौमी मुल्क की दिल में लगन।।
भूख की हड़ताल से है ज़ो 'फ़ चेहरों से अयाँ।
बल न अबरू पर ज़रा आया न माथे पर शिकन।।
जिस्म खाकी गो हुआ तौको-सलासिल में असीर।
रूह को पाबन्द कर सकते नहीं दारो-रसन।
जुल्म कर ले जिस क़दर मुमकिन है तू ऐ आसमाँ!
रंग लायेगा किसी दिन नाला-ए-गर्दे-शिकन।।[304]

हिन्दी 'वर्तमान' में प्रकाशित अपने हस्ताक्षरित लेख में सम्पादक रमाशंकर अवस्थी ने उन्हें महान बलिदानी बताते हुए लिखा—'तुम्हारी इस महान यात्रा पर देवतागण पुष्पवर्षा कर रहे हैं। भारतीय राजनीति के इतिहास के सादे पृष्ठ पर यतीन्द्र! तुमने अपने महाप्रयाण के पूर्व लिखा—'भारत के युवको! जागो, अपने भ्रम को तोड़ो और स्वतन्त्रता के लिए अपनी गति को तेज़ कर दो। तब तुम्हारे बन्धन टूट जाएँगे। भारत माँ के गौरव, यज्ञ-वेदी के पुष्प, आज़ादी के उद्घोषक, स्वतन्त्रता के सेनानायक! तुम्हारे आदेश का पालन होगा। तुम्हारे युवक भाई तुम्हारे आदेश को अपने रक्त की अन्तिम

बूँद तक पूरा करने में जुटे रहेंगे।'[305] 'स्वदेश' ने अपने सम्पादकीय में लिखा—'कौन कहता है कि यतीन्द्र, मर गया? यतीन्द्र तुम धन्य हो! तुम्हारी बदौलत आज भारत भी धन्य हो गया। जान पड़ता है कि भारतीय युवकों के हृदय में छिपी हुई शक्ति को जागृत करने के लिए ही इस भूलोक में तुम्हारा प्रादुर्भाव हुआ था। परमात्मा करे, तुम्हारा यह पवित्र बलिदान घर-घर में यतीन्द्र पैदा करे और भारत फिर एक बार अपना मस्तक ऊँचा कर सके।'[306] 'सैनिक' की टिप्पणी थी—'अमर बलिदानी यतीन्द्रनाथ दास का यह त्याग समय का शुभ हस्ताक्षर है।'[307]

भारतीय क्रान्तिकारी आन्दोलन में हिन्दी पत्र-पत्रिकाओं ने अपनी सीमाओं में रहते हुए उनके प्रचार-प्रसार एवं जनसमर्थन हेतु व्यापक अभियान चलाया। सैद्धान्तिक रूप से कांग्रेस की नीतियों से सम्बद्ध होते हुए भी उन्होंने क्रान्तिकारियों के प्रति न केवल दमन के दौर में सहानुभूति का परिचय दिया, अपितु स्वतन्त्रता आन्दोलन के परिप्रेक्ष्य में व्यापक दृष्टिकोण अपनाकर क्रान्तिकारियों को प्रतिष्ठापित भी किया। क्रान्तिकारी आन्दोलन के प्रति अन्त तक उनका विचार-भाव इन्हीं आदर्शों के साथ स्थिर रहा। क्रान्तिधारा को उद्वेलित करनेवाले अनके प्रकाशन हुए, जिन्हें सरकार द्वारा जब्त कर लिया गया। अनेक ऐसे भी प्रकाशन हुए जो पत्र-पत्रिकाओं के अतिरिक्त पुस्तक और पर्चे के रूप में भी थे, उन्हें सरकार द्वारा निषिद्ध घोषित कर दिया गया।[308] काकोरी के अभियुक्तों की फाँसी के लगभग एक वर्ष बाद इलाहाबाद से प्रकाशित 'चाँद' का 'फाँसी अंक' क्रान्तिकारी आन्दोलन के इतिहास की अमूल्य निधि है। यह अंक क्रान्तिकारियों की गाथाओं से भरा हुआ था। फलस्वरूप यह सरकार द्वारा जब्त कर लिया गया।[309]

भारतीय क्रान्तिकारी आन्दोलन के इस दौर में क्रान्तिकारी प्रकाशनों के साथ ही उग्र राष्ट्रीयता से ओत-प्रोत अनेक राजनीतिक एवं साहित्यिक हिन्दी पत्र-पत्रिकाओं का प्रकाशन प्रारम्भ हुआ। पत्रकारिता के लिए यह दौर कंटकाकीर्ण रहा। सरकारी दमन-नीति के अवरोधक अस्त्र ने अनेक अवरोध उपस्थित किए, फिर भी हिन्दी पत्रकारिता में शिथिलता नहीं आई। वह अपने कर्तव्यों के निर्वाह में हमेशा सजग रही।

जिस समय भारतीय स्वाधीनता आन्दोलन अवसादपूर्ण स्थिति में था, असहयोग आन्दोलन तथा स्वराजवादियों की नीति असफल हो चुकी थी। देश में क्रान्तिकारी शक्तियाँ अपना पैर जमा रही थीं। उसी समय 'साइमन कमीशन' की नियुक्ति के विरुद्ध देशव्यापी क्षोभ और क्रोध की मूकवाणी को

हिन्दी की पत्र-पत्रिकाओं ने स्वर प्रदान किया। 'सैनिक' ने अपनी टिप्पणी में कहा—'यदि आयोग के सभी सदस्य और अध्यक्ष तक भारत के लोग नियुक्त हो जाएँ, तब भी हमें आयोग से कुछ लेना-देना नहीं है। हम इतने गिरे हुए नहीं हैं कि एक विदेशी अभिकरण को अपनी क्षमता की परीक्षा करने का काम सौंप दें। हम अपने भाग्य का निर्णय ब्रिटेन की संसद के हाथों में सौंपने के लिए भी तैयार नहीं हैं। 'स्वराज्य हमारा जन्मसिद्ध अधिकार है।' हम इसके उपयुक्त हैं या नहीं—यह प्रश्न नहीं उठता। हम अपनी योग्यता की परीक्षा देने के लिए तैयार नहीं हैं। लेकिन यदि परीक्षा आवश्यक ही है तो परीक्षा होने दी जाए।[310] 'स्वदेश' ने भी कमीशन की नियुक्ति और उसमें भारतीयों को सम्मिलित न किए जाने पर रोष व्यक्त किया और उसके बहिष्कार की अपील की।[311]

साइमन कमीशन के विरोध एवं उसके बहिष्कार हेतु जनमत जागृत करने में हिन्दी पत्र-पत्रिकाओं ने महत्त्वपूर्ण भूमिका निभाई। संवाद, सम्पादकीय एवं अपील के माध्यम से इन्होंने साइमन कमीशन के भारत में 3 फरवरी, 1928 के दिन आगमन पर हड़ताल के लिए आम जनता को तैयार किया। 'स्वदेश' ने अपने मुखपृष्ठ पर 'शुक्रवार 3 फरवरी को हर शहर और हर कस्बा में हड़ताल होनी चाहिए और शाम को हर जगह एक-एक सभा होनी चाहिए' शीर्षक अपील प्रकाशित की। साथ ही सम्पादकीय में लिखा-'उस दिन एक छोटे-से-छोटे रोजगारी और कुली तक से लेकर बड़े-से-बड़े स्वाभिमानी भारतीय अमीर तक को किसी-न-किसी रूप में उस हड़ताल में योग देना अनिवार्य है। दुकानदार अपनी दुकानों पर ताला लगा दें, एक्का, ताँगा और किराये की सवारीवाले अपनी-अपनी सवारियाँ न जोतें, स्कूल और कॉलेजों के विद्यार्थी अपना एक दिन का पढ़ना विदेशी शासन के नाम पर फूँक तापें, काउन्सिल और असेम्बली के सदस्य उस दिन तय कर डालें कि वे कमीशन को किसी तरह का सहयोग न देंगे, रेल और डाकखाने के सरकारी नौकर तथा कानूनपेशा लोग भी उस दिन हड़ताल मनाएँ। इस प्रकार उस दिन, एक दिन के लिए तो भारत सरकार को यह मालूम करा देना हमारे लिए आवश्यक है कि भारत धींगा-धींगी में किसी प्रकार साथ देने के लिए तैयार नहीं चाहे उसके बदले कितना ही दंड और कष्ट क्यों न भोगना पड़े।'[312] 'सैनिक' ने इस सन्दर्भ में कविताएँ प्रकाशित कीं एवं लिखा कि—'कमीशन उस प्रशासन ने नियुक्त किया है, जिसने विभिन्न तिकड़मों से हमें कंगाल बना दिया, हमारे खजानों को खाली करा दिया और हमारे अनगिनत भाइयों को निर्दयतापूर्वक

भून दिया और जिसके संकेत-मात्र पर अनेक जानें ले ली गईं।'[313]

साइमन कमीशन के विरुद्ध बहिष्कार आन्दोलन के सन्दर्भ में हिन्दी पत्र-पत्रिकाओं ने प्रशंसनीय योगदान दिया। कमीशन के पुन: आने पर उसका जमकर विरोध किया गया। कमीशन का बहिष्कार देशव्यापी तो अवश्य किया गया, साथ ही देश की वर्षों की तन्द्रा टूटी और एक बार पुन: देश की राजनीति में नया उत्साह उत्पन्न हुआ। कमीशन-बहिष्कार के ही सन्दर्भ में विदेशी वस्तुओं के बहिष्कार और स्वदेशी आन्दोलन को पुन: प्रेरणा मिली। 'चाँद' ने अपने 'स्वदेशी आन्दोलन' शीर्षक में विभिन्न आँकड़े प्रस्तुत करते हुए लिखा, 'भारतवर्ष का शासन इंग्लैंड के आर्थिक लाभ की दृष्टि से किया जाता है। अब विदेशी वस्त्र पहननेवाले हमारे भाई और बहनें हृदय पर हाथ रखकर अपने अन्त:करण से पूछकर देखें कि अपने तैंतीस करोड़ भाइयों को नरक की यन्त्रणा देकर, भारत के पड़ोसी देशों की स्वतन्त्रता को खतरे में डालकर, शासक जाति के आत्मिक पतन का साधन उपस्थित कर और स्वयं अपनी ही सन्तति को मृत्यु के मुख में फेंककर भी विदेशी वस्त्र चाहते हैं या नहीं।'[314] 1929 में कांग्रेस के लाहौर-अधिवेशन के प्रस्तावों को सभी पत्र-पत्रिकाओं ने पूर्ण समर्थन दिया। आगरा के 'सैनिक' का विचार था कि 'लाहौर कांग्रेस का निर्णय पूरी तरह से धीर-गम्भीर है और वर्तमान परिस्थितियों में इससे अच्छा निर्णय और कोई नहीं हो सकता।'[315] 'स्वदेश' ने इस अवसर पर टिप्पणी की—'आज छब्बीस जनवरी को हम यह निश्चय करते हैं कि अब और अधिक दिनों तक इस अन्यायी सरकार के शासन में रहकर हम ईश्वर और मानवता के प्रति पाप नहीं करेंगे।'[316] इस तरह से विभिन्न तरीकों से अपना योगदान देकर महात्मा गाँधी के कार्यक्रमों के प्रति जनमत का उत्साहवर्धन किया।

सन 1930 के आरम्भिक दौर में भारतीय स्वाधीनता आन्दोलन महात्मा गाँधी द्वारा प्रारम्भ किए जानेवाले सविनय अवज्ञा आन्दोलन के प्रति अनुकूल स्थिति में पहुँच चुका था। भारतीय स्वाधीनता आन्दोलन के महाप्रयाण का शुभारम्भ 'अहिंसा युद्ध' के रूप में 12 मार्च, 1930 को प्रात: 6:30 बजे डांडी-यात्रा से आरम्भ हुआ। आन्दोलन की व्यापकता ने सरकार को दमन-चक्र चलाने का अवसर प्रदान किया। फलस्वरूप ब्रिटिश सरकार का क्रूर दमन आरम्भ हो गया। यद्यपि आन्दोलन का स्वरूप मूलत: अहिंसात्मक था, किन्तु उत्तेजित जनता ने हिंसा का भी सहारा लिया। स्वतन्त्रता आन्दोलन के इस दौर में हिन्दी पत्र-पत्रिकाओं ने अपनी सीमाओं को पार कर पूर्ण

समर्पण का भाव दर्शाया। उनमें उग्र भावनाओं की अभिव्यक्ति के साथ ही उग्र परिपक्वता का दर्शन हुआ। हिन्दी पत्र-पत्रिकाओं ने लोगों के हृदय में आन्दोलन के प्रति उत्सर्ग की भावना का संचार किया तथा आन्दोलनकारियों की प्रशंसा के साथ ही सरकारी दमन-नीति की तीव्र एवं कठोर शब्दों में भर्त्सना की। सन 1930 में सविनय अवज्ञा आन्दोलन के प्रथम दौर में हिन्दी पत्र-पत्रिकाओं की महत्त्वपूर्ण भूमिका ने स्वतन्त्र चेतना को जिस प्रकार उत्तेजित कर राष्ट्र को प्रेरणा प्रदान की, उससे ब्रिटिश सरकार घबरा उठी, फलस्वरूप हिन्दी पत्र-पत्रिकाओं की स्वतन्त्रता को बाधित करने के लिए 27 अप्रैल, 1930 को 'इंडियन प्रेस ऑर्डिनेन्स' नामक नए प्रेस-अध्यादेश की घोषणा की।[317] इसके द्वारा 1910 के प्रेस-ऐक्ट की धाराओं को पुनर्जीवित किया गया तथा उसे पहले से अधिक व्यापक बनाया गया। इसमें व्यवस्था थी कि अपराधी पत्रों तथा छापाखानों से 500 से 5000 रुपये तक की जमानत माँगी जाएगी और उसके जब्त हो जाने पर दूसरी बार 1000 से 10000 रुपये तक ज़मानत माँगी जाएगी। इसके भी ज़ब्त हो जाने पर छापाखाना भी ज़ब्त हो जाएगा।[318]

सन 1930 के प्रेस-अधिनियम की तीव्र निन्दा करते हुए महात्मा गाँधी ने लिखा—मुझे विश्वास है कि जनता इस अध्यादेश से भयभीत नहीं होगी और यदि लोकमत के वास्तविक प्रतिनिधि होंगे तो पत्रकार भी इससे नहीं डरेंगे। उन्होंने पत्र-सम्पादकों तथा प्रकाशकों से अनुरोध किया कि वे ज़मानत देने से इनकार कर दें और यदि उनसे ज़मानत माँगी जाए तो वे या तो पत्र का प्रकाशन बन्द कर दें या सरकार को जो कुछ जब्त करना चाहे, कर लेने दें। जब स्वतन्त्रता हमारे द्वार खटखटा रही है और स्वतन्त्रता देवी को प्रसन्न करने के लिए हज़ारों व्यक्तियों ने यातनाएँ सहन की हैं, तब समाचार-पत्र-प्रतिनिधियों के बारे में किसी को यह कहने का अवसर नहीं देना चाहिए कि वे परीक्षा की घड़ी में खरे नहीं उतरे।[319] अधिनियम के विरोधस्वरूप पत्र-पत्रिकाओं ने सम्पादकीय अग्रलेख और टिप्पणियाँ आदि लिखना बन्द कर दिया और उसके स्थान पर काला हाशिया छोड़कर या सफ़ेद स्थान को रिक्त छोड़कर अपना विरोध प्रकट किया।

इलाहाबाद से प्रकाशित पत्र 'चाँद' ने प्रेस-ऑर्डिनेन्स के विरोध में सम्पादकीय विचार-स्तम्भ में 'कानून या काल?' शीर्षक टिप्पणी देकर उक्त स्तम्भ का स्थान रिक्त छोड़ दिया।[320] पत्र-पत्रिकाओं के अलावा कांग्रेस कार्यसमिति ने उसकी निन्दा करते हुए प्रस्ताव पारित किया कि—'जिन

भारतीय पत्रों ने अभी तक प्रकाशन बन्द नहीं किया है, या बन्द करके पुन: निकलने लगे हैं, उनको अब बन्द किए जाने का समिति अनुरोध करती है। जो भारतीय या गोरे पत्र अब भी प्रकाशन बन्द न करें, उनका बहिष्कार करने के लिए समिति जनता से अपील करती है।'[321] पत्र-पत्रिकाओं और राजनीतिक क्षेत्रों द्वारा व्यापक विरोध के बावजूद उनसे भारी भारतीय ज़मानतें माँगी गईं। 'सैनिक' और 'स्वदेश' ने अपना प्रकाशन बन्द कर दिया।[322]

ब्रिटिश सरकार द्वारा किए जा रहे दमन के इस दौर में यद्यपि प्रमुख पत्र-पत्रिकाओं का प्रकाशन स्थगित हो गया था, परन्तु जिन पत्र-पत्रिकाओं का प्रकाशन स्थगित नहीं हुआ था, उनमें आन्दोलन को प्रेरणा प्रदान करनेवाली सामग्रियों का प्रकाशन बराबर हो रहा था। क्रान्तिकारिता हिन्दी पत्रकारिता की प्रमुख विशेषता थी। भारतीय स्वाधीनता आन्दोलन में क्रूर दमन के अवसर पर 1930 के प्रारम्भ में प्रेस-ऑर्डिनेन्स के कारण जब प्राय: सभी राष्ट्रवादी हिन्दी पत्रिकाओं का प्रकाशन स्थगित हो गया था, तब अनेक भूमिगत क्रान्तिकारी पत्रों का प्रकाशन आरम्भ हुआ। इन भूमिगत साइक्लोस्टाइल पत्रों के प्रकाशन से ब्रिटिश सरकार घबराई। उसने इस प्रकार के प्रकाशनों पर प्रतिबन्ध के लिए प्रेस-सम्बन्धी अध्यादेश की घोषणा की। यह अध्यादेश 'अनएथराडज़्ड न्यूजशीट ऐंड न्यूजपेपर्स ऑर्डिनेन्स 1930 नं. 7 ऑफ 1930' के नाम से 2 जुलाई, 1930 को लागू किया गया।[323] इसके अनुसार सरकारी अधिकारियों को तलाशी, उपर्युक्त प्रकार के वर्णित पत्र-पत्रिकाओं को ज़ब्ती, उन्हें नष्ट करने और अघोषित छापाखानों को ज़ब्त करने आदि का भी अधिकार प्रदान किया गया। सविनय अवज्ञा आन्दोलन के इस दौर में भूमिगत एवं क्रान्तिकारी प्रकाशनों ने महत्त्वपूर्ण योगदान कर राष्ट्रीय आन्दोलन को अभूतपूर्व शक्ति, प्रेरणा एवं प्रोत्साहन दिया। सरकारी दमन और राष्ट्रीय आन्दोलन के उग्र प्रवाह में हिन्दी पत्रों ने सरकारी नीति की कटु आलोचना के साथ राष्ट्रीय आन्दोलन के संचालन में अत्यन्त महत्त्वपूर्ण एवं ऐतिहासिक भूमिका का निर्वाह किया। इसी समय प्रतिबन्धित पत्र 'शंखनाद' जैसे क्रान्तिकारी पत्र का जन्म हुआ।

सन 1930 के प्रेस-ऑर्डिनेन्स की अवधि समाप्त हो जाने पर नवम्बर-दिसम्बर, 1930 में पुन: पत्रों का प्रकाशन आरम्भ हुआ। किन्तु प्रेस-सम्बन्धी दूसरे कानूनों के विरोध में सम्पादकीय टिप्पणियों का प्रकाशन स्थगित रखा। ब्रिटिश सरकार ने 23 दिसम्बर, 1930 को सरकार की ओर से प्रेस-सम्बन्धी एक और अध्यादेश 'इंडियन प्रेस ऐंड अनएथराइज्ड न्यूजशीट्स

ऐंड न्यूजपेपर्स ऑर्डिनेन्स 10 ऑफ 1930' की घोषणा की गई जिसकी अवधि 22 जून, 1931 निश्चित की गई,[324] यद्यपि अधिकांश हिन्दी पत्रों ने नए प्रेस-अध्यादेश के विरुद्ध राजनीतिक प्रचार जारी रखा। 17 जनवरी के सप्ताहान्त में 'चाँद' ने भी सम्पादकीय टिप्पणियों का प्रकाशन स्थगित कर दिया। 'सैनिक' ने अपने सम्पादकीय के स्थान पर बड़े अक्षरों में लिखा—'केवल स्वराज में ही जीवन है, दासता तो मृत्यु है। यदि तुम मरना चाहते हो तो दासता के साथ जुड़े रहो और यदि तुम जीना चाहते हो तो स्वराज के लिए कार्य करो।' इसी पत्र में कुँअर मोहन सिंह चन्देल की एक कविता भी प्रकाशित हुई—'युद्धभूमि में कूद पड़ो और शत्रु के हृदय में भय उत्पन्न कर दो। बहादुरो! अपने अन्दर जीवन-शक्ति का संचार करो और गुलामी की जंजीरों को तोड़ फेंको। युवको! मातृभूमि के लिए अपना जीवन समर्पित कर दो, यदि मृत्यु होती है तो क्या हुआ?'[325]

हिन्दी पत्र 'सैनिक' ने अपने 29 दिसम्बर, 1930 के अंक में देशवासियों को विदेशी वस्तुओं के बहिष्कार के लिए आह्वान करते हुए लिखा—'केवल विदेशी वस्तुओं का बहिष्कार ही वह अस्त्र है जिससे हम अपने शत्रु के पेट पर चोट कर सकते हैं।'[326] 'सैनिक' ने सविनय अवज्ञा आन्दोलन के अन्य कार्यक्रमों के बारे में भी लिखना जारी रखा। 13 जनवरी और 6 फरवरी, 1931 के 'सैनिक' में ऐसे कई लेख और टिप्पणियाँ प्रकाशित हुईं जिनको आधार बनाकर पुन: जमानत माँगी गई।[327] इस बार 'सैनिक' पत्र और इसके मुद्रक आदर्श प्रेस आगरा से भी 4 फरवरी, 1931 को दो-दो हज़ार रुपये की ज़मानत माँगी गई।[328] फलस्वरूप पत्र और प्रेस ने ज़मानत की राशि जमा न कर पुन: 'सैनिक' को बन्द कर दिया।

अन्तत: 1922 के असहयोग आन्दोलन की असफलता के पश्चात राष्ट्रीय जीवन में जो अवसाद एवं आलस्य का वातावरण था, वह सन 1927 में साइमन कमीशन की नियुक्ति के समय समाप्त हो गया और राष्ट्र पुन: महात्मा गाँधी के नेतृत्व में स्वाधीनता आन्दोलन में पूर्णाहुति देने को उद्यत हो गया। इस आलस्य एवं अवसाद के वातावरण को हिन्दी पत्र-पत्रिकाओं ने दूर किया। समय की गति के साथ ही उन्होंने अपनी विचार-यात्रा को यथावत जारी रखा। कांग्रेस की नीतियों और कार्यक्रमों को स्वातन्त्र्य युद्ध का आधार ग्रहण कर हिन्दी पत्र-पत्रिकाओं ने 1927-29 में जो व्यापक अभियान चलाया, उसी की शुभ परिणति 1930-31 के सविनय अवज्ञा आन्दोलन के रूप में हुई, जिसमें ब्रिटिश नौकरशाही ने कठोर दमन का भीषण रूप प्रस्तुत

किया। हिन्दी पत्रकारिता ने राजनीतिक उन्नयन की दृष्टि से इस दौर में भी न केवल अपनी गौरवशाली परम्परा को जीवित रखा, अपितु उसे सर्वोच्च शिखर पर पहुँचा दिया। अनेकानेक प्रेस-सम्बन्धी कठोर कानूनों की मार सहते हुए भी पल-पल स्वतन्त्रता का घोष करना ही पत्र-पत्रिकाओं का इस दौर में गुरुमन्त्र बन गया।

जून, 1930 में साइमन कमीशन की रिपोर्ट प्रकाशित हुई। यही वह समय था जब भारतीय स्वाधीनता आन्दोलन अपने लक्ष्य की ओर तीव्र गति से अग्रसर था। रिपोर्ट में औपनिवेशिक स्वराज्य की माँग की पूर्णत: उपेक्षा की गई। प्रथम गोलमेज़ सम्मेलन के बहिष्कार की नीति कांग्रेस ने अपनाई, जिसका अनुसरण हिन्दी पत्र-पत्रिकाओं ने भी किया। गोलमेज़ सम्मेलन और भारतीय प्रतिनिधियों के विरुद्ध उग्रवादी पत्रों का प्रचार यथावत जारी रहा। 5 मार्च, 1931 को गाँधी-इरविन समझौता सामने आया, जिसके अनुसार सविनय अवज्ञा आन्दोलन अस्थायी रूप से स्थगित कर दिया गया। अगले सम्मेलन में कांग्रेसी भाग लेंगे—इसके अनुसार विदेशी वस्त्रों, मादक द्रव्यों के शान्तिपूर्ण एवं कानून की सीमा के अन्तर्गत बहिष्कार के लिए कांग्रेस को अनुमति दे दी गई।[329] समझौते के पश्चात हिन्दी पत्र-पत्रिकाओं ने पुन: अग्रलेख एवं सम्पादकीय लेखों को प्रकाशित करना प्रारम्भ कर दिया। समझौते पर अपनी प्रतिक्रिया व्यक्त करते हुए समाचार-पत्रों ने सामान्यतया इसका स्वागत किया, परन्तु दूसरे संघर्ष के लिए जनता के संगठित एवं तैयार रहने की अपील भी की।[330]

भारतीय स्वाधीनता आन्दोलन के इसी दौर में दो महत्त्वपूर्ण घटनाएँ सामने आईं, जिससे पूरे देश में उत्सर्ग एवं ब्रिटिश नौकरशाही के कुचक्र के प्रति क्रोध एवं क्षोभ की एक नई लहर उमड़ पड़ी। 27 फरवरी, 1931 को चन्द्रशेखर आज़ाद को पुलिस-मुठभेड़ में वीरगति प्राप्त हुई।[331] क्रान्तिकारी आन्दोलन के इस योद्धा की मृत्यु पर, यद्यपि उन दिनों पत्र-पत्रिकाओं ने नौकरशाही के दमन एवं प्रेस-सम्बन्धी कानूनों के विरोध में अग्रलेख और सम्पादकीय टिप्पणियाँ बन्द कर रखी थीं, फिर भी अधिकांश पत्रों के उक्त कांड पर कोई सम्पादकीय अभिमत किए बिना ही उक्त समाचार को प्रमुखता के साथ प्रकाशित किया। भगतसिंह, सुखदेव और राजगुरु की फाँसी पर देश में व्यापक प्रतिकूल प्रतिक्रिया हुईं। हिन्दी पत्रकारिता ने देश के जनमत के साथ ही इस घटना के प्रति गम्भीर दृष्टिकोण अपनाया। फाँसी की घटना को सभी हिन्दी पत्र-पत्रिकाओं ने मोटे शीर्षकों में काला या सफेद हाशिया देकर

प्रकाशित किया। सम्पादकीय लेख लिखे गए, प्रशंसा एवं स्तुति में रचनाएँ प्रकाशित हुईं।

आगरा से प्रकाशित होनेवाले पत्र 'सैनिक' ने अपने सम्पादकीय लेख में लिखा—'भयानक! वज्र! हत्या! भारत माता के तीन प्रिय सपूतों की उसी की धरती पर हत्या कर दी गई। देश के इन तीन वीर पुत्रों को बदले की भावना से मार डाला गया। यद्यपि स्वर्ग में भगतसिंह, राजगुरु और सुखदेव की सादर अगवानी हो रही है, किन्तु यह देश विषाद के भारी बोझ के नीचे दब गया है।' आगे लिखा कि जब तक इस देश में क्रान्ति के बीज रहेंगे, भगतसिंह का आदर देश के महान पुजारी के रूप में होता रहेगा। इस देश की आज़ादी के भवन की नींव इन्हीं शहीदों के त्याग पर रखी जाएगी। स्वराज्य का पौधा उनके पवित्र रक्त से सींचा जाएगा। वीर शहीदो! जब हम स्वतन्त्र हो जाएँगे, तभी तुम्हारी वास्तविक स्मृति स्थापित कर सकेंगे। इस समय हमारा हृदय हमारे नियन्त्रण से बाहर हो गया है। हमारी आवाज़ देश के कोने-कोने से आ रही आवाज़ के साथ है। भगतसिंह चिरंजीवी हों! क्रान्तिकारी चिरंजीवी हों।[332] क्रान्तिकारी प्रकाशनों के कारण नौकरशाही ने न केवल पत्र-पत्रिकाओं को ही ज़ब्त किया, वरन क्रान्तिकारी एवं स्वातन्त्र्य आन्दोलन से सम्बन्धित साइक्लोस्टाइल एवं मुद्रित परचे, चित्र एवं बुलेटिन भी ज़ब्त किए।

भगतसिंह और उनके साथियों की आत्माहुति से पूरा राष्ट्र तिलमिला उठा, जिसकी अभिव्यक्ति पत्र-पत्रिकाओं में परिलक्षित हुई। क्षुब्ध राजनीतिक वातावरण में, जबकि युवा-वर्ग में असन्तोष और क्षोभ की लहरें हिलोरें उठ रही थीं और वह गाँधी-इरविन समझौते का विरोध कर रहा था, कांग्रेस का वार्षिक अधिवेशन मार्च, 1931 में कराची में हुआ। द्वितीय गोलमेज़ सम्मेलन के प्रति लोगों का दृष्टिकोण सन्दिग्ध एवं निराशावादी था। आतंकवादी पत्रों ने इस पर सन्देह व्यक्त किया कि सम्मेलन में महात्मा गाँधी के भाग लेने से कोई महत्त्वपूर्ण उपलब्धि प्राप्त होगी। इन पत्रों ने जनता से सविनय अवज्ञा आन्दोलन के लिए पुन: तैयार रहने की अपील की।[333] सविनय अवज्ञा आन्दोलन को यज्ञ की और अधिकारियों को इस यज्ञ में अवरोध पैदा करनेवाले दैत्य की संज्ञा देते हुए एवं किसानों तथा मज़दूरों को युद्ध के लिए ललकारते हुए 'सैनिक' ने लिखा—'यह संघर्ष (युद्ध) तुम्हारे लिए लड़ा जा रहा है। इस युद्ध में अपना सब-कुछ बलिदान कर दो! तुम्हारा रक्त और मांस निचोड़ लिया गया है और अब यदि अपनी अस्थियों को बचाना है तो इस युद्ध में कूद पड़ो! यदि इस देश के 35 करोड़ में से एक भी व्यक्ति जीवित

रहा तो स्वतन्त्रता का यह युद्ध चलता रहेगा। या तो हम नहीं रहेंगे या यह रक्त-शोषक सरकार नहीं रहेगी।'[334]

इस दौर में हिन्दी पत्र-पत्रिकाओं ने किसानों पर सरकारी अधिकारियों एवं ज़मींदारों के अत्याचारों के प्रति रोष व्यक्त किया है—इस सन्दर्भ में लेख और टिप्पणियाँ प्रकाशित कर अधिकारियों के कृत्यों की निन्दा की तथा किसानों को संघर्ष के लिए उत्प्रेरित किया। सितम्बर के अन्तिम दिनों में भारत की केन्द्रीय व्यवस्थापिका सभा में पत्रों की स्वतन्त्रता को हरण करनेवाला विधेयक प्रस्तुत किया गया जिसका विरोध करते हुए हिन्दी पत्र-पत्रिकाओं ने लिखा कि यह स्वतन्त्र पत्रकारिता पर भारी आघात और दिल्ली-समझौते का उल्लंघन है। इस विधेयक के विरोध में पत्रों ने अपने सम्पादकीय स्तम्भ रिक्त छोड़ दिये। पत्र-पत्रिकाओं के व्यापक विरोध के बावजूद उक्त विधेयक कानून के रूप में 'दि इंडियन प्रेस (इमरजेन्सी पॉवर्स) ऐक्ट 1931' के नाम में 9 अक्टूबर, 1931 से भारतीय पत्रकारिता के सीने पर लाद दिया गया।[335] इससे आतंकवादी खेमे के अधिकांश पत्रों ने अपने सम्पादकीय और टिप्पणियों के प्रकाशन को पुन: स्थगित कर दिया। यद्यपि सविनय अवज्ञा आन्दोलन और क्रान्ति का खुलेआम प्रचार शिथिल पड़ गया, फिर भी कुछ पत्र-पत्रिकाओं ने राजनीतिक और क्रान्तिकारी आदर्शों से मुक्त कहानियाँ प्रकाशित करना जारी रखा और कुछ ने साम्यवाद के समर्थन में आपत्तिजनक कविताएँ एवं लेख प्रकाशित किए।[336] आन्दोलन के विराम के समय में भी ब्रिटिश सरकार की दमन-नीति की तलवार चलती रही। महात्मा गाँधी की गिरफ्तारी और सविनय अवज्ञा आन्दोलन के द्वितीय चरण में सरकारी दमनचक्र और तेज़ हो गया। 4 जनवरी, 1932 को चार नए अध्यादेश आए, जिनके अन्तर्गत किसी भी आन्दोलन से सम्बद्ध सभी गतिविधियों के दमन के लिए धाराएँ विहित थीं।

सविनय अवज्ञा आन्दोलन के समय सरकारी दमन का प्रभाव हिन्दी पत्र-पत्रिकाओं पर भी पड़ा। पत्रों की स्वतन्त्रता पर प्रहार करनेवाले कानून की धार और तेज हो गई। परिणामस्वरूप अधिकांश हिन्दी पत्रों ने पुन: मौन धारण कर लिया और सम्पादकीय टिप्पणियाँ लिखना स्थगित कर दिया। परन्तु स्वतन्त्रता आन्दोलन के समाचार और लेख प्राय: प्रकाशित होते रहते थे। इस प्रकार के प्रकाशन जोखिम-भरे थे। 'सैनिक' के सम्पादक रमेश वर्मा को 12 जनवरी, 1932 के अंक में 'पूर्णाहुति' शीर्षक लेख के प्रकाशित करने के अपराध में एक वर्ष की कठोर क़ैद तथा दो सौ रुपये जुर्माना तथा जुर्माना

न देने पर तीन माह के अतिरिक्त कारावास का दंड दिया गया।[337]

वस्तुत: दमन से विद्रोह और मुखर होता है। इसको हिन्दी पत्र-पत्रिकाओं ने सार्थक कर दिखाया। स्वतन्त्र उपार्जन की अदम्य लालसा ने पत्र-पत्रिकाओं को कष्ट सहने की अद्‌भुत शक्ति और साहस प्रदान किया। उग्रवादी हिन्दी पत्र जिन्होंने 1932 में सम्पादकीय टिप्पणियाँ प्रकाशित करना बन्द कर दिया था, 1933 में भी उन्होंने वही मार्ग अपनाया। सविनय अवज्ञा आन्दोलन के प्रत्यक्ष प्रचार के स्थान पर पत्र-पत्रिकाओं में साम्यवादी आन्दोलन ने स्थान ग्रहण कर लिया जो कुछ सीमा तक जवाहरलाल नेहरू के उस लेख से प्रभावित था, जिसमें उन्होंने विशेषाधिकारों की समाप्ति और निहित स्वार्थी तत्त्वों पर रोक का समर्थन किया था।[338] 6 फरवरी, 1934 के 'वर्तमान' के अंक में जवाहरलाल नेहरू के 'पूर्वी बंगाल में राजनीतिक भूकम्प' लेख को प्रकाशित करने के अपराध में उक्त अंक सरकार द्वारा ज़ब्त कर लिया गया।[339] साथ ही 1500 रुपये की जमानत माँगी गई। ब्रिटिश दमनकारी नीति के फलस्वरूप भूमिगत क्रान्तिकारी पत्रों का प्रकाशन आरम्भ हुआ जिनमें आन्दोलन की गतिविधियाँ समाचारों के साथ ही आन्दोलन के प्रति जनता का उद्‌बोध करनेवाले अग्रलेख एवं कविताएँ भी प्रकाशित होती थीं। इसी दौरान 'शंखनाद' की 1932-33 के प्राय: सभी अंकों को राजद्रोहात्मक बताते हुए ज़ब्त कर लिया गया।[340] इस काल में ज़ब्त किए गए प्रकाशनों में एक नियतकालीन पत्र 'बुन्देलखंड केसरी' का 18 नवम्बर, 1932 का अंक भी है, जिसे 1933 में ज़ब्त कर लिया गया।[341] फिर भी इस दौर में अनेक कष्टों को झेलते हुए हिन्दी पत्रकारिता ने अपने कर्तव्य का अद्‌भुत साहस के साथ पालन किया।

ब्रिटिश सरकार का विशेष प्रहार स्वातन्त्र्य आन्दोलन के इस दौर में हिन्दी पत्र-पत्रिकाओं पर रहा। किन्तु हिन्दी पत्र-पत्रिकाओं ने भी इसमें अपना सर्वस्व होम करने में कोई कसर नहीं उठा रखी। वस्तुत: इस दौर में हिन्दी पत्र-पत्रिकाएँ उग्र राष्ट्रीय विचारधारा से परिपूर्ण हो गई थीं, जिनमें स्वातन्त्र्य प्राप्ति की अदम्य लालसा, उत्साह एवं साहस का दर्शन होता है। दमन के इस दौर में भी वे अपने राष्ट्रीय कर्तव्यों के प्रति सतर्क रहीं और विभिन्न रूपों में आन्दोलन को यथेष्ट प्रेरणा देती रहीं। सभी अवसरों पर हिन्दी पत्र-पत्रिकाओं ने भारतीय जनता को प्रेरणा के साथ ही मार्गदर्शन भी किया। आन्दोलन बन्द होने के पश्चात अधिकांश हिन्दी पत्रों ने 1934 से पुन: सम्पादकीय टिप्पणियाँ एवं अग्रलेख लिखना आरम्भ कर दिया। 4 जुलाई, 1934 को पुन:

प्रकाशन आरम्भ करते हुए 'सैनिक' ने लिखा—"'सैनिक' का जो लक्ष्य पहले था, वही अब भी है। हम चाहते हैं कि हमारे देशवासी अपनी शक्ति और आन्दोलन की सफलता पर विश्वास करें और देश में चतुर्दिक व्याप्त दमन, अन्याय, अत्याचार और दासता के विरुद्ध जीवन का उत्सर्ग कर देने के लिए तत्पर रहें। हम चाहते हैं कि इस देश का बच्चा-बच्चा देश की आज़ादी के लिए बढ़े। गाँधी टोपी और खद्दर धारण कर युद्धभूमि में प्रवेश कर जाए। उसके हाथों में राष्ट्रीय ध्वज हो। यही वह उद्देश्य था जिसके लिए 'सैनिक' ने लड़ाई लड़ी है और बन्द हुआ।"[342]

स्वतन्त्रता आन्दोलन के शान्तिकाल में भी ब्रिटिश सरकार का दमनचक्र जारी रहा। 15 अक्टूबर, 1935 के 'अभ्युदय' में पंडित कृष्णकान्त मालवीय की 'असेम्बली में वक्ता' लेख प्रकाशित करने के अपराध में 10 जनवरी, 1936 के प्रान्तीय सरकार के आदेश से 2500 रुपये की ज़मानत माँगी गई, जिसे 'अभ्युदय' ने जमा करने से इनकार करते हुए 24 जनवरी, 1936 के अंक के बाद प्रकाशन स्थगित करने की घोषणा की।[343] लेकिन इसके पूर्व ही 'अभ्युदय' पर एक और प्रहार हुआ और उसके 21 जनवरी, 1936 के अंक को सरकार ने जब्त कर लिया, जिसमें प्रकाशित तीन लेखों 'लेनिन संसार-क्रान्ति का नेता', 'कम्युनिस्ट अन्तरराष्ट्रीय संघ का संस्थापक', 'भारतीय किसान क्यों भूखे मरने लगे?' और 'साम्यवादी का उसके आलोचकों को उत्तर' को आपत्तिजनक मानकर ज़ब्ती का आधार बनाया गया था।

सविनय अवज्ञा आन्दोलन के समापन के पश्चात जनता में कहीं अवसाद एवं निराशा न व्याप्त हो, इसका हिन्दी पत्र-पत्रिकाओं ने सतत ध्यान रखा। उनका राजनीतिक स्वर प्राय: कांग्रेस की नीतियों एवं समाजवादी विचारों का प्रचार-प्रसार करना था। उग्रवादी प्रतिबन्धित हुए पत्रों में प्राय: क्रान्तिकारी भावनाओं को प्रदर्शित करनेवाली कविताओं का बाहुल्य रहता था।

द्वितीय विश्वयुद्ध के आरम्भिक दौर से ही प्रेस-नियन्त्रण, युद्ध-जनित वित्तीय संकट एवं कागज़ की कमी के बावजूद हिन्दी पत्रकारिता के विकास की गति तेज़ रही। युद्ध-समाचारों एवं स्वातन्त्र्य आन्दोलन में कांग्रेस की नीतियों तथा राष्ट्रीय चेतना के प्रचार-प्रसार हेतु इस काल में सरकारी अवरोधों के बीच अनेक महत्त्वपूर्ण हिन्दी पत्रिकाओं का प्रकाशन आरम्भ हुआ। 'विप्लवी ट्रेक्ट' प्रसिद्ध क्रान्तिकारी यशपाल के 'विप्लव' पत्र का परिवर्तित रूप था, जो जून, 1840 में प्रकाशित हुआ था। 'विप्लव' से मई, 1940 में सरकार ने बारह हज़ार रुपये की ज़मानत माँगी थी। फलस्वरूप उक्त पत्र

का प्रकाशन स्थगित कर 'विप्लवी ट्रेक्ट' प्रकाशित किया गया था।[344] इस दौर की हिन्दी पत्रिकाओं ने भारतीय जनमत को ब्रिटिश साम्राज्यवाद की युद्ध-नीति के विरुद्ध जनता को उद्वेलित कर स्वातन्त्र्य आन्दोलन के पथ पर अग्रसर करना था। यद्यपि ब्रिटिश हितों के विरुद्ध युद्ध-समाचारों के प्रकाशन पर सेन्सर नियम लागू था, फिर भी कविताओं व लेखों के माध्यम से हिन्दी पत्र-पत्रिकाओं का ब्रिटिश युद्ध-विरोधी अभियान जारी था।

द्वितीय विश्वयुद्ध का काल भारतीय स्वतन्त्रता आन्दोलन को निर्णायक स्थिति में पहुँचानेवाला काल था। युद्ध के प्रारम्भ और उसके पश्चात हिन्दी पत्र-पत्रिकाओं द्वारा कांग्रेस की नीतियों के साथ सम्यक दृष्टिकोण अपनाकर युद्ध में ब्रिटिश सरकार के विरुद्ध भारतीय जनमत का जो निर्माण हुआ, वही 1940-41 और उसके पश्चात के आन्दोलनों की पूर्व-पीठिका थी। युद्ध सम्बन्धी सामग्रियों के प्रकाशन पर कठोर प्रेस-सेन्सरशिप होने के बावजूद अपरोक्ष रूप में लेखों, कविताओं एवं टिप्पणियों के माध्यम से ब्रिटिश युद्धनीति का खुला विरोध करने की उपर्युक्त प्रक्रिया वस्तुत: पूर्ववर्ती आन्दोलनों में हिन्दी पत्र-पत्रिकाओं द्वारा किए गए योगदान का ही एक विशिष्ट रूप है।

कांग्रेस द्वारा व्यक्तिगत सत्याग्रह आन्दोलन प्रारम्भ होते ही ब्रिटिश सरकार का दमन-चक्र पुन: पूर्ववत शुरू हो गया। पत्रों की स्वतन्त्रता के विरुद्ध उसने पुन: कठोर नियम लागू किए। व्यक्तिगत सत्याग्रह आन्दोलन के दौरान यद्यपि हिन्दी पत्र-पत्रिकाओं ने सम्पादकीय अग्रलेख का प्रकाशन बन्द कर दिया था, तथापि आन्दोलन को उत्तेजना प्रदान करने हेतु समाचारों के प्रकाशन को जारी रखा। इसी प्रसंग में 'स्वदेश' (अलीगढ़) का विजयांक (7 अक्टूबर, 1940) भी उल्लेखनीय है जिसमें 'माँ' शीर्षक एक कविता में सत्याग्रही स्वयंसेवकों को भारत माता का सपूत सम्बोधित कर माँ से आशीर्वचन का अनुरोध किया गया है। सरकारी दमन-नीति का शिकार 1940-41 में सबसे पहले आगरा का 'सैनिक' हुआ जिसका इतिहास ब्रिटिश सरकार की घोर यातनाओं के विवरण के साथ सरकारी दस्तावेज़ों में सुरक्षित है। ब्रिटिश सरकार उग्रवादी हिन्दी पत्रों से सदैव सशंकित रहती थी और उनके दमन के लिए विभिन्न उपाय करती रहती थी। परन्तु 'सैनिक' इन अवरोधों से विचलित नहीं हुआ। कर्तव्य के प्रति अदम्य उत्साह ने उसे पुनर्जीवन प्रदान किया और वह स्वातन्त्र्य युद्ध का एक महत्त्वपूर्ण सैनिक सिद्ध हुआ।

युद्ध की नई परिस्थितियों में कांग्रेस ने सत्याग्रह आन्दोलन स्थगित कर

दिया। 11 मार्च, 1942 की घोषणा पर क्रिप्स-योजना का विरोध करते हुए उन्होंने टिप्पणियाँ प्रकाशित कर अपना अभिमत व्यक्त किया। कांग्रेस और मुस्लिम लीग ने योजना की अस्वीकृति का प्रस्ताव पेश किया। ब्रिटिश सरकार जो सदैव दमनकारी कानूनों की पोषक थी, प्रस्ताव को भारत की सुरक्षा के लिए हानिकर मानते हुए रक्षा-कानून की धारा 41 (1-ब) के अन्तर्गत 28 अप्रैल, 1932 के आदेश द्वारा पत्र-पत्रिकाओं में प्रकाशन पर प्रतिबन्ध लगा दिया।[345] सरकार की उक्त कार्यवाही पुनः प्रेस को चुनौती देनेवाली थी। 'सैनिक' ने सरकारी आदेश का उल्लंघन करते हुए कांग्रेस कार्यसमिति के प्रस्ताव को अपने 1 मई, 1942 के अंक में प्रकाशित कर दिया। फलस्वरूप 4 मई, 1942 के उत्तर प्रदेश सरकार के आदेश द्वारा 'सैनिक' (साप्ताहिक एवं दैनिक) के सम्पादक, प्रकाशक एवं मुद्रक को चेतावनी देते हुए उक्त प्रस्ताव को 'सैनिक' (साप्ताहिक एवं दैनिक) के अन्य संस्करणों में प्रकाशित करने, बिक्री करने अथवा प्रसार करने पर प्रतिबन्ध लगा दिया गया।[346]

क्रिप्स-योजना की असफलता और उसके सन्दर्भ में कांग्रेस को आरोपित करने से देश का राजनीतिक वातावरण पुनः नैराश्यपूर्ण हो गया। इससे गाँधी जी के विचारों में व्यापक परिवर्तन हुआ और उन्होंने 'भारत छोड़ो आन्दोलन' का विचार सामने रखा। 'भारत छोड़ो' प्रस्ताव स्वीकृत होने के साथ ही ब्रिटिश सरकार की कांग्रेस और भावी आन्दोलन के दमन के निश्चय के परिप्रेक्ष्य में ही पत्र-पत्रिकाओं की शेष बची आज़ादी के दमन की योजना भी बन चुकी थी। ब्रिटिश सरकार पूर्ववर्ती आन्दोलनों में पत्र-पत्रिकाओं की शक्ति को पहचान चुकी थी और उसकी शक्ति से भयभीत थी। इसकी पुष्टि 31 जुलाई, 1942 के भारत सरकार के मुख्य प्रेस-सलाहकार के 'गोपनीय मेमोरंडम' से होती है, जिसमें समाचार-पत्रों और समाचार-एजेन्सियों को चेतावनीपूर्ण स्वर में सलाह दी थी कि वे आन्दोलन का प्रत्यक्ष या अप्रत्यक्ष रूप से समर्थन करनेवाले लेख-वक्तव्यों के प्रचार-प्रसार से विरत हों।[347]

8 अगस्त, 1942 को ब्रिटिश सरकार ने आज्ञापूर्वक मुद्रक, प्रकाशक या सम्पादक द्वारा ऐसे समाचारों के प्रकाशन पर रोक लगा दी, जो अखिल भारतीय कांग्रेस कमेटी द्वारा स्वीकार किए गए जनान्दोलन के विरुद्ध सरकार द्वारा की गई कार्यवाहियों के बारे में हो। यह सरकारी आज्ञा स्पष्ट रूप से कांग्रेस के भावी आन्दोलन के दमन के लिए निकाली गई थी। इसके साथ ही महात्मा गाँधी के भाषणों को प्रकाशित करने पर भी प्रतिबन्ध लगा दिया गया।[348] 13 अगस्त, 1942 के ब्रिटिश सरकार के आदेशानुसार 'भारत रक्षा

कानून' की धाराओं के तहत आन्दोलन-सम्बन्धी प्रकाशनों की जब्ती का अधिकार प्रान्तीय सरकारों को प्रदान कर दिया गया।[349] दमनचक्र की इस प्रक्रिया में बाद में समाचार-पत्रों में आन्दोलन-सम्बन्धी फोटो, चित्र, रिपोर्ट्स आदि के प्रकाशन पर भी रोक लगा दी गई।[350] भूमिगत एवं अनधिकृत पत्रों के प्रकाशन पर पूर्णत: प्रतिबन्ध लगा दिया गया।

ब्रिटिश सरकार द्वारा पत्र-पत्रिकाओं की स्वतन्त्रता तथा आन्दोलन के दमन हेतु किए गए विभिन्न उपायों से समाचार-पत्रों की स्वतन्त्रता का गला पूर्ण रूप से घोंट दिया गया। सरकारी दमन-नीति के विरोध में देश के प्रमुख राष्ट्रवादी पत्रों ने अपना प्रकाशन 16 अगस्त से 6 सितम्बर, 1942 तक स्थगित रखा। सन 1942 के पूर्व ही ऐसी परिस्थितियाँ बन चुकी थीं कि स्वतन्त्र और राष्ट्रीय विचार व्यक्त करना असम्भवप्राय हो गया था। एक बार फिर भूमिगत साइक्लोस्टाइल पत्रों की बाढ़-सी आई। 1942 के जनान्दोलन की अग्नि अभी ठंडी नहीं हो पाई थी कि इसी समय दक्षिण-पूर्वी एशियाई देशों में सुभाषचन्द्र बोस के नेतृत्व में आज़ाद हिन्द फौज के सैनिकों ने जिस वीरता के साथ भारतीय स्वतन्त्रता के उद्योग में ऐतिहासिक भूमिका निभाई, वह भारतीय स्वाधीनता आन्दोलन की अविस्मरणीय घटना है। सितम्बर, 1945 में समाचार-पत्रों से सेन्सर पूर्ण रूप से उठा लिया गया। हिन्दी पत्र-पत्रिकाओं ने इस अवसर पर नेता जी एवं फौज की शौर्य गाथाओं से परिपूर्ण अनेक विशेषांक निकाले। इस काल में फौज के समर्थन में 'अभ्युदय' ने विशेष अभियान चलाया। 'अभ्युदय' का इस सन्दर्भ में सबसे अविस्मरणीय अंक 6 मई, 1946 है। स्वतन्त्रता-संघर्ष के अन्तिम दौर में जबकि साम्प्रदायिक एकता प्राय: नष्ट हो गई थी, हिन्दी पत्र-पत्रिकाओं का चरित्र राष्ट्रीयता एवं साम्प्रदायिक एकता से परिपूर्ण था।

भारतीय स्वाधीनता आन्दोलन के अन्तिम दौर में सदैव की भाँति अधिकांश हिन्दी पत्र-पत्रिकाओं ने भारत-विभाजन के विरुद्ध रोषपूर्ण शब्दों में अपने उद्गार व्यक्त किए। विभिन्न पत्र-पत्रिकाओं के इस दौर के अंकों के सर्वेक्षण से इस तथ्य को बल मिलता है कि अन्त तक वे साम्प्रदायिकता और भारत-विभाजन के विरुद्ध संघर्षरत थीं। भारत-विभाजन के साथ ही अंग्रेजी दासता से मुक्ति के लिए प्रारम्भ भारतीय स्वाधीनता आन्दोलन, 1947 में स्वतन्त्रता-प्राप्ति के साथ समाप्त हुआ। 1939-47 का दौर हिन्दी पत्रकारिता के लिए अत्यधिक त्रासदी, अभाव और घोर यातनाओं का काल रहा। साथ ही उत्तरदायित्व का भारी बोझ भी था। हिन्दी पत्रकारिता ने इस दौर में भी

अपने राष्ट्रीय चरित्र को बनाए रखा और स्वतन्त्रता आन्दोलन में एक प्रमुख उत्प्रेरक तत्त्व के रूप में भारतीय मानस की प्रेरणा का स्रोत बनकर अपनी आहुतियाँ दीं। साम्प्रदायिकता का विरोध किया। अखंड भारत की स्थापना पर जोर दिया। अपने राष्ट्रीय कर्तव्य एवं उत्तरदायित्वों के प्रति जागरूकता का परिचय दिया।

कहन-विस्तार

भारतीय स्वाधीनता आन्दोलन के दौरान हिन्दी की प्रतिबन्धित पत्र-पत्रिकाओं ने जहाँ सांस्कृतिक अभिरुचि को प्रोत्साहित किया, नवचेतना का विकास किया और सामाजिक जीवन को सुधार, परिष्कार और जागृति की राह दिखाई, वहीं शैल्पिक क्षेत्र में उल्लेखनीय योगदान दिया। पत्रकारिता का अन्तस कलात्मक है और उसका शरीर अपनी सज्जा के लिए कभी-कभी विज्ञान का मुखापेक्षी रहता है। सर्वप्रथम पत्र-पत्रिकाओं ने बोलचाल, सामान्य जन की भाषा को परिष्कृत जनभाषा का रूप प्रदान किया। बोलचाल के शब्दों का प्रयोग, नित-नवीन शब्दों का निर्माण, दिन-प्रतिदिन घटित होनेवाली विविध प्रकार की घटनाओं के परिप्रेक्ष्य में निर्मित नई शब्दावली का प्रयोग प्रतिबन्धित पत्र-पत्रिकाओं के अन्तर्गत प्रयुक्त होनेवाली भाषा की अन्यतम विशेषताएँ हैं।

पत्र-पत्रिकाओं के सन्दर्भ में भाषा का प्रश्न काफी महत्त्वपूर्ण है। आचार्य शिवपूजन सहाय ने लिखा है कि—'प्रचार के नाम पर संस्कार का संहार असह्य अनाचार है। जान पड़ता है कि यह भाषा-संस्कार के बदले भाषा-संहार का युग है। पत्रकारों का न इधर ध्यान है, न इसमें अनुराग ही।'[351] आगे वे फिर लिखते हैं—'दोषी वास्तव में हम सम्पादक ही हैं, जो अपने पत्रों या पत्रिकाओं के माध्यम से भाषा के पवित्र क्षेत्र में भ्रष्टता फैलाते हैं।'[352] इस स्वीकारोक्ति में भाषा-प्रीति और भाषा-संस्कार की चिन्ता स्पष्ट देखी जा सकती है। हिन्दी की रक्षा के लिए प्रस्तुत पत्रकारों एवं सम्पादकों को एक भी शब्द की अशुद्धता असह्य थी। 'सरस्वती' के सम्पादक आचार्य महावीरप्रसाद द्विवेदी के एक शब्द को लेकर 'भारतमित्र' के सम्पादक बालमुकुन्द गुप्त ने इतिहास-प्रसिद्ध भाषा-विवाद की नींव डाली जिससे हिन्दी के सम्पूर्ण विद्वज्जनों को सक्रिय रूप से जुड़ना पड़ा। कदाचित यही कारण है कि हिन्दी ने भारत की राष्ट्रभाषा का स्तर प्राप्त किया।

स्वाधीनता आन्दोलन के दौरान हिन्दी की प्रतिबन्धित पत्र-पत्रिकाओं में स्वदेशी भाषा हिन्दी के लिए कितना ममत्व, दायित्व और टीस थी, वह आज के स्वतन्त्र भारत में भी हैरानीवाली बात लग सकती है, क्योंकि आधुनिक राजनीतिज्ञ, प्रशासक एवं शिक्षाशास्त्री सभी आँखों पर अंग्रेजी-मोह की पट्टी बाँधे यह मान चुके हैं कि भारत की समृद्धि, भविष्य और मुक्ति केवल अंग्रेजी पर आधारित है। उन्नीसवीं शताब्दी के विभिन्न पत्रकारों एवं सम्पादकों के मत में भी ये प्रश्न बार-बार आए कि क्या अंग्रेजी के बिना उनमें एकता, आर्थिक समृद्धि, वैज्ञानिक प्रगति आदि सम्भव नहीं है? किन्तु अंग्रेजी भाषा की आधुनिक धारणा के विपरीत उनका निश्चित मत था कि देशोन्नति देशी भाषा में ही सम्भव है। 'देशोन्नति और देशीभाषा की दृष्टि में वह सम्बन्ध है जो शरीर और छाया व अग्नि और धुएँ में होता है। हमारी सरकार का देश शान्ति के लिए प्रयत्न करना और साथ ही देशभाषा का ऐसा कठिन अपमान करना और दुर्दशा में रखना जैसी हिन्दी की हो रही है, ऐसा है जैसे कोई योद्धा एक बालक की छाती पर लात रखकर बलपूर्वक दबाए हो और दूर से देखनेवालों को सुनाने के लिए आर्त्त पुकार कर कहता हो कि हे बाल! उठकर खेलकूद! हहह। यह क्या अनर्थ है? क्या यह हिन्दी प्रजा पर घोर अनर्थ नहीं? पोलिश भाषा और अक्षरों को दबाने से रूस का केवल यही अभिप्राय था कि वह देश उत्साह, गौरव और सत्त्वहीन हो जाए, स्वतन्त्रता जिससे फिर कभी सामना करने योग्य न रहे। क्या यह हमें और अधिक निस्सत्त्व और निर्मूल करने के लिए प्रयत्न किया जा रहा है?'[353]

स्वतन्त्रता आन्दोलन के समय के पत्रकार एवं सम्पादक अपनी कलात्मक शब्द-शक्ति से पूर्णतया परिचित थे। तत्कालीन हिन्दी पत्रकार क्रान्तिकारी साहित्यकार भी थे। उनमें भाषा-सामर्थ्य के साथ कलात्मक सौष्ठव भी अद्‌भुत रूप से मिश्रित हो गया था। आधुनिक साहित्यिक विधाओं का अंकुरण और पल्लवन उनके कलात्मक साहस की परिणति है। प्रतिबन्धित पत्र-पत्रिकाओं की अनपढ़, अटपटी लगनेवाली भाषा में भी जीवन्त शिल्प, सशक्त जनभाषा और साहित्यिक चेतना है। 'कला' की कीमत पर इन पत्र-पत्रिकाओं को कुछ कहना अभीष्ट नहीं था। फिर भी वह युग भारतीय साहित्य का सबसे सचेत युग था। हिन्दी की भाषा-सामर्थ्य के बारे में धर्मवीर भारती का यह कथन द्रष्टव्य है—''भारत की धरती के अभागे लोगों ने अपनी स्वतन्त्रता की लड़ाई देशी भाषा के शब्दों के सहारे लड़ी। माध्यम

बहुत सीमित थे, लेकिन शब्द की गरिमा जागृत थी। इसीलिए जनसम्पर्क अद्वितीय था। हिन्दी शब्द प्राणवान था। वह अर्थ देने में समर्थ था। बस इतना मालूम था कि इस शब्द का अर्थ है—क्रान्ति, स्वतन्त्रता, प्राणदान।"[354]

हिन्दी की प्रतिबन्धित पत्र-पत्रिकाओं ने युगीन व्यापक जनचेतना के कारण ही तत्कालीन पत्रकारों ने विशुद्ध हिन्दी भाषा को महत्त्व न देकर अन्य सभी भाषाओं के लोकप्रिय देशज शब्दों को अपनाकर भाषा की अभिव्यंजना-शक्ति को बढ़ाने पर ज़ोर दिया था। अच्छे लोगों का काम यह है कि बाहरी भाषाओं के शब्दों को अपना-सा कर डालना जिससे भाषा दिन-प्रतिदिन अमीर होती जाए।[355] हिन्दी-भाषी आन्दोलन को स्वतन्त्रता आन्दोलन ने ही जन्म दिया था।

पत्र-पत्रिकाओं की भाषा समुन्नत होनी चाहिए, जिससे उसके पाठक उसे सही रूप से समझकर उसका अर्थ ग्रहण कर सकें। भाषा की शुद्धता जितनी जरूरी है, उतनी ही जरूरी है उसकी भाषा-शैली। सौन्दर्य भाषा का महत्त्वपूर्ण तत्त्व है। शुद्धता, सरलता, विषय को सही ढंग से प्रस्तुत करने की क्षमता, प्रत्येक पत्र की प्राथमिक आवश्यकता है। जो साधन सर्वाधिक प्रचलित एवं महत्त्वपूर्ण हो, उसमें भाषाई गुणों का होना नितान्त आवश्यक है। पत्र-पत्रिकाओं की भाषा साहित्यिक होने के साथ ही सरल एवं व्यावहारिक होनी चाहिए। सम्पादकीय सूझबूझ और तत्परता भाषा को शुद्धता की ओर ले जाती है। ऐसी स्थिति में सम्पादक का दायित्व बढ़ जाता है। निरर्थक शब्दों की जगह सार्थक शब्दों के प्रयोग से भाषा में चमत्कार एवं सौन्दर्य आता है। पत्र-पत्रिकाएँ ही भाषा के विकास में सहायक होती हैं। नए शब्दों का आगमन होता है। पत्र-पत्रिकाओं की भाषा में सरलता, बोलचाल की शब्दावली का प्रयोग, रोचकता व शुद्धता के साथ-साथ वर्ण्य-विषय की अभिव्यक्ति की पूरी क्षमता होनी चाहिए। इससे भाषा का विकास तो होता ही है, साथ ही लोगों का ज्ञान भी बढ़ेगा।

हिन्दी की प्रतिबन्धित पत्र-पत्रिकाओं ने भाषा की सरलता को अधिकाधिक प्रोत्साहित करने के उद्देश्य से दीर्घ-वाक्यावली के स्थान पर भाव-व्यंजक शब्दावली का विकास कर हिन्दी को समृद्ध किया। इनका भाषिक स्वरूप सरल, बोधगम्य और सम्प्रेषण की क्षमता से संयुक्त है। प्रतिबन्धित पत्र-पत्रिकाओं ने व्याकरण के उसी रूप को स्वीकार किया है जो बोधगम्य है। व्याकरण की अवांछित स्थिति को हिन्दी पत्रकारिता ने

त्याग दिया। प्रतिबन्धित पत्र-पत्रिकाओं ने साहित्यिक शैलियों की अपेक्षा रोचक, सरस और कौतूहलवर्धक शैलियों का प्रयोग करना आरम्भ किया। प्राय: दैनिक, साप्ताहिक, पाक्षिक एवं मासिक पत्र-पत्रिकाओं के सम्पादकों का भाषा-स्वाभिमान काफी प्रखर था। स्वभाषा उन्नति की उनमें उत्कट लालसा थी। उनमें यह विवेक भी था कि हिन्दी की शुद्धता और उत्थान का प्रश्न हिन्दी-भाषी समाज के उत्थान का प्रश्न था। उन्होंने भाषा के सवाल को अपेक्षित गुरुता दी। पत्र-पत्रिकाओं ने खड़ीबोली गद्य के परिमार्जन और हिन्दी-भाषी समाज के भाषा-संस्कार में विधायक भूमिका निभाई।

हिन्दी की प्रतिबन्धित पत्र-पत्रिकाओं के सम्पादक बहुश्रुत तथा अध्ययनशील थे। 'स्वदेश' साप्ताहिक पत्र का प्रकाशन गोरखपुर में बीसवीं सदी के दूसरे दशक में प्रारम्भ हुआ। उस समय तक खड़ीबोली का एक निश्चित रूप निर्धारित हो चुका था। प्रारम्भिक पत्रों की अपेक्षा 'स्वदेश' की भाषा सरल, प्रवाहमय तथा परिमार्जित एवं मुहावरेदार है। पत्र में हिन्दी-प्रेम तथा राष्ट्रीय चेतना के अतिरिक्त ऐतिहासिक विषयों और वैज्ञानिक विषयों पर सामग्री प्राप्त होती है। उद्भव-काल के सभी पत्र समकालीन पत्र-पत्रिकाओं के उज्ज्वल भविष्य की हार्दिक कामना व्यक्त करते थे। नए पत्रों की समालोचना प्रकाशित कर उनके व्यापक प्रचार-प्रसार में सहयोग देते थे। अपनी वंशवृद्धि देखकर पत्रकारगण आह्लादित होते थे। हिन्दी पत्रों के अस्तित्व की रक्षा हेतु 'प्रेस एसोसिंएशन' बनाने तथा आँग्ल शासन के कुचक्रों को ध्वस्त करने के लिए 'स्वदेश' के सम्पादक की अपील पत्रकारिता-जगत के लिए अनुकरणीय है—"हिन्दी भाषा-भाषियों का लीचड़पन, हिन्दी सहयोगियों की पस्तहिम्मती और इनके सिवा सबसे बड़ा कारण यह है कि अपनी-अपनी डफली और अपना-अपना राग। स्वाधीनता का पाठ तो हम पढ़ाते हैं—यह बतलाते हैं कि इस प्रकार स्वतन्त्र हो सकते हैं, परन्तु अपनी स्वतन्त्रता की रक्षा की हमें फिक्र नहीं। हम पर जो ज़ंजीरें मढ़ी गई हैं, हमारी जुबान पर जो ताले लगा दिये गए हैं, जनता के प्रतिनिधित्व का जो अधिकार हमसे छीना जा रहा है, उस पर हम उँगली तक नहीं उठाते। केवल राम-आसरे बैठे हैं। परन्तु मसल मशहूर है—'दूसरों के पेट में अन्न जाने से अपनी क्षुधा शान्त नहीं हो सकती।' एक 'हिन्दी प्रेस एसोसिएशन' कायम कर उनके द्वारा अपनी आवाज बुलन्द करें। दिखला दें कि 'प्रेस ऐक्ट' का सबसे अधिक प्रहार हिन्दी पर ही होता है। जब तक ऐसा नहीं होता, तब तक

यही कहना पड़ेगा कि देखें, बकरे की माँ कब तक खैर मनाती है। आशा है हमारे हिन्दी-सहयोगी हमारी इस प्रार्थना पर ध्यान देंगे और अपने पत्रों द्वारा जल्द ही अपनी शुभ सम्मति प्रकट करने की कृपा करेंगे, क्योंकि अवस्था दिन-पर-दिन नाजुक होती जा रही है। कोई यह दावा नहीं कर सकता कि हम पर प्रेस-ऐक्ट का वार होगा ही नहीं।''[356]

भाषा की विशिष्ट भूमिका से परिचित हिन्दी की प्रतिबन्धित पत्र-पत्रिकाओं ने भाषा के स्वरूप का नियमन किया। भाषा की शुद्धता एवं साधुता को बनाए रखकर उसे परिनिष्ठित रूप प्रदान किया। उनकी चिन्ता का मुख्य विषय था हिन्दी भाषा की उन्नति। पत्र-पत्रिकाओं को यह बोध था कि भाषा का संस्कार उनका प्रधान लक्ष्य है। 'स्वदेश' की परिष्कृत भाषा का एक उदाहरण यहाँ द्रष्टव्य है—''आओ, माँ अक्षत नहीं है तो हम अपने ताजे 'क्षत' तुम्हारे चरणों पर चढ़ावेंगे। अपनी पथराई हुई आँखें गारकर तुम्हारे चरण धोएँगे। पुतलियों के पाँवड़े बिछा देंगे और मुक्त हृदय से सिंहासन पर तुम्हें आसन देंगे। सुनते हैं कि तू वि-भीषणा है, आज भीषणता से तेरी परीक्षा होगी। अपने प्यारे बच्चों के उष्ण रक्त से तुझे स्नान करना पड़ेगा। मुंडमालिनी तो तुम हो ही। होहोहो! अच्छा, आज ऐसी मालाओं की क्या कमी? एक नहीं, अनेक तुम्हारे गले में, हृदय पर, नाभि पर, कानों में, भुजाओं में और चरणों पर—सर्वांग मुंडों से ही अलंकृत कर तुम्हें मुंडमयी बना देंगे जिससे फिर तुम्हें मुंडमाला की साध न रह जाए।''[357] यह आह्वान की भाषा है, जिसमें कहीं-कहीं जनभाषाई शब्दों का प्रयोग मिलता है।

'प्रताप' के सम्पादक गणेश शंकर विद्यार्थी अग्रलेख एवं टिप्पणियाँ दोनों लिखने में सिद्धहस्त थे, यद्यपि इन दोनों में उनकी शैली पृथक थी। उनके अग्रलेखों में भावात्मक सौन्दर्य था, जबकि अग्रलेखों की अपेक्षा उनकी टिप्पणियों में यथार्थमूलक निरूपण था। छोटे समाचारों पर व्यंग्यात्मक चुभती हुई मुहावरेदार टिप्पणी लिखना उन्हें प्रिय था—'एक चुप्पी हजार बला को टाले, अन्त में वही ढाक के तीन पात, चिराग तले अँधेरा, मुहरें लुटी जाएँ और कोयले पर छाप, बिल्ली को स्वप्न में भी छिछड़े नज़र आते हैं'[358] आदि। 'प्रताप' की आरम्भिक शैली शिथिल एवं भाषा अनगढ़ थी, पर कालान्तर में वह मँजकर पूर्ण परिष्कृत हो उठी थी। उसकी परिष्कृत भाषा में पूर्ण प्रवाह और वर्णन की मार्मिकता थी—'एक व्यक्ति का जिसके जीवन के प्रत्येक कार्य, प्रत्येक शब्द और प्रत्येक विचार में अहिंसा की छाप लगी

हो, जो ईसा, टाल्सटाय और गाँधी व रोम्या रोलाँ की बातों को अक्षरशः मानता हो, उस मध्यप्रदेश के प्राण, हिन्दी साहित्य के कवीन्द्र को इस तरह पकड़ लेना, पशु-हृदयता का परिचय देना नहीं तो और क्या है?'[359] 'प्रताप' की भाषा का दूसरा रूप रोचक, व्यंग्यात्मक और विनोदपूर्ण था—'मियाँ अब्दुल गफूर इस बीसवीं शताब्दी के पैगम्बर हैं। आपका सिर क्या है विभिन्न विचारों का अड्डा। इन विचारों में लचीलापन इतना गजब का है, उन्हें पलटते देर नहीं लगती। इस लाभ के पाले गए फिर देवसमाजी बने और कुछ दिन बाद आर्यसमाजी बनकर खूब पुजे।'[360]

प्रतिबन्धित पत्र 'अभ्युदय' की भाषा एवं शैली का पूर्ण सौन्दर्य उन अग्रलेखों में मिलता है, जहाँ भावना के लिए अनुकूल धरातल मिला है, यथा—'बसन्त यौवन का सखा और जीवों का उपास्य देव है। बसन्त जीवन है। अपाहिजों एवं अधमरों का जीवन नहीं, उनका जिनमें आशा की अग्नि जलती है। भुजदंडों में राज की पराजय का बल है और जिनके नेत्रों में आत्मविश्वास और दृढ़ संकल्प की अक्षय ज्योति की आभा है। बसन्त दिव्य दूत है कुसुमित यौवन का, और इसीलिए विश्वविद्यालय के सम्मान को जातीय उत्थान का प्रथम सोपान मानते हुए हम बसन्त का स्वागत करते हैं।'[361] व्यंग्यात्मकता 'अभ्युदय' की भाषा का एक विशेष गुण था। एक अग्रलेख के प्रकाशन पर 'अभ्युदय' को ज़मानत देनी पड़ी, जिसका उल्लेख निम्नलिखित पंक्तियों में मिलता है—'भारतेन्दु जी द्वारा वर्णित 'अंधेर नगरी' में टके सेर भाजी और टके सेर खाजा बिका करता था। राजद्रोहात्मक भाषण करनेवाले से सरकार कुछ बोलती नहीं, न उन पर मुकदमा चलाती है, किन्तु उस भाषण के छापने के अपराध में गरीब 'अभ्युदय' को ढाई हज़ार रुपये जुर्माने की कड़ी सज़ा दी जाती है। एक कहावत है कि 'धोबी से जीत न पावे' गदहे के कान उमेठे।'[362] 'रणभेरी' एक क्रान्तिकारी साइक्लोस्टाइल भूमिगत पत्र था जिसका प्रकाशन काशी से होता था। इसकी भाषा काफी प्रभावपूर्ण, ओजस्वी एवं विचारोत्तेजक होती थी—'दमन से द्रोह बढ़ता है, स्वतन्त्रता की पिपासा लाठियों-गोलियों से नहीं बुझा करती और नौकरशाही के गोबर-भरे गन्दे दिमाग में इतनी समझ कहाँ? वह तो शासन का एक ही शस्त्र जानती है— बन्दूक।'[363] स्वाधीनता आन्दोलन के दौरान कदाचित ही ऐसा पत्र मिलेगा जिसने भाषा की श्रीवृद्धि में साथ न दिया हो। विविध पत्र-पत्रिकाओं ने अपने-अपने ढंग से भाषा को विकसित किया। तत्कालीन

पत्र-पत्रिकाओं का मूल उद्देश्य भले ही राजनीतिक उद्देश्य की प्राप्ति रहा हो, किन्तु उन्होंने भाषा पर विशेष ध्यान दिया। पत्र-पत्रिकाओं में ऐसे अनेक लेख एवं प्रेरक सामग्री होती थी जो मनुष्य की साहित्यिक अभिरुचि को भी जागृत करती थी। 'यह कहना अनुचित न होगा कि गद्य के निर्माण का अधिकांश श्रेय हिन्दी पत्रकारों को है, जिन्होंने पत्रों के माध्यम से हिन्दी भाषा को एक व्यवस्थित, समृद्ध और परिनिष्ठित रूप दिया।'[364] साप्ताहिक एवं मासिक पत्रों ने उन लेखकों को पूरा स्थान दिया जो किसी कारणवश स्वतन्त्र रूप से अपनी रचनाएँ प्रकाशित नहीं कर पाते थे। पत्र-पत्रिकाओं ने लोगों के जनमानस को परिवर्तित किया और वे किसी-न-किसी रूप में साहित्य से जुड़ते रहे। साहित्यिक अभिरुचि का विकास करके साहित्य-सृजन और पठन-पाठन दोनों को विकसित करने की प्रेरणा प्रदान की।

प्रतिबन्धित पत्र-पत्रिकाओं में मासिक 'चाँद' साहित्यिक दृष्टि से काफी महत्त्वपूर्ण पत्र था। इलाहाबाद से प्रकाशित होनेवाले इस पत्र ने हिन्दी भाषा की भरपूर सेवा की। उसमें अनेक पुराने एवं नए साहित्यकारों की रचनाओं को प्रकाशित किया गया। 'चाँद' की भाषा साहित्यिक दृष्टि से परिमार्जित भाषा थी, जिसमें तत्सम शब्दों की बहुलता होती थी। इसके सम्पादकीय का एक उदाहरण द्रष्टव्य है—''प्यारी बहनो, माताओ, भाइयो और बुजुर्गो! 'फाँसी अंक' को दिवाली की अमावस्या समझिए। देखिए इसमें बीसवीं शताब्दी के हुतात्मा के दीये कैसे टिमटिमा रहे हैं! और देखिए, स्थान-स्थान पर कैसी ज्वलन्त अग्नि धायँ-धायँ जल रही है और सबके बीच में जागृत ज्योति—मृत्यु-सुन्दरी कैसा श्रृंगार किए छमछमाकर नाच रही है! पूजो! भाग्यहीन भारत के राजपाट, अधिकार-सत्ता और शक्तिहीन नर-नारियों, यही तुम्हारी गृहलक्ष्मी है। यही मृत्यु सुन्दरी, यही अक्षय यौवना, यही महामहिमामयी, महामाया! तुम इसे प्यार करो, इससे परिचय प्राप्त करो, इसे वरो! तब तुम देखोगे कि ज्यों ही यह तुम्हारे गले का फन्दा होने के स्थान पर हृदय का लाल तारा बनेगी, तुम्हारी सहस्रों वर्षों की गुलामी दूर हो जाएगी।'[365] अपनी भावनाओं को व्यंग्यात्मक रूप में प्रस्तुत करना तत्कालीन पत्र-पत्रिकाओं की मजबूरी थी। प्रत्येक पत्र में एक ऐसा स्तम्भ होता था, जिसमें महत्त्वपूर्ण घटनाओं को व्यंग्य का रूप देकर प्रस्तुत किया जाता था। 'विप्लव' ने अपने 'चाय की चुस्कियाँ' स्तम्भ में लिखा है—'लोग कहते हैं छोटे मियाँ सो छोटे मियाँ बड़े मियाँ सुभान अल्लाह! बड़े बोस ने राष्ट्रीय

माँगों के प्रस्ताव का ही विरोध शुरू कर दिया। चाहे अपनी दीवार ही क्यों न गिर जाए, पड़ोसी की बकरी ज़रूर मर जानी चाहिए।'[366]

उपर्युक्त उद्धरणों के आधार पर हम यह निष्कर्ष निकाल सकते हैं कि हिन्दी की अधिकांश प्रतिबन्धित पत्र-पत्रिकाओं में सरल और सपाट भाषा का प्रयोग हुआ है। भाषा का सबसे बड़ा गुण होता है उसकी सम्प्रेषणीयता। इस दृष्टि से प्रतिबन्धित पत्र-पत्रिकाओं की भाषा सम्प्रेषणीय एवं सहज ग्राह्य है। कहीं भी ऐसा कोई शब्द-प्रयोग नहीं मिलता, जिसे समझने में पाठक को कठिनाई होती हो। भाषा बिलकुल सहज एवं सामान्य होते हुए भी, कहीं-कहीं चित्रात्मक एवं रचनात्मक है। इस भाषा को समझने के लिए पाठक को दिमागी कसरत नहीं करनी पड़ती। इनकी भाषा तथ्यात्मक है। यह भी देखने में आया है कि कहीं लम्बे-लम्बे वाक्यों का प्रयोग हुआ है तो कहीं बिलकुल छोटे-छोटे संक्षिप्त वाक्यों का। लम्बे वाक्यों के कारण भाव-ग्रहण में कठिनाई अवश्य हुई। यदि वाक्य भाषागत छोटे एवं सन्दर्भ के अनुकूल हों तो कोई भाषिक या भाषाई व्यवधान उपस्थित नहीं होता है। प्रतिबन्धित पत्र-पत्रिकाओं में लोकभाषाओं के शब्दों का प्रयोग अपेक्षाकृत कम हुआ है। आंचलिक भाषा के शब्दों का प्रयोग भी यदा-कदा मिलता है। भाषा में अरबी, फारसी, उर्दू, अंग्रेजी एवं संस्कृत आदि के शब्दों का प्रयोग भी मिलता है।

हिन्दी की प्रतिबन्धित पत्र-पत्रिकाओं की संख्या-वृद्धि, उनकी लोकप्रियता एवं जनजीवन में उनके प्रभाव को देखकर तत्कालीन अंग्रेज सरकार भयभीत रहती थी। प्रतिबन्धित पत्र-पत्रिकाओं ने भी सामान्य जनता तक अपनी विचार-भावना पहुँचाने के उद्देश्य से उस भाषा एवं साहित्य-विधा को अपनाया था जो जनजीवन की अपनी होती थी। यह सर्वमान्य तथ्य है कि उन्नीसवीं शताब्दी के मध्य में उत्तरी भारत में मुद्रणालयों की स्थापना का कार्य तीव्र गति से प्रारम्भ हो गया था जो शताब्दी के उत्तरार्ध तक व्यापक रूप से विकसित होकर देश के विभिन्न क्षेत्रों में स्थापित हो गया। प्रारम्भ में आगरा, इलाहाबाद एवं वाराणसी हिन्दी पत्र-पत्रिकाओं के प्रकाशन के प्रमुख केन्द्र थे, तदुपरान्त अन्य प्रमुख केन्द्र जहाँ से हिन्दी पत्र-पत्रिकाओं का कार्य गतिशील हुआ, वे मुख्यत: बरेली, लखनऊ, मेरठ, नैनीताल, कानपुर, अलीगढ़, झाँसी, अल्मोड़ा और मथुरा आदि नगर थे।

उन्नीसवीं शताब्दी में हिन्दी पत्रों के प्रचार-प्रसार की स्थिति कुछ अच्छी नहीं रही। हिन्दी पत्रकारिता में भारतेन्दु हरिश्चन्द्र के आगमन के पश्चात

स्थिति बदली। उन्होंने अपनी पत्र-पत्रिकाओं के माध्यम से भारतीय जनता को जागरूक किया। बीसवीं शताब्दी में स्वदेश, प्रताप, चाँद, अभ्युदय, वर्तमान आदि ऐसे अनेक साप्ताहिक एवं मासिक पत्र प्रकाशित हुए जिनकी प्रसार-संख्या लगातार बढ़ती रही। 'स्वदेश' गोरखपुर से प्रकाशित होनेवाला साप्ताहिक पत्र था। शुरू से ही इस पत्र पर अंग्रेजी सरकार की कोपदृष्टि रही। 'स्वदेश' पर आँग्ल शासन के कोप और उसकी आर्थिक स्थिति का चित्रण करते हुए इसके सम्पादक श्री दशरथ प्रसाद द्विवेदी ने लिखा है कि— 'कहते हुए झिझक मालूम होती है परन्तु बिना कहे गुजारा भी नहीं। शुरू से ही 'स्वदेश' की स्थिति बहुत शोचनीय रही है और आजकल तो उसकी दशा ठीक साँप-छछूँदर की-सी है। न निगलते बनता है, न उगलते। करें तो क्या करें! अभी 'स्वदेश' को निकले हुए केवल आठवाँ सप्ताह है, लेकिन इस थोड़ी-सी अवधि के भीतर वह पंजाब सरकार की आँख की किरकिरी बन गया। 'स्वदेश' को अपनी एजेन्सियों का बहुत बड़ा आसरा और अभिमान था और उसे सबसे अधिक गौरव लाहौर से प्राप्त था। परन्तु पंजाब सरकार की आज्ञा ने 'स्वदेश' की सारी आशाओं पर पानी फेर दिया। गत सप्ताह 'स्वदेश' 1200 छपा था, किन्तु इस सप्ताह केवल 800। 'स्वदेश' किसी व्यक्ति-विशेष की सम्पत्ति नहीं है, वह है एक मिल्कियत उन लोगों की जो उसे ग्राहकरूप में दो रुपये या तीन रुपये सालाना दक्षिणा देते हैं। कोई पैंतीस सौ रुपये स्वदेश-प्रेस और 'स्वदेश' पत्र में अब तक लग चुके हैं और ये रुपये एक सज्जन की कृपा से हमें सूद पर मिले हैं।'[367] 'स्वदेश' ने हिन्दी की पत्र-पत्रिकाओं के प्रकाशन पर हर्ष प्रकट किया है। पत्र-पत्रिकाओं का अधिक प्रसार कैसे हो, इसके लिए 'स्वदेश'-सम्पादक आकर्षक शब्दों में पत्र का परिचय प्रकाशित किया करते थे।

इसमें सन्देह नहीं कि 'स्वदेश' पत्र अपने संकल्प पर जीवन-पर्यन्त दृढ़ रहकर स्वतन्त्रता का शंखनाद करता रहा। सम्पादकीय के अतिरिक्त 'स्वदेश' में सार्वजनिक समाचार, समालोचनाएँ एवं स्वदेशी की भावनाओं को उत्तेजित करनेवाली कविताएँ भी प्रकाशित होती थीं। प्रकाशन के कुछ ही समय बाद इसकी प्रसार-संख्या ग्यारह सौ हो गई थी।[368] 'स्वदेश' साप्ताहिक पत्र को हिन्दी के प्रख्यात लेखकों एवं साहित्यकारों का सहयोग प्राप्त था। इसका प्रभाव केवल देश एवं प्रदेश में ही नहीं, वरन इसे विदेशों में भी भारतीयों द्वारा मँगाया जाता था।[369]

भारतीय स्वतन्त्रता आन्दोलन के दौरान आई राजनीतिक जनजागृति के फलस्वरूप बीसवीं शताब्दी के दूसरे दशक से हिन्दी की पत्र-पत्रिकाओं की प्रकाशन-संख्या में नई गति आई तथा उनकी प्रचार-प्रसार-संख्या में अचानक वृद्धि हुई। सन 1920 ई. तक आते-आते प्रतिबन्धित हुए दैनिक पत्र 'वर्तमान' एवं 'प्रताप' की प्रसार-संख्या तीन-तीन हजार तक पहुँच गई। साप्ताहिक पत्रों में 'सैनिक', 'स्वदेश', 'अभ्युदय' आदि पत्रों की प्रसार-संख्या में भी वृद्धि हुई।[370] निष्कर्षत: यह कहा जा सकता है कि हिन्दी की प्रतिबन्धित पत्र-पत्रिकाओं की प्रसार-संख्या में भी वृद्धि, जनजीवन में राजनीतिक जागरण की प्रक्रिया में पत्रकारिता की प्रभावशाली भूमिका का संकेत करती है। असहयोग आन्दोलन की पूर्वपीठिका में 'प्रताप', 'वर्तमान' एवं 'सैनिक' जैसे पत्रों का जन्म वस्तुत: गाँधीवादी आन्दोलन के व्यापक प्रचार-प्रसार एवं उसकी सफलता के लिए ही हुआ था। हिन्दी की अधिकतर प्रतिबन्धित हुई पत्र-पत्रिकाओं ने सन 1920 ई. के असहयोग आन्दोलन प्रस्ताव के निश्चय का स्वागत किया था। साथ ही भारतीय जनभावना को उत्प्रेरित कर असहयोग आन्दोलन में प्रभावी भूमिका के लिए आधार भी तैयार किया। सन 1920-21 ई. में बड़ी संख्या में हिन्दी पत्र-पत्रिकाओं के प्रकाशन का उद्‌देश्य वस्तुत: स्वाधीनता आन्दोलन को सहयोग प्रदान करना ही था।

सन 1922 ई. का वर्ष भारतीय पत्रकारिता के इतिहास में काफ़ी महत्त्वपूर्ण है। इसी वर्ष अंग्रेजी सरकार द्वारा सन 1910 के कठोर प्रेस-अधिनियम की समाप्ति की घोषणा की गई। सम्पूर्ण पत्रकारिता-जगत ने राहत की साँस ली। विभिन्न छापाखानों से ली गई जमानतें अंग्रेजी सरकार द्वारा सन 1922 में वापस कर दी गईं। देश में राजनीतिक चेतना के विकास और प्रेस-सम्बन्धी कानूनों में शिथिलता के फलस्वरूप हिन्दी की पत्र-पत्रिकाओं की प्रसार-संख्या में न केवल वृद्धि हुई, अपितु अनेक उच्च कोटि के राजनीतिक पत्रों का प्रकाशन भी शुरू हुआ।

भारतीय स्वाधीनता आन्दोलन के आरम्भिक दौर में हिन्दी की पत्र-पत्रिकाओं का व्यापक प्रचार-प्रसार नहीं हो पाया जिसके मूल में हिन्दी के प्रति तथाकथित साक्षरों की उदासीनता तथा पाठकों द्वारा पत्र का मूल्य न चुकाना है। इस सन्दर्भ में पं. महावीरप्रसाद द्विवेदी का निम्नलिखित कथन द्रष्टव्य है—'हमारे पास प्रान्त की भाषा ही है। परन्तु स्वदेश और स्वभाषा

के शत्रु उसे अस्पृश्य और अपाठ्य समझते हैं। इसी से उर्दू पत्रों की अपेक्षा हिन्दी के पत्रों की संख्या आधे से भी कम रही (89:40)। मातृभाषा के इन द्रोहियों की वृद्धि भगवान ठिकाने लाएँ। इनमें से फीसदी-पाँच अंग्रेजी के धुरन्धर पंडित होंगे। उन्हें रोज 'पायोनियर' और 'इंगलिशमैन' पढ़े बिना कल नहीं पड़ती। इनकी शिकायत है कि हिन्दी में कोई अच्छा पत्र ही नहीं। पढ़ें क्या? परन्तु इनको यह नहीं सूझता कि अच्छे हिन्दी पत्र निकालनेवाले क्या किसी और लोक से आवेंगे? या तो तुम खुद निकालो या औरों के पत्र लेकर उन्हें उत्साहित करो या पत्र निकालनेवालों की मदद करो।'[371] वे आगे लिखते हैं कि 'यहाँ के मासिक पुस्तक-प्रकाशक सदा घाटे का दुखड़ा रोया करते हैं। बेचारों को घर के धान को पयार में मिलाना पड़ता है। बहुतेरों को तो यहाँ तक घाटा होता है कि एक बार पत्र निकालकर फिर निकालने का उन्हें साहस भी नहीं होता।'[372] सारांश यह है कि पग-पग पर बाधाओं के आने पर भी समर्पित पाठकों ने हिन्दी पत्रकारिता को जारी रखा।

गणेश शंकर विद्यार्थी के सम्पादकत्व में कानपुर से प्रकाशित होनेवाला हिन्दी पत्र 'प्रताप' अत्यधिक लोकप्रिय था। इसकी लोकप्रियता का आभास इसी तथ्य से हो जाता है कि 'सन 1919 ई. तक इसकी प्रसार-संख्या नौ हजार तक पहुँच गई थी। इलाहाबाद से प्रकाशित 'अभ्युदय' की प्रसार-संख्या तीन हजार पाँच सौ थी। इन पत्रों की प्रसार-संख्या यह सिद्ध करती है कि हिन्दी-भाषी क्षेत्र में राजनीतिक चेतना के विकास में इनकी महत्त्वपूर्ण भूमिका थी।[373] हिन्दी की प्रतिबन्धित पत्र-पत्रिकाओं ने अपने अग्रलेखों एवं सम्पादकीय टिप्पणी के अन्तर्गत ऐसी राजनीतिक, सामाजिक घटनाओं को प्रमुखता से छापा, जिनमें आम भारतीय जनता की रुचि थी। फलस्वरूप पत्र-पत्रिकाओं की प्रचार-प्रसार-संख्या में लगातार वृद्धि हुई। सरकारी रिपोर्ट के अनुसार सन 1932 तक आते-आते हिन्दी की प्रमुख प्रतिबन्धित पत्र-पत्रिकाओं की प्रसार-संख्या इस प्रकार थी—'प्रताप' कानपुर चौदह हजार, 'वर्तमान' दैनिक (कानपुर) चार हजार, 'अभ्युदय' इलाहाबाद (साप्ताहिक) तीन हजार।[374] इसी दौरान नए पत्रों के प्रकाशन की संख्या तेईस थी।

'स्वदेश' साप्ताहिक पूर्वी उत्तर प्रदेश के गोरखपुर, आजमगढ़, गाजीपुर, बलिया, बस्ती आदि जिलों का प्रमुख हिन्दी पत्र था। बिहार के छपरा, बेतिया, चम्पारण, मुँगेर की चिट्ठियाँ भी इसमें प्रकाशित होती थीं, जिनसे यह सहज ही अनुमान लगाया जा सकता है कि बिहार में भी इस पत्र का

प्रचार-प्रसार था। मध्य प्रदेश एवं पंजाब में इस पत्र की लोकप्रियता थी। पंजाब के तत्कालीन गवर्नर ने एक विशेष आदेश के द्वारा 'स्वदेश' की प्रतियों को पंजाब में न प्रसारित करने का उपक्रम किया। विदेशों में श्रीलंका, बर्मा, मलय, सिंगापुर, फिजी, नेपाल, काबुल, रूस, अमरीका, इंग्लैंड को भी 'स्वदेश' की प्रतियाँ कार्यालय द्वारा भेजी जाती थीं।

'अभ्युदय' साप्ताहिक पत्र का प्रकाशन इलाहाबाद से होता था। इसके सम्पादक कृष्णकान्त मालवीय थे। यह हिन्दी-भाषी क्षेत्र का काफी चर्चित पत्र था। पहले यह उदारवादी विचारधारा से सम्बन्धित था। बाद में इसने उग्रवादियों की आवाज़-से-आवाज़ मिलाई। सन 1919 तक आते-आते इसकी प्रचार-प्रसार-संख्या सैंतालीस सौ तक पहुँच गई थी। यह प्रगतिशील विचारधारा का पत्र था जो अंग्रेजी सरकार की नीतियों का कटु आलोचक रहा था। सन 1919 के पूर्व सरकारी चेतावनी का प्रहार इस पत्र पर भी हो चुका था।[375]

भारतीय स्वाधीनता आन्दोलन में क्रान्तिकारिता का दौर काफी महत्त्वपूर्ण है। क्रान्तिकारिता के इस दौर में हिन्दी-भाषी क्षेत्रों में क्रान्तिकारी प्रकाशनों में तेज़ी आई। क्रान्तिधारा को उद्वेलित करनेवाले अनेक प्रकाशन सामने आए जिन्हें अंग्रेजी सरकार द्वारा जब्त कर लिया गया। काकोरी के अभियुक्तों की फाँसी के लगभग एक वर्ष बाद इलाहाबाद से प्रकाशित हिन्दी मासिक 'चाँद' का 'फाँसी अंक' क्रान्तिकारी आन्दोलन के इतिहास की अमूल्य निधि है। यह अंक क्रान्ति और क्रान्तिकारियों की गाथाओं से भरा हुआ था। फलस्वरूप यह सरकार द्वारा ज़ब्त कर लिया गया। 'तीन सौ पच्चीस पृष्ठों के इस अंक के दस हजार प्रतियों के प्रकाशन पर बारह हजार पाँच सौ रुपया खर्च हुआ था।'[376] इस अंक का सम्पादन प्रसिद्ध साहित्यकार आचार्य चतुरसेन शास्त्री ने किया था। इसमें क्रान्तिकारी आन्दोलन पर विशिष्ट रचनाओं के अतिरिक्त विश्व के महान क्रान्तिकारियों, शहीदों एवं देशभक्तों से सम्बद्ध सोलह रंगीन एवं छियासठ श्याम चित्र भी प्रकाशित हुए जो विशेषांक की भावना को स्पष्ट करते हैं।

'कल्याण' मासिक गोरखपुर से निकलनेवाला महत्त्वपूर्ण पत्र है। 'कल्याण' का प्रचार एवं प्रसार देश में ही नहीं, बल्कि विदेशों में भी है। इसे हिन्दू ही नहीं, बल्कि देश-विदेश के अन्य धर्मावलम्बी भी बड़ी श्रद्धा और जिज्ञासा से पढ़ते हैं। इसी रूप में 'कल्याण' का एक अन्तरराष्ट्रीय

महत्त्व है।[377] रंग-बिरंगे, चित्ताकर्षक धार्मिक चित्रों से सुशोभित 'कल्याण' का मुखपृष्ठ अनूठा होता है। विषय के अनुरूप ही मुखपृष्ठ पर सुन्दर चित्र दर्शनीय होते हैं। विशेषांकों के मुखपृष्ठ सारगर्भित वाक्यों एवं शब्दों से अलंकृत पाए जाते हैं। अन्य पत्रों से अलग 'स्वदेश' का मुखपृष्ठ भी ओजस्वी रचनाओं तथा राष्ट्रप्रेम से परिपूर्ण संवादों से सुशोभित होता था। 'दमन-चक्र की प्रक्रिया में समाचार-पत्रों में आन्दोलन-सम्बन्धी फोटो, चित्र, रिपोर्ट्स आदि के प्रकाशन पर भी रोक लगा दी गई।'[378]

प्रतिबन्धित पत्र-पत्रिकाओं से सम्बद्ध सरकारी दस्तावेज़ों से यह स्पष्ट है कि स्वतन्त्रता आन्दोलन के दौरान ज्यों-ज्यों राजनीतिक चेतना का विकास हुआ, उसी के अनुरूप हिन्दी पत्र-पत्रिकाओं के प्रकाशन एवं प्रचार-प्रसार की संख्या में बढ़ोतरी हुई। इसी प्रकार पत्र-पत्रिकाओं की प्रचार-प्रसार की स्थिति का सम्बन्ध पूर्णतया भारतीय जनता की राजनीतिक चेतना से था।

साहित्य की किसी भी विधा में 'पाठक' की केन्द्रीय भूमिका होती है। किसी कृति-विशेष की सफलता-असफलता का निर्धारण भी पाठकवर्ग के हाथों ही होता है। किसी भी पत्र-पत्रिका का प्रकाशन पाठक पर निर्भर करता है। वस्तुत: पत्र-पत्रिकाओं के सन्दर्भ में समाचार आज भी पढ़े कम जाते हैं, जबकि सुने अधिक जाते हैं और समाचारों को सुनने का माध्यम सदैव जनसंचार-माध्यम नहीं होता। एक व्यक्ति से दूसरे व्यक्ति तक की लम्बी आड़ी-टेढ़ी सम्प्रेषण-रेखा ही अधिकांश समाचारों की यात्रा का साधन बनती है, जिससे समाचारों का स्वरूप विकृत होता है और वे अफवाहों का रूप धारण कर लेते हैं। स्वाधीनता आन्दोलन के दौरान देश के अधिकांश लोग अशिक्षित थे। शहर और गाँव की दूरी भी कम नहीं थी। अत: मुख-से-मुख वाली अन्त:क्रिया ही समाचार-सम्प्रेषण की आवश्यकता की पूर्ति करती थी।

भारतीय स्वाधीनता आन्दोलन के शुरू होने के पश्चात गाँव का एकाकीपन टूटा। यातायात की सुविधाओं में कुछ उन्नति हुई। प्रकाशन आदि के क्षेत्र में कुछ महत्त्वपूर्ण परिवर्तन सामने आए। पाश्चात्य शिक्षा-प्रणाली के सम्पर्क में भारतीय युवा-वर्ग आया। भारत के बुद्धिजीवी-वर्ग द्वारा राजनीतिक एवं सामाजिक चेतना का विस्तार किया गया। एक तरह से भारतीय जनता का राजनीतिक समाजीकरण हुआ। श्रीरामपुर से शुरू होनेवाली मुद्रणालय की परम्परा ने अपने पाँव देश में चारों तरफ फैलाए, जिसका परिणाम यह हुआ

कि देश के विभिन्न भागों से अनेक भाषाओं में समाचार-पत्र प्रकाशित होने लगे और उसी के अनुरूप एक पाठक-वर्ग सामने आया।

वस्तुत: उन्नीसवीं शताब्दी में हिन्दी की पत्र-पत्रिकाओं की दुर्दशा के पीछे हिन्दी के प्रति भारतवासियों की उदासीनता की भावना थी। भारतेन्दु हरिश्चन्द्र सरीखे कुछ उत्साही भारतवासियों ने आर्थिक एवं शारीरिक क्षति उठाकर हिन्दी पत्र-पत्रिकाओं को जीवनदान दिया। हिन्दी पत्रों के पाठकों की कमी पत्रकारिता के विकास में रोड़ा बनकर आई। 'आजकल समाचार-पत्रों को जन्म लेते ही राजयक्ष्मा की बीमारी ही घेरती है। यद्यपि इस रोग के कई कारण हैं तथापि अधिक व्यय होना ही अधिक उत्तरदायी कारण है। अधिक खर्च होने में एक बड़ा भारी कारण यह भी हो सकता है कि पत्रों के अधिक ग्राहक नादिहन्द निकल जाते हैं।'[379] पत्रकारिता के शैशवकाल से ही ग्राहक एवं पाठक की समस्या मुख्य समस्या थी।

गोरखपुर से प्रकाशित 'स्वदेश' काफी प्रचलित एवं चर्चित पत्र था जिसकी पाठक-संख्या में लगातार वृद्धि होती रही। फिर भी चिन्तित होकर 'स्वदेश' लिखता है—

बेदाद ही की जरा मुझे दाद चाहिए,
भूले से एक दिन तो मेरी याद चाहिए।
जानूए-यार सीने पै, खंजर गले पे है,
अब और क्या तुझे दिले-नाशाद चाहिए?[380]

'स्वदेश' को अनेक कठिनाइयों का सामना करना पड़ा। ज़मानत, चेतावनी तो आम बात हो गई थी। इसी कारण 'स्वदेश' अपने प्रबुद्ध पाठकों को आगाह करता है— ऐसी अवस्था में यदि स्वदेश के प्रेमियों ने 'स्वदेश' को पूर्ण रूप से न अपनाया तो इसका भविष्य बिलकुल स्पष्ट है। मैं गोरखपुर कमिश्नरी के उन धनी-मानी और विद्यानुरागी सज्जनों से विनीत भाव से यह प्रार्थना करता हूँ कि गोरखपुर से आप जिस एक पत्र का निकलना देखना चाहते थे, वह आज आठ सप्ताह से आपकी गोद में खेल रहा है। देखिए, अब उसका पालन-पोषण आपके ही हाथ है। आशा है हमारी सत्य-प्रेरणा हमें निराश न होने देगी। हम उत्सुकता से यह राह देख रहे हैं कि 'स्वदेश' का स्वदेश कहाँ तक साथ देता है।'[381] पाठकों की संख्या कम होना प्रत्येक प्रतिबन्धित पत्र-पत्रिका की चिन्ता का विषय था, जिसके बारे में जगह-जगह महत्त्वपूर्ण टिप्पणियाँ की गई हैं।

प्रत्येक पत्र-पत्रिका का यह प्रयास होता है कि वह पाठक-वर्ग की बौद्धिक क्षुधा की शान्ति कर सके। 'स्वदेश' इस सन्दर्भ में लिखता है कि 'हमारे बाहरी पाठक कहीं यह न सोच बैठें कि यह एकदम स्थानीय पत्र होगा। हम स्थानीय बातों को देने के लिए प्रबन्ध करेंगे। हमारी इच्छा है कि 'स्वदेश' घर और बाहर हर कहीं की आवश्यकताओं की पूर्ति के लिए समान रूप से उद्योग करे। अतएव हमारे ऐसा करने से बाहर के पाठकों को जरा भी धक्का नहीं पहुँचेगा। साथ ही हम यह भी विश्वास दिलाते हैं कि आगे चलकर कागज सस्ता होते ही, इसी दाम पर 'स्वदेश' के संचालक 'स्वदेश' की पृष्ठ-संख्या शायद इससे दूनी कर देंगे। हम सब तो सेवक हैं। अपनी शक्ति अनुसार देश तथा समाज की सेवा करना हमारा अभीष्ट है। परन्तु हमारी इस सेवा को स्वीकार करना अथवा न करना यह पाठकों के हाथ में है। हमें विश्वास है कि वे हमें निराश न करेंगे।'[382] पाठक की समस्या से जुड़ा एक और उद्धरण उल्लेखनीय है जो हिन्दी पत्र 'क्षत्रिय' में प्रकाशित हुआ था—'गत सोलह वर्षों से प्रकाशित होने पर भी हमारी संख्या हज़ारों में नहीं पहुँची, जबकि हमारी जनसंख्या लाखों से अधिक है। इस शिथिलता का कारण अनुमानत: यही है कि पत्रिका जिनके नाम जाती है, वही पढ़कर फाइल कर देते हैं या गृह के कूड़े के साथ गनौरे पर जाती है। प्रार्थना है हमारे सहृदय पाठक! आप पढ़ें और अपने मित्रों को पढ़ावें।'[383]

हिन्दी की प्रतिबन्धित पत्र-पत्रिकाओं का अध्ययन यह बतलाता है कि उन्नीसवीं शताब्दी के उत्तरार्ध में समाचार-सम्पादन-कला का सम्यक विकास नहीं हुआ था। निबन्ध के रूप में ही साहित्यिक ढंग पर घटनाओं का वर्णन पत्र-पत्रिकाओं में प्राप्त होता है। धर्म-प्रचार, समाज-सुधार, जातीय भावना और भाषा-प्रेम से प्रेरित होकर पत्र प्रकाशित किए जाते ही थे। पर यह स्थिति बीसवीं शताब्दी के आरम्भिक दशकों में बदलती है। हिन्दी पत्रकारिता के उद्भव-काल में हिन्दी की पत्र-पत्रिकाओं का व्यापक प्रचार-प्रसार नहीं हो पाया जिसके मूल में हिन्दी के प्रति तथाकथित प्रगतिशील साक्षरों की उदासीनता तथा पाठकों द्वारा पत्र का मूल्य न चुकाना है। इस सन्दर्भ में पं. महावीरप्रसाद द्विवेदी का यह कथन विचारणीय है—'एक बार पत्र निकालकर फिर निकालने का उन्हें साहस भी नहीं होता। इसके कई कारण हैं। एक तो यहाँ शिक्षितों की संख्या कम है। दूसरे, सामर्थ्यवान और

पढ़े-लिखे लोग मासिक पुस्तकें बहुत कम पढ़ते हैं। तीसरे, जो पढ़ते हैं वे गाँठ के पैसे खर्च नहीं करके पढ़ना चाहते हैं। माँग-माँगकर या प्रकाशक को धोखा देकर काम निकालते हैं। इसमें वे अपना अपमान नहीं समझते। कम मूल्य देकर माँगनेवालों की भी कमी नहीं है।'[384]

स्वाधीनता आन्दोलन के दौरान हिन्दी की प्रतिबन्धित पत्र-पत्रिकाओं की लोकप्रियता एक खास बुद्धिजीवी एवं मध्यम वर्ग तक सीमित रही। चाँद, स्वदेश, अलंकार, वालंटियर, बुन्देलखंड केसरी, विप्लव, सैनिक, अभ्युदय, प्रताप, वर्तमान आदि अनेक प्रतिबन्धित पत्र हैं जिनका विस्तार हिन्दी-भाषी क्षेत्रों के एक खास पाठकवर्ग तक सीमित रहा। इनका स्वरूप राष्ट्रीय न होकर प्रादेशिक ही अधिक रहा। फिर भी यह कहा जा सकता है कि स्वतन्त्रता आन्दोलन के दौरान एक प्रबुद्ध पाठकवर्ग था जिसने हिन्दी पत्र-पत्रिकाओं का हर स्तर पर साथ दिया।

सन्दर्भ

1. हर्बर्ट ब्रूकर—फ्रीडम ऑफ इन्फारमेशन, पृ. 4.
2. डॉ. लक्ष्मीनारायण सुधांशु—हिन्दी साहित्य का वृहद इतिहास, त्रयोदश भाग।
3. अम्बिकाप्रसाद वाजपेयी—समाचार-पत्रों का इतिहास, पृ. 28.
4. नादिग कृष्णन मूर्ति—इंडियन जर्नलिज़्म, पृ. 45.
5. सौमनेन्द्रनाथ ठाकुर—राजा राममोहन राय, पृ. 131.
6. अम्बिकाप्रसाद वाजपेयी—समाचार-पत्रों का इतिहास, पृ. 94-95.
7. आजकल, दिसम्बर, 1984, पृ. 49.
8. डॉ. वेदप्रताप वैदिक—हिन्दी पत्रकारिता : विविध आयाम, पृ. 781.
9. डॉ. ईश्वर प्रसाद तिवारी—हिन्दी का प्रथम समाचार-पत्र और उसकी भाषा-शैली (हिन्दी पत्रकारिता पुस्तक, पृ. 41)
10. लक्ष्मीसागर वार्ष्णेय—आधुनिक हिन्दी साहित्य की भूमिका, पृ. 472.
11. पं. अम्बिकाप्रसाद वाजपेयी—समाचार-पत्रों का इतिहास, पृ. 98
12. लक्ष्मीसागर वार्ष्णेय—आधुनिक हिन्दी साहित्य की भूमिका, पृ. 471-472.
13. पं. अम्बिकाप्रसाद वाजपेयी—समाचार-पत्रों का इतिहास, पृ. 102.
14. वही, पृ. 105.
15. डॉ. वेदप्रताप वैदिक—हिन्दी पत्रकारिता के 150 वर्ष, साप्ताहिक हिन्दुस्तान, 23 मई, 1976, पृ. 9.
16. डॉ. रामविलास शर्मा—भारतेन्दु युग, पृ. 152.
17. पं. अम्बिकाप्रसाद वाजपेयी—समाचार-पत्रों का इतिहास, पृ. 107.
18. आचार्य रामचन्द्र शुक्ल—हिन्दी साहित्य का इतिहास, पृ. 410.
19. पं. अम्बिकाप्रसाद वाजपेयी—समाचार-पत्रों का इतिहास, पृ. 114.
20. वही, पृ. 110.
21. डॉ. वेदप्रताप वैदिक—हिन्दी पत्रकारिता के 150 वर्ष, साप्ताहिक हिन्दुस्तान, 27 मई, 1976 ई., पृ. 9.

22. डॉ. कृष्णबिहारी मिश्र—हिन्दी पत्रकारिता, पृ. 52.
23. अम्बिकाप्रसाद वाजपेयी—समाचार-पत्रों का इतिहास, पृ. 327-28.
24. डॉ. कृष्णबिहारी मिश्र—हिन्दी पत्रकारिता, पृ. 48.
25. प्रेम नारायण—प्रेस ऐंड पोलिटिक्स इन इंडिया (1885-1905), पृ. 4.
26. डॉ. वेदप्रताप वैदिक-साप्ताहिक हिन्दुस्तान, 23 मई, 1976, पृ. 10.
27. कैलाश निगम—स्वाधीनता संग्राम में पत्रकारों का योगदान (हिन्दी पत्रकारिता पुस्तक), पृ. 204.
28. डॉ. रामविलास शर्मा—भारतेन्दु हरिश्चन्द्र, पृ. 117.
29. आचार्य रामचन्द्र शुक्ल—हिन्दी साहित्य का इतिहास, पृ. 456.
30. भारतेन्दु हरिश्चन्द्र—पत्रकारिता और निबन्ध-कला, पृ. 104.
31. श्रीनारायण चतुर्वेदी—कर्मठ पत्रकारों की परम्परा और पराड़कर (महाराष्ट्र मानस, 25 नवम्बर, 1983, पृ. 14)
32. डॉ. वेदप्रताप वैदिक—हिन्दी पत्रकारिता के 150 वर्ष, साप्ताहिक हिन्दुस्तान, 23 मई, 1976, पृ. 11.
33. डॉ. कृष्णबिहारी मिश्र—हिन्दी पत्रकारिता, पृ. 100-01.
34. अम्बिकाप्रसाद वाजपेयी—समाचार-पत्रों का इतिहास, पृ. 172.
35. डॉ. रामविलास शर्मा—भारतेन्दु युग और हिन्दी भाषा का विकास, पृ. 27.
36. पं. अम्बिकाप्रसाद वाजपेयी—समाचार-पत्रों का इतिहास, पृ. 215.
37. डॉ. सुशील अग्रवाल—प्रेस, पब्लिक ओपिनियन ऐंड गवर्नमेंट इन इंडिया, पृ. 26.
38. एस. नटराजन—हिस्ट्री ऑफ द प्रेस इन इंडिया, पृ. 27.
39. हेमेंन्द्र प्रसाद घोष—द न्यूज पेपर इन इंडिया, पृ. 25-26.
40. डॉ. कृष्णबिहारी मिश्र—हिन्दी पत्रकारिता, पृ, 23.
41. चेलापति राव—समाचार पत्र, पृ. 27 (अनुवाद : वासुदेव शर्मा)
42. एस. नटराजन—हिस्ट्री ऑफ द प्रेस इन इंडिया, पृ. 48.
43. डॉ. रामरतन भटनागर—द राइज ऐंड ग्रोथ ऑफ हिन्दी जर्नलिज़्म, पृ. 94.
44. चेलापति राव—समाचार पत्र, पृ. 69 (अनु. : वासुदेव शर्मा)
45. 'हैमिलटन—टू कर्जन', 3 अगस्त, 1899, कर्जन पेपर्स
46. हार्डिंग—टू क्यू, 2 मार्च, 1911, हार्डिंग पेपर्स
47. अम्बिकाप्रसाद वाजपेयी—समाचार-पत्रों का इतिहास, पृ. 51.

48. डॉ. सुशीला अग्रवाल—प्रेस, पब्लिक ओपिनियन ऐंड गवर्नमेंट इन इंडिया, पृ. 47.
49. एम. चेलापति राव—द प्रेस, पृ. 69.
50. गैगिंग ऐक्ट
51. जगन्नाथ प्रसाद मिश्र—आधुनिक भारत का इतिहास, पृ. 517.
52. वही, पृ. 514-515.
53. पुलिस फाइल 1205/1932, पृ. 29 (उ. प्र. अभिलेखागार, लखनऊ)
54. होम पॉलिटिकल फाइल 230/1932, पृ. 6 (भा. रा. अभिलेखागार दिल्ली)
55. गवर्नमेंट नोटिफिकेशन नं. 3391/8-1684/1931 द्रष्टव्य—होम पॉलिटिकल फाइल 117/1932, पृ. 258 (भा. रा. अभिलेखागार, दिल्ली)
56. आज, 10 अगस्त, 1942.
57. सन 1932-33 के प्रतिबन्धित प्रकाशकों के लिए देखिए होम पॉलिटिकल फाइल 149/1932,207/1932, 208/1932, 48/4/1932 (भा. रा. अभिलेखागार)। पुलिस फाइल-1589/1931, 1193/1933, 1107/1934, उ. प्र. अभिलेखागार, लखनऊ
58. उ. प्र. सरकार के पुलिस विभाग की विज्ञप्ति संख्या 3644/8-184 (6), 26 सितम्बर, 1939, देखिए—होम पॉलिटिकल फाइल 37/34/1939, पृ. 9, सीरियल नं. 5 (भा. रा. अभिलेखागार, दिल्ली)
59. होम पॉलिटिकल फाइल 28/1930, देखिए स्टेटमेंट ऑफ प्रेस्क्रीप्शन, भा. रा. अभिलेखागार, दिल्ली
60. यू. पी. गवर्नमेंट नोटिफिकेशन नं. 2758/8-1573, 16 सितम्बर, 1931, देखिए होम पॉलिटिकल फाइल 117/1932, पृ. 204, भा. रा. अभिलेखागार, दिल्ली
61. स्टेटमेंट ऑफ न्यूजपेपर्स, यू. पी. 1925 होम पॉलिटिकल फाइल 261/1926 (उ. प्र. अभिलेखागार, लखनऊ)
62. पुलिस फाइल 1563/1934, उ. प्र. अभिलेखागार, लखनऊ
63. वही
64. 4 फरवरी, 1931 का पत्र उ. प्र. अभिलेखागार, लखनऊ
65. मेमोरंडम ऑफ न्यूजपेपर्स, यू. पी. 1932, पृ. 4, द्रष्टव्य-होम पॉलिटिकल फाइल 196/1933, भा. रा. उ. प्र. अभिलेखागार, दिल्ली
66. मेमोरंडम ऑन न्यूजपेपर्स , यू. पी. 1931, पृ. 5-6, द्रष्टव्य—होम पॉलिटिकल

फाइल 230/1932, भा. रा. उ. प्र. अभिलेखागार, दिल्ली

67. पुलिस फाइल 203/1940 एवं 271/1940, उ. प्र. अभिलेखागार, लखनऊ, द्रष्टव्य—होम पॉलिटिकल (1) फाइल 3/15/1941, नोट ऑन दि सैनिक केस, पैरा 1.16, पृष्ठ 109-13 भा. रा. अभिलेखागार, दिल्ली।

68. वही भारत सरकार (गृह विभाग) एवं उ. प्र. सरकार का तार, क्रमशः 20 एवं 22 मई, 1941, पृ. 115-16.

69. नया हिन्दुस्तान, 17 सितम्बर, 1939, पृ. 2.

70. वही

71. वही, पृ. 3.

72. वही, पृ. 9.

73. वही, पृ. 2.

74. वही, पृ. 11.

75. होम पुलिस (ए.) फाइल 274/1918, पृ. 559, उत्तर प्रदेश अभिलेखागार, लखनऊ

76. पुलिस डिपार्टमेंट नोटिफिकेशन नं. 762/8-411, 19 फरवरी, 1925, यू.पी, गवर्नमेंट। द्रष्टव्य—होम पॉलिटिकल फाइल 33/3/1925, भा. रा. अभिलेखागार, दिल्ली

77. वही

78. स्वदेश, विजयांक—7 अक्टूबर, 1924, पृष्ठ 1.

79. पुलिस फाइल 411/1923, पृ. 34 (उ. प्र. अभिलेखागार, लखनऊ)

80. वही, पृ. 50.

81. होम पॉलिटिकल फाइल 214/1925 (भा. रा. अभिलेखागार, लखनऊ)

82. स्वदेश 10 अप्रैल, 1921 का अग्रलेख

83. आज, बेचन शर्मा उग्र, श्रद्धांजलि विशेषांक, 16 अप्रैल, 1997

84. पुलिस विभाग की सूचना संख्या 762/8-411, 19.2.1925

85. स्वदेश, विजयांक, 7 अक्टूबर, पृ. 37.

86. वही, पृ. 5.

87. वही, पृ. 5.

88. स्वदेश, मई, 1919.

89. आज सम्पादकीय टिप्पणी, 17 अक्टूबर, 1924.

90. स्वदेश अंक, 25 जून, 1925.
91. आज सम्पादकीय टिप्पणी, 25 जून, 1925.
92. स्वदेश, विजयांक, 7 अक्टूबर, 1924.
93. वालंटियर, दिसम्बर, 1924, पृ. 1.
94. वही, पृ. 7.
95. वालंटियर, दिसम्बर, 1924, पृ. 10.
96. वही, पृ. 15.
97. वही, पृ. 25.
98. वालंटियर, दिसम्बर, 1924, पृ. 27.
99. चाँद, भाग 1, नवम्बर, 1922, सम्पादकीय, पृ. 3.
100. चाँद, (फाँसी अंक)—सम्पादक : चतुरसेन शास्त्री, नवम्बर, 1928, पृ. 1.
101. वही, पृ. 3.
102. कर्मवीर, 5 जनवरी, 1930, पृ. 4.
103. चाँद का फाँसी अंक, नवम्बर, 1928, पृष्ठ 106.
104. वही, पृ. 149.
105. चाँद का फाँसी अंक, नवम्बर, 1928, पृष्ठ 149.
106. वही, पृ. 95.
107. बलिदान (नववर्षांक) अप्रैल, 1935, पृ. 11.
108. वही, पृ. 11.
109. बलिदान (नववर्षांक) अप्रैल, 1935, पृ. 11.
110. वही, पृ. 16.
111. वही, पृ. 24.
112. वही, पृ. 40.
113. वही, पृ. 50.
114. बलिदान (नववर्षांक) अप्रैल, 1935, पृ. 80.
115. वही, पृ. 82
116. अलंकार, दिसम्बर, 1934, पृ. 1.
117. वही, पृ. 7.
118. वही, पृ. 12.
119. वही, पृ. 57.

120. होम पॉलिटिकल फाइल 37/34/1939, पृ. 9 सीरियल नं. 5, भा. रा. अभिलेखागार, दिल्ली
121. क्रान्ति, सितम्बर, 1939, पृ. 1.
122. वही, पृ. 3.
123. वही, पृ. 9.
124. वही, पृ. 11-13.
125. वही, पृ. 30.
126. वही, पृ. 33.
127. क्रान्ति, अक्टूबर, 1939, पृ. 2.
128. वही
129. वही, पृ. 19.
130. विप्लव, प्रथमांक, नवम्बर, 1938.
131. विप्लव, अप्रैल, 1939, पृ. 9.
132. वही, पृ. 18.
133. वही, पृ. 15.
134. विप्लव, अप्रैल, 1939, पृ. 34.
135. वही, पृ. 40.
136. वही, पृ. 35.
137. विप्लव, अप्रैल, 1939, पृ. 69.
138. रामरतन भटनागर, दि राइज ऐंड ग्रोथ ऑफ हिन्दी जर्नलिज़्म, पृ. 459.
139. डॉ. विश्वनाथ प्रसाद तिवारी, पृ. 52-53.
140. कल्याण—भाग 1, संख्या 1, श्रावण सं. 1983, पृ. 1.
141. कल्याण, अक्टूबर, 1946, पृ. 1440.
142. वही
143. वही, पृ. 1386.
144. वही, पृ. 1389.
145. वही, पृ. 1393.
146. वही
147. कल्याण, अक्टूबर, 1936, पृ. 1397.
148. वही, पृ. 1411.

149. कल्याण, अक्टूबर, 1946, पृ. 1421.
150. दीवान शत्रुघन सिंह अभिनन्दन ग्रन्थ, पृ. 44.
151. पुलिस फाइल 1107/1934 (उ. प्र. अभिलेखागार, लखनऊ)
152. बुन्देलखंड केसरी, 18 दिसम्बर, 1933, पृ. 4.
153. बुन्देलखंड केसरी, दिसम्बर, 1933, पृ. 4.
154. वही, पृ. 6.
155. वही, पृ. 7.
156. वही, पृ. 4.
157. वही
158. दीवान शत्रुघन सिंह अभिनन्दन ग्रन्थ, पृ. 53.
159. वही, पृ. 44-55
160. बुन्देलखंड केसरी, दिसम्बर, 1933, पृ. 16-17.
161. वही, पृ. 2.
162. वही
163. वही, पृ. 18.
164. दीवान शत्रुघन सिंह अभिनन्दन ग्रन्थ, पृ. 45.
165. वाल्टर लिपमैन-पब्लिक ओपिनियन पृ. 45.
166. सुशीला अग्रवाल—प्रेस, पब्लिक ओपिनियन ऐंड गवर्नमेंट, पृ. 4.
167. ई. एम. एस. नम्बूदिरिपाद—द हिस्ट्री ऑफ इंडियन फ्रीडम स्ट्रगल, पृ. 159-160.
168. रोलेंड ई. वुल्जले-जर्नलिज़्म इन मॉडर्न इंडिया, पृ. 8.
169. स्वदेश, विजयांक—7 अक्टूबर, 1924, पृ. 7.
170. वही, पृ. 45.
171. नया हिदुस्तान, 17 सितम्बर, 1939, पृ. 10.
172. वही, पृ. 45.
173. वालंटियर, 1924, पृ. 12.
174. चाँद, फाँसी अंक, नवम्बर, 1928, पृ. 26.
175. क्रान्ति, अक्टूबर, 1939, पृ. 6.
176. विप्लव, अप्रैल, 1939, पृ. 30.
177. बुन्देलखंड केसरी, दिसम्बर, 1933, पृ. 6.

178. बलिदान नववर्षांक, अप्रैल, 1935, पृ. 16
179. वही, पृ. 32.
180. जैक वाडिस- इंट्रोडक्शन टु नियो-कौलोनियलिज़्म, पृ. 14, 1967.
181. वही, पृ. 15.
182. वी. आई. लेनिन-इम्पीरियलिज़्म : दि हाईएस्ट स्टेज ऑफ कैपटिलिज़्म, लन्दन 1984, पृ. 103.
183. जैक वाडिस—इंट्रोडक्शन टु नियो-कोलोनियलिज़्म, पृ. 16.
184. वही, पृ. 19.
185. चाँद, जून, 1929, पृ. 151.
186. वालंटियर, दिसम्बर, 1924, पृ. 1.
187. अलंकार, दिसम्बर, 1934, पृ. 21.
188. विप्लव, अप्रैल, 1939, पृ. 40.
189. स्वदेश, विजयांक, 7 अक्टूबर, पृ. 22.
190. वही, अक्टूबर, 1924, पृ. 32.
191. वही, पृ. 34.
192. नया हिन्दुस्तान, 17 सितम्बर, 1939, पृ. 3.
193. वही, पृ. 3.
194. गवर्नमेंट नोटिफिकेशन नं. 3391/8, दिसम्बर, 1931, भा. रा. अभिलेखागार, दिल्ली
195. वालंटियर, दिसम्बर, 1924, पृ. 24.
196. जैक वाडिस—इंट्रोडक्शन टु नियो-कोलोनियलिज़्म, पृ. 20.
197. वाल्टर लिपमैन—पब्लिक ओपिनियन, पृ. 363.
198. एन.एस. बोस—दि इंडियन अवेकनिक ऐंड बेंगाल : कोटनाला
199. हेमेन्द्र प्रसाद घोष—दि न्यूजपेपर्स इन इंडिया, पृ. 25-26.
200. डॉ. एम.एन. श्रीनिवास—सोशल चेंज इन मॉडर्न इंडिया, 1976, पृ. 84.
201. के. दामोदरन-भारतीय चिन्तन परम्परा, पृ. 361.
202. ए. आर. देसाई—भारतीय राष्ट्रवाद की सामाजिक पृष्ठभूमि, पृ. 220.
203. स्वदेश, विजयांक, 7 अक्टूबर, 1924, पृ. 10.
204. वही, पृ. 24.
205. अलंकार, दिसम्बर, 1934, पृ. 12.

206. वही, पृ. 38.
207. विप्लव, अप्रैल, 1936, पृ. 40.
208. क्रान्ति, अक्टूबर, 1939, पृ. 6.
209. क्रान्ति, सितम्बर, 1939, पृ. 9.
210. वही, पृ. 13.
211. स्वदेश, विजयांक, 7 अक्टूबर, 1924, पृ. 1.
212. वही, पृ. 25.
213. कल्याण, अक्टूबर, 1946, पृ. 1397.
214. स्वदेश, विजयांक, 7 अक्टूबर, 1924, पृ. 48.
215. वही, पृ. 37.
216. वही, पृ. 41.
217. साप्ताहिक हिन्दुस्तान, 16 अक्टूबर, 1977, व्यावसायिक पत्रकारिता के बीच अव्यावसायिक प्रकाशन, लेख—वेंकटलाल ओझा
218. बर्ड जार्ज एम. (सम्पादित)—दि प्रेस ऐंड सोसाइटी, पृ. 46.
219. मार्टिन किंग्सले—दि प्रेस—दि पब्लिक वाइस, पृ. 140.
220. ऐलिगमैन आर. ए. ऐंड जानसन, अलवित (सम्पादक)—इनसाइक्लोपीडिया ऑफ सोशल साइन्सेज, खंड 12, पृ. 326.
221. इंटरनेशनल डिक्शनरी ऑफ थाट्स, पृ. 527.
222. वूल्जले रोलेंड ई.-जर्नलिज़्म इन मॉडर्न इंडिया, पृ. 8.
223. हेमेन्द्र प्रसाद घोष—दि न्यूजपेपर्स इन इंडिया, पृ. 39.
224. एस. नटराजन—ए हिस्ट्री ऑफ दि प्रेस इन इंडिया, पृ. 16.
225. बार्न्स मारग्रेटा—दि इंडियन प्रेस, पृ. 74 राबटर्स बी. ई.—वेलेजली के अधीन भारत, पृ. 163-64.
226. बार्न्स मारग्रेटा—दि इंडियन प्रेस, पृ. 74-75.
227. हेमेन्द्र प्रसाद घोष—दि न्यूजपेपर्स इन इंडिया, पृ. 20.
228. बार्न्स मारग्रेटा—दि इंडियन प्रेस, पृ. 89.
229. ई. आर. देसाई—सोशल बैकग्राउंड ऑफ इंडियन नेशनलिज़्म, पृ. 212.
230. हिस्ट्री ऑफ दि प्रेस लेजिसलेशन इन इंडिया—दि मॉडर्न रिव्यू, अगस्त, 1923, खंड 14, पृ. 133.
231. बार्न्स मारग्रेटा—दि इंडियन प्रेस, पृ. 115.

232. एस. नटराजन—ए हिस्ट्री ऑफ दि प्रेस इन इंडिया, पृ. 47.
233. डी. एन. पाणिग्रही—चार्ल्स मेटकाफ़ इन इंडिया, पृ. 213
234. डॉ. रामरतन भटनागर—दि राइज ऐंड ग्रोथ ऑफ हिन्दी जर्नलिज़्म, पृ. 21.
235. एस. नटराजन—ए हिस्ट्री ऑफ दि प्रेस इन इंडिया, पृ. 333.
236. बार्न्स मारग्रेटा—दि इंडियन प्रेस, पृ. 252.
237. वही, पृ. 256.
238. वही, पृ. 262.
239. वही, पृ. 280.
240. एस. नटराजन—ए हिस्ट्री ऑफ दि प्रेस इन इंडिया, 341.
241. सुशीला अग्रवाल—प्रेस, पब्लिक ओपिनियन ऐंड गवर्नमेंट, पृ. 4.
242. बार्न्स मारग्रेटा—दि इंडियन प्रेस, पृ. 276.
243. आर. पी. दुआ—दि इम्पैक्ट ऑफ दि रा—जैपनीज़ (1905) वार आन इंडियन पॉलिटिक्स
244. रिपोर्ट ऑफ द सेडीशन कमेटी, 1918, पृ. 1-10.
245. आर. सी. मजूमदार—हिस्ट्री ऑफ दि फ्रीडम मूवमेंट, खंड 2, पृ. 254.
246. आर. सी. मजूमदार—स्ट्रगल फार फ्रीडम, 11.
247. डी. जी. तेन्दुलकर—महात्मा लाइफ ऑफ मोहनदास करमचन्द गाँधी, खंड-1, पृ. 240.
248. वही, पृ. 242.
249. स्वदेश, भाग 1, संख्या 1, 6 अप्रैल, 1919, सम्पादकीय
250. होम पुलिस (ए.) फाइल 274/1919, पृ. 559, उ. प्र. अभिलेखागार
251. वेदप्रताप वैदिक (सम्पादित)—हिन्दी पत्रकारिता : विविध आयाम, पृ. 133.
252. डिसआर्डस इन्क्वायरी कमेटी रिपोर्ट, पृं. 1-4.
253. जवाहरलाल नेहरू—एन आटोबायोग्राफी, पृ. 42.
254. एस. नटराजन—ए हिस्ट्री ऑफ दि प्रेस इन इंडिया, पृ. 174.
255. का. से. न्यूजपेपर्स, यू. पी. सप्ताहान्त 7 एवं 19 अप्रैल, 1919, पृ. 129-131.
256. वही
257. स्वदेश, 20 अप्रैल, 1919 (सम्पादकीय)
258. स्वदेश, 20 अप्रैल, 1919.

259. होम पुलिस (सं.) फाइल 274/1919, पृ. 339, उ. प्र. अभिलेखागार
260. स्वदेश, 27 अप्रैल, 1919.
261. वैरियर एन. जेराल्ड—बैन्ड, कांट्रोवर्शियल लिटरेचर ऐंड पॉलिटिकल कंट्रोल इन ब्रिटिश इंडिया, पृ. 82.
262. एस. नटराजन—ए हिस्ट्री ऑफ दि प्रेस इन इंडिया, पृ. 174.
263. वी. एन. दत्त—जलियाँवाला बाग, पृ. 51.
264. होम पुलिस (ए.) फाइल 215/1919, उ. प्र. अभिलेखागार
265. स्वदेश, 18 मई, 1919.
266. होम पुलिस (ए.) फाइल 274/1919, पृ. 559, उ. प्र. अभिलेखागार
267. होम पुलिस (ए.) फाइल 270/1921, पृ. 11 उ. प्र. अभिलेखागार
268. एडमिनिस्ट्रेशन रिपोर्ट, यू. पी. 1919-20, पृ. 59.
269. पट्टाभि सीतारमैया—कांग्रेस का इतिहास, भाग 1, पृ. 159.
270. कांग्रेस सेशन न्यूजपेपर्स, यू. पी. 1920, पृ. 324-358.
271. रामरतन भटनागर—दि राइज ऐंड ग्रोथ ऑफ हिन्दी जर्नलिज़्म, पृ. 357.
272. एस. नटराजन—ए हिस्ट्री ऑफ दि प्रेस इन इंडिया, पृ. 190-91.
273. होम पुलिस (ए.) फाइल 740/1921, पृ. 24, उ. प्र. अभिलेखागार, लखनऊ
274. वही, पृ. 26.
275. स्वदेश, 14 नवम्बर, 1920, सम्पादकीय टिप्पणी
276. वर्तमान, 23 जनवरी, 1921, द्रष्टव्य—कांग्रेस सेशन न्यूज पेपर्स, यू. पी. 1921, पृ. 40.
277. वही, 26 जनवरी, 1921, पृ. 52.
278. स्वदेश, 20 अक्टूबर, 1921, सम्पादकीय
279. स्वदेश, 16 अक्टूबर, 1921, सम्पादकीय
280. स्वदेश, 8 मई, 1921.
281. कांग्रेस सेशन न्यूजपेपर्स, यू. पी. 1922, पृ. 36.
282. स्वदेश, 9 जुलाई, 1922.
283. स्वदेश, 14 जनवरी, 1923.
284. होम पॉलिटिकल फाइल 280/1924, पृ. 446, भारतीय राष्ट्रीय अभिलेखागार, दिल्ली
285. का. नो. प्रेस, यू. पी. सप्ताहान्त, 9 फरवरी, 1924.

286. कान्फिडेन्शियल नोट प्रेस, यू. पी., सप्ताहान्त, फरवरी, 1924.
287. वही. सप्ताहान्त, 5 मई, 1923
288. पुलिस डिपार्टमेंट नोटिफिकेशन नं. 762/8,411, 1 फरवरी, 1925, यू. पी. गवर्नमेंट एवं होम पॉलिटिकल फाइल 331-3/1925 भारतीय राष्ट्रीय अभिलेखागार, दिल्ली।
289. कान्फिडेन्शियल नोट प्रेस, यू. पी., सप्ताहान्त, 17 फरवरी, 1925.
290. कान्फिडेन्शियल नोट प्रेस, यू. पी., सप्ताहान्त, 16 अप्रैल, 1927.
291. स्वदेश, 1-8 जनवरी, 1928.
292. स्वदेश, 15 जनवरी, 1928.
293. भगवानदास माहौर—भूमिका—बिस्मिल रामप्रसाद आत्मकथा, पृ. 7-8.
294. कान्फिडेन्शियल नोट प्रेस, यू. पी., 7 जनवरी, 1928.
295. चाँद, फरवरी, 1928, पृ. 434-36.
296. स्टेटमेंट ऑफ न्यूजपेपर्स, यू. पी. 1924, होम पॉलिटिकल फाइल 204-4/1925, भारतीय राष्ट्रीय अभिलेखागार, दिल्ली
297. रामरतन भटनागर—दि राइज ऐंड ग्रोथ ऑफ हिन्दी जर्नलिज़्म, पृ. 389.
298. कान्फिडेन्शियल नोट प्रेस, यू. पी., सप्ताहान्त, 31 मई, 1924.
299. स्वदेश, 9 दिसम्बर, 1928.
300. कान्फिडेन्शियल नोट प्रेस, यू. पी., सप्ताहान्त, 20 अप्रैल,1929.
301. स्वदेश, 16 जून, 1929.
302. स्वदेश, 23 जून, 1929.
303. वही, 28 जुलाई, 1929.
304. स्वदेश, 28 जूलाई, 1929.
305. कान्फिडेन्शियल नोट प्रेस, यू. पी., सप्ताहान्त, 21 सितम्बर, 1929.
306. स्वदेश, 22 सितम्बर, 1929.
307. कान्फिडेन्शियल नोट प्रेस, यू. पी., सप्ताहान्त, 5 अक्टूबर, 1929.
308. पुलिस का. 44/1929, उ. प्र. अभिलेखागार, लखनऊ
309. होम पॉलिटिकल फाइल 27/1/1929, भारतीय राष्ट्रीय अभिलेखागार
310. कान्फिडेन्शियल नोट प्रेस, यू. पी. सप्ताहान्त, 19 नवम्बर, 1927.
311. कान्फिडेन्शियल नोट प्रेस, यू. पी. सप्ताहान्त, 26 नवम्बर, 1927, राष्ट्रीय अभिलेखागार

312. स्वदेश, 29 जनवरी, 1928.

313. कान्फिडेन्शियल नोट प्रेस, यू. पी. सप्ताहान्त, 4 फरवरी, 1928.

314. चाँद, जून, 1929, पृ. 251.

315. कान्फिडेन्शियल नोट प्रेस, यू. पी. सप्ताहान्त, 18 जनवरी, 1930.

316. कान्फिडेन्शियल नोट प्रेस, यू. पी. सप्ताहान्त, 18 जनवरी, 1930, 1 फरवरी, 1930.

317. इंडियन प्रेस ऑर्डिनेन्स, 1930, नं. 2 ऑफ 1930.

318. होम पॉलिटिकल फाइल 503/1/1930, पृ. 18-25, भारतीय राष्ट्रीय अभिलेखागार

319. दि कलेक्टेड वर्क्स ऑफ महात्मा गाँधी, खंड 43, मार्च-जून, 1930, पृ. 352.

320. चाँद, जून, 1930, पृ. 127.

321. पट्टाभि सीतारमैया, कांग्रेस का इतिहास, भाग 1, पृ. 317-18.

322. कान्फिडेन्शियल नोट प्रेस, यू. पी. सप्ताहान्त, 24 एवं 31 मई, 1930.

323. होम पॉलिटिकल फाइल 503/3/1930, पृ. 8-10, भारतीय राष्ट्रीय अभिलेखागार एवं पुलिस फाइल 1124/1930, उ. प्र. अभिलेखागार

324. पुलिस फाइल 3589/1931, पृ. 319, उ. प्र. अभिलेखागार

325. पुलिस फाइल 1578/1934, उ. प्र. अभिलेखागार

326. वही

227. वही

328. वही

329. पट्टाभि सीतारमैया, कांग्रेस का इतिहास, भाग 1, पृ. 347-51.

330. कान्फिडेन्शियल प्रेस नोट, यू. पी. सप्ताहान्त, 14 मार्च, 1931.

331. वही, 28 मार्च, 1931.

332. वही, 12 सितम्बर, 1931.

333. वही, 12 सितम्बर, 1931.

334. पुलिस फाइल 1589/1931, पृ. 321. (उ. प्र. अभिलेखागार)

335. पुलिस फाइल 1589/1931, पृ. 63-77. (उ. प्र. अभिलेखागार)

336. वही, पृ. 323

337. होम पॉलिटिकल फाइल 196/1933, भारतीय राष्ट्रीय अभिलेखागार

338. मेमोरंडम आन न्यूजपेपर्स, यू. पी. 1933, पृ. 3, होम पॉलिटिकल फाइल

53/1/193, भा. रा. अभिलेखागार

339. पुलिस फाइल 1529/1934, पृ. 41. (उ. प्र. अभिलेखागार)

340. होम पॉलिटिकल फाइल—149/1932, 207/1932, 208/1932, 48/1/1933 भा. रा. अभिलेखागार

341. पुलिस फाइल 1107/1934, उ. प्र. अभिलेखागार

342. पुलिस फाइल 1589/1931, पृ. 329, उ. प्र. अभिलेखागार

343. होम पॉलिटिकल फाइल 36/1/1936, पृ. 28.

344. रामरतन भटनागर—दि राइज ऐंड ग्रोथ ऑफ हिन्दी जर्नलिज़्म, पृ. 459.

345. होम पॉलिटिकल (आई) फाइल 4121/1942, पृ. 6, भा. रा. अभिलेखागार

346. वही, फाइल 33/15/1942, पृ. 2, भा. रा. अभिलेखागार

347. वही, फाइल 3/13/42, पार्ट-1 पृ. 28, भा. रा. अभिलेखागार

348. दि गजेट ऑफ इंडिया एक्स्ट्रा आर्डिनरी, 8 अगस्त, 1942 (गृह विभाग)

349. होम पॉलिटिकल (आई) फाइल 3/13/42 (गृह विभाग)

350. वही, पृ. 146.

351. हिमालय, 7 अगस्त, 1946.

352. वही, 4 मई, 1846.

353. भारत जीवन, 24 मार्च, 1884

354. वेदप्रताप वैदिक—हिन्दी पत्रकारिता : विविध आयाम, पृ. 435.

355. हिन्दी प्रदीप, जून, 1885, पृ. 7.

356. स्वदेश, 23 जून, 1919 का अंक

357. स्वदेश, विजयांक, 7 अक्टूबर, 1924, पृ. 5

358. प्रताप, 14 दिसम्बर, 21 दिसम्बर, 1931 एवं 4 जनवरी, 1914

359. प्रताप, 21 जून, 1921

360. प्रताप, 14 दिसम्बर, 1913

361. अभ्युदय, बसन्त, 25 फरवरी, 1916

362. अभ्युदय, 30 जून, 1936

363. रणभेरी, 25 अगस्त, 1930

364. कृष्ण बिहारी मिश्र—हिन्दी पत्रकारिता, पृ. 4

365. चाँद, फाँसी अंक, नवम्बर, 1928

366. विप्लव, अप्रैल, 1936, पृ. 69

367. स्वदेश, 26 मई, 1919
368. होम पुलिस (ए.) फाइल 274/1919, पृ.559, उ. प्र. अभिलेखागार, लखनऊ
369. वेद प्रताप वैदिक—हिन्दी पत्रकारिता : विविध आयाम, पृ. 133
370. होम पुलिस (ए. फाइल) 740/1921, पृ. 22-उ. प्र. अभि., लखनऊ
371. सरस्वती, मई, 1908
372. वही, दिसम्बर, 1908
373. मेमोरंडम आन न्यूजपेपर्स, यू. पी. 1919, होम पुलिस (ए.) फाइल-740/1921, पृ.9, उ. प्र. अभि, लखनऊ
374. मेमोरंडम आन न्यूज पेपर्स, यू. पी. 1923, द्रष्टव्य-होम पुलिस पॉलिटिकल फाइल 284/1924, पृ.441-442, भा. रा. अभिलेखागार, दिल्ली
375. होम पुलिस (ए.) फाइल 274/1919, पृ. 252-53, उ. प्र. अभिलेखागार, लखनऊ
376. चाँद, 1 नवम्बर ,1928 के फाँसी अंक में प्रकाशित सूचना पर आधारित
377. डॉ. विश्वनाथ प्रसाद तिवारी, पृ. 52-53
378. होम पॉलिटिकल (1) फाइल 3/31/42, पार्ट-1, पृ. 92-93, भा. रा. अभि., दिल्ली
379. विद्याधर्म दीपिका, अंक (6, 7, 8 संयुक्त) 1889
380. स्वदेश, 5 मार्च, 1920
381. वही, 26 माई, 1919
382. स्वदेश, मई, 1919
383. क्षत्रिय, भाग 16, अंक 1-2
384. सरस्वती, दिसम्बर, 1908

■■■